21世纪普通高等院校系列教材

农村公共管理案例集

▶ 苏奎◎主编

西南财经大学出版社

中国·成都

图书在版编目(CIP)数据

农村公共管理案例集/苏奎主编.—成都:西南财经大学出版社,2023.1
ISBN 978-7-5504-5430-9

Ⅰ.①农…　Ⅱ.①苏…　Ⅲ.①农村—公共管理—案例—中国—高等
学校—教材　Ⅳ.①F32

中国版本图书馆 CIP 数据核字(2022)第 117962 号

农村公共管理案例集
NONGCUN GONGGONG GUANLI ANLI JI
苏奎　主编

策划编辑:李邓超
责任编辑:向小英
责任校对:周晓琬
封面设计:墨创文化　张姗姗
责任印制:朱曼丽

出版发行	西南财经大学出版社(四川省成都市光华村街55号)
网　　址	http://cbs. swufe. edu. cn
电子邮件	bookcj@ swufe. edu. cn
邮政编码	610074
电　　话	028-87353785
照　　排	四川胜翔数码印务设计有限公司
印　　刷	郫县犀浦印刷厂
成品尺寸	185mm×260mm
印　　张	12.75
字　　数	319 千字
版　　次	2023 年 1 月第 1 版
印　　次	2023 年 1 月第 1 次印刷
书　　号	ISBN 978-7-5504-5430-9
定　　价	39.80 元

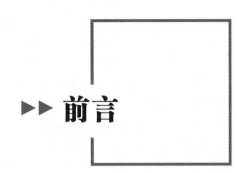

▶▶ 前言

托马斯·库恩认为"任何一门科学中第一个范式兴起的附带现象，就是对于教科书的依赖"，可见教材建设是学科建设的基础。2018 年，《国家教育事业发展"十三五"规划》提出"推行以学生为中心的启发式、合作式、参与式和研讨式学习方式"。我们从中不难发现，基于案例库建设的案例教学，将成为教改创新的重要"触点"，案例库势必在支持经济社会转型、提升学科教学质量和学科发展中发挥积极作用。

19 世纪 70 年代，哈佛法学院始创案例教学方式。20 世纪 80 年代，案例教学被引入我国，并推动了我国教学案例库的建设。1987 年，大连理工大学最早开始进行工商管理案例库建设。之后，北京大学、清华大学等相继建成工商管理案例开发中心，我国的案例库建设得到越来越多的关注和发展。在公共管理案例库建设方面，中国人民大学自 2001 年起将"公共政策与公共管理案例库建设"项目纳入"985 工程"建设项目。2004 年，清华大学立足"中国公共管理案例中心"建设，开发《案例教学手册》，形成了建设特色，产生了品牌效应。2013 年，教育部和财政部共同推动了中国专业学位教学案例中心建设；2014 年 9 月，初步建成包括公共管理在内的三个专业学位案例库；截至 2017 年 8 月底，该案例库收录了案例近 900 篇（个）。

但是，结合案例理论研究和实践，我们发现我国案例库建设存在以下问题：①案例质量方面。案例资源匮乏，与学科专业大发展之间的矛盾加深；案例缺乏精品，覆盖面较窄，尤其缺乏"三农"问题案例，不能与时俱进，本土化程度低，难以适应人才培养的个性化需要。②案例编写方面。存在认识误区，将案例编写视为对原始资料的简单堆砌；案例搜集、整理和分析方面相对滞后，存在价值性偏差、研讨性偏差和时效性偏差；案例体量把握不当，撰写的规范性不够。③案例使用方面。存在教师角色定位不准、案例运用不当、案例运用场景设置滞后等问题。

在高等教育内涵式发展战略背景下，以案例库建设助推教学改革成为广泛共识，教学双边、专业案例建设中心、合作企业、地方政府职能部门等主体的参与，使课程案例库建设呈现出主体多元化的特点。课程案例库建设主体多元化，开辟了教师科研、学术交流、案例大赛、校地合作、校企合作等资源渠道，使课程案例库建设呈现出渠道多元化。课程案例库建设主体多元化和渠道多元化，促使案例库建设队伍、案例库中心、学术会议、案例大赛等，在规模、层次、数量（次数）、规格等方面都有较大发展，案例库建设质量不断提升。

案例库建设是高校教学改革的重要"触点"，当前国内专业案例库建设趋势向好，在个性化、时效性和本土化方面，案例库建设仍大有可为。随着社会主义新农村、精准扶贫、乡村振兴等命题的提出和推进，紧扣"三农"问题的案例素材得到极大丰富并时有新意，为项目案例库建设与时俱进夯实了基础。

我们响应人才培养内涵式发展战略，坚持以"课改促教改"的指导思想，编制《农村公共管理案例集》的目的有：一是"以研促改"，推动课程教学方式改革；二是"以研促教"，推动教师队伍建设与团队协作，提高教学水平；三是"以研促学"，增强学生学习的主动性、积极性和创新性；四是"以研促建"，推动教学资源建设，拓展资源渠道，优化资源结构；五是"以研促用"，推动课程建设立足于地方实际，服务于地方社会经济建设。

苏奎

2022 年 8 月

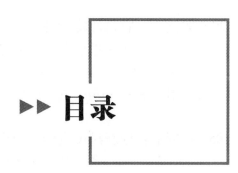

▶▶ 目录

案例一

党建引领社会组织协同治理

——四川省成都市郫都区唐昌街道战旗村的做法

一、案例主体

摘要：本案例详细介绍了四川省成都市郫都区唐昌街道战旗村党建引领社会组织协同治理的全过程，描述了战旗村在村党总支部的带领下，紧密结合自身实际，对标查找发展差距，坚持以农村改革为突破口，全面盘活沉睡资产，推动农村资源入市、城市资源下乡，激发乡村转型发展之路。通过案例介绍，我们可以了解农村基层公共管理的性质、特征，并在此基础上深入分析我国农村基层组织如何运用党建工作引领社会组织协同发展；战旗村如何突出党组织在社区治理中的核心地位；战旗村如何逐步扩大农村集体经济规模，并为村民带来了什么实惠；战旗村如何一步一步推进精神文明进步，让良好乡风、家风、民风得到传承和弘扬；战旗村如何走绿色发展道路，建生态宜居乡村。

关键词：党建引领；社会治理；协同发展

（一）引言

成都市郫都区唐昌街道战旗村原名集凤大队，1965 年在兴修水利、改土改田活动中成为一面旗帜，取名为"战旗大队"，后改名为"战旗村"。战旗村始终坚持以党建引领，抓好党组织建设，充分利用改革试点的契机，大胆创新改革，推动产业转型升级，辐射带动"五村连片"发展，带领群众增收致富；先后荣获"全国社会主义精神文明单位""全国文明村""四川集体经济十强村"等称号。2018 年 2 月 12 日上午，习近平总书记来川视察时来到战旗村，听取了村党总支部书记高德敏的工作汇报，了解村党组织建设、村民生活、村集体经济发展、农村土地改革等方面的情况，并与村民们亲切交谈。习近平总书记对战旗村过去在党建、集体经济发展和农村改革等方面取得的成绩给予了高度肯定，并对战旗村提出了新的要求：在实现了温饱、实现了全面小康以后，还要继续振兴乡村，"走在前列，做好示范"。在战旗村，习近平对乡亲们说，在实现了温饱、实现了全面小康以后，我们还要继续振兴乡村。中国有 13 亿多人口，吃饭问题始终要靠自己解决，无论城镇化怎么发展都会有几亿农村人口，我们不能一面有繁荣的城市，一面却是落后甚至衰落的乡村。农村的发展不单是产业发展，不单是物质文明，精神文明、文化生活也要搞好。

是什么让战旗村名声远扬？战旗村是如何抓好基层党建从而得到习近平总书记的肯定的呢？下面让我们一起了解认识战旗村。

千年古镇唐昌坐落在四川省成都市郫都区西北部。唐昌镇战旗村与都江堰、彭州市相邻，离成都市区 30 千米；全村面积 2.06 平方千米，耕地 1 930 亩（1 亩 ≈ 667 平方米），辖 9 个村民小组，总人口 1 704 人；村党总支部下设 4 个支部，党员 83 人。改革开放以来，在村党支部（党总支部）的带领下，战旗村民共同努力，以改革创新促发展，新型集体经济实力不断壮大。

（二）国内外研究现状

1. 国外研究现状

国外关于政党服务功能的理论与实践比较丰富。在共产党执政的社会主义国家，其执政理念突出了为民服务的民本思想。而在西方国家，政党的服务功能则多体现在为选举服务，他们对政党服务功能的诠释更多地表现在实践中。在共产党执政的社会主义国家，注重强调"人民主体"思想，强调以本国人民的利益为重，努力为国家的发展营造一个民主、法治、自由、平等的环境。越南共产党宣称建设成为一个"源于人民、属于人民、为了人民"的党。越南共产党早在创建之时就提出了"民为贵"思想，在革新开放时又提出"以民为本"思想，随着改革的深入，其民本思想也得到了与时俱进的升华。朝鲜劳动党提出的"主体思想"，核心在于以人民大众为主体，走出一条自主发展的道路。在西方国家，其服务多体现于实践中。新加坡人民行动党作为新加坡为人民而行动的党，在其执政中注重服务于国家经济的发展、促进社会和谐，尤其是将服务群众工作制度化，长期坚持执行"议员接待日制度"，每周安排一位议员接待选区群众。埃及民主党也宣称自己是人民的党，要造福人民，保证其安居乐业，并提出"新思维与公民权"，以人民利益为导向，不断深化政治经济改革。

2. 国内研究现状

从中国知网和湖南省高校数字图书馆中检索到：截至 2020 年年底，关于基层党组织建设的成果比较多，以基层服务型党组织建设为主题的期刊论文有 682 篇，以农村基层服务型党组织建设为主题的期刊论文有 323 篇，以村级党组织建设为主题的期刊论文有 237 篇，以村级服务型党组织建设为主题的期刊论文有 4 篇，而以村级党组织建设为主题的学位论文仅有 3 篇，以村级服务型党组织建设为主题的学位论文 1 篇也没有。目前学术界主要从农村基层党组织建设的相关视角进行研究。

农村基层党组织建设的概念研究。《党的基层组织建设 300 问》中提出党的基层组织是指党在农村、街道社区、机关、学校、人民解放军连队和其他基层单位成立的党组织。定庆云（2000）提出农村基层党组织的组成部分为：乡镇党委及其所属党组织、行政村党组织及其所属的党组织、乡镇机关党组织。其中，乡镇党委和村级党组织是农村基层党组织的主要组成部分。

服务型党组织建设的理论研究。中央党校著名教授王长江（2020）认为，中国共产党正在由全能型政党向服务型政党转变，由代替人民当家作主向领导人民当家作主转变。周为民教授认为，从传统的党组织建设转向服务型党组织建设是应对党自身变革和社会变革的必然要求。蔡长水（2008）教授强调，必须强化基层党组织的服务功能，并提出党作为整体层面、党的领导干部层面和普通党员层面是服务型政党或服务型党组织的组成层面。

农村基层服务型党组织建设的重要性研究。国内学者对农村基层服务型党组织建设的重要性研究主要表现在三个方面：对巩固中国共产党执政地位的重要性、对密切党群关系的重要性、对农村社会建设的重要性。刘灿江（2004）认为，农村基层组织建设是关系党的基础是否稳固的关键。沈小璇（2013）认为，加强基层服务型党组织建设是进一步密切党群关系、适应社会变革的必然要求。在发展日渐深入的时代，基层党组织要运用服务的方式化矛盾、聚人心，进一步拉进党组织与群众的关系。陈光辉（2016）指出，党的农村基层组织是党在农村全部工作和战斗力的基础，是农村各种组织和各项工作的领导核心。

农村基层服务型党组织建设的困境研究。第一，农村基层党组织的服务意识欠缺。孙黎海（2013）认为，在之前的长时间内，基层党组织跟党的中央组织、地方组织一样，形成了"发挥政治功能"的固定思维，限制了其服务意识的树立与提高。周多刚、徐中（2013）指出，"基层党组织和党员干部受'官本位'思想影响，固守传统党建工作模式，为人民服务的宗旨观念、以人为本的价值理念尚未真正树立，自觉为群众服务的意识还不强"。第二，农村基层党组织的服务能力不足。孙黎海（2013）对党组织服务群众能力的不足之处予以了分析：其一，基层党组织缺乏服务经济发展的能力，带领群众致富能力较弱；其二，基层党组织不能准确把握群众的利益诉求，化解纠纷与矛盾的能力不强，且对群众的困难、疾苦表现得比较冷漠；其三，农村基层党组织在服务群众的过程中，不能做到一视同仁；其四，一些基层党组织在为民服务时落实不够，大大损坏了基层党组织的形象。严宏（2016）则从乡村优秀人才流失严重和村级党组织中党员的能力无法满足群众需求的角度对农村基层党组织服务能力不足予以了阐释。第三，农村基层党组织建设缺乏科学的服务机制。钟龙彪（2014）认为，当前服务型基层党组织建设由于缺乏一套科学完备、行之有效的体制机制作保障而导致党组织的服务工作难以实现常态性、长效性。孙黎海（2013）则认为，一些基层党组织被动服务群众是其服务群众的工作机制不健全的主要表现。总之，缺乏科学完备的服务机制，使得农村基层服务型党组织建设缺乏可靠的保障。第四，党组织与村民自治的关系处理情况是影响农村基层服务型党组织建设的重要因素。杨临铜、曹艳蓉（2006）认为，一些地方村支两委的关系紧张已经直接影响到了村级民主政治建设的推进，同时也影响到了农村的和谐、发展与稳定。村支"两委"关系不协调也在一定程度上制约了农村基层服务型党组织建设。

农村基层服务型党组织建设的途径研究。第一，提高农村基层党组织的服务意识。孙黎海（2013）认为，要引导党员树立马克思主义群众观，提高思想觉悟，强化服务意识，从心底拉进与人民群众的距离。周多刚、徐中（2013）认为，要运用宣传力量，使广大党员干部和党员充分认识到建设基层服务型党组织的重要性和必要性，并注重对党员的培训工作。第二，提高农村基层党组织的服务能力。严宏（2016）从解决村干部待遇低的问题和建立健全党员发展的激励机制两个方面提出提高农村基层党组织的服务能力的途径。李晓霞（2014）认为，"对于工作能力强、业绩突出、作风正派、群众评议好的村党员干部，可适当选拔录用为乡镇干部，使其事业上有奔头"。第三，建立健全党组织服务群众的机制。沈小璇（2013）认为应从三个方面来健全服务体系：构建科学严谨的服务组织体系、构建以民为本的服务帮扶体系、构建创先争优服务争优体系。严宏（2016）从三个维度提出建立党组织服务群众的机制：服务群众机制、党群沟通机制、群众评价机制。第四，正确处理村民委员会和村党支部的关系。肖茂盛（2018 年）认为，要正确处理好村支"两委"的关系，既避免"一肩挑"的现象，又减少村支"两委"的摩擦，形成一种明确"两委"职责、规范"两委"办事程序的运行机制十分必要。

综上所述，学术界从不同视角对农村基层服务型党组织建设进行了比较丰富的研究，这为本文的写作提供了有益的指导，但是也存在着一些欠缺之处。其一，针对村级服务型党组织建设的研究还很少，缺乏对村级党组织建设的理论指导。其二，对农村基层服务型党组织建设的研究缺乏理论与实践的统一，在分析中缺乏对特殊区域的调研与分析。

（三）战旗村发展的主要历程

1. 集体经济的"青铜时代"

1978 年 12 月，党的十一届三中全会召开，做出"把党和国家工作中心转移到经济建设上来、实行改革开放"的历史性决策。消息迅速在战旗村传开，战旗村党支部书记李×立迅速组织生产队筹集材料，村上负责去银行贷款，村民出工出劳，奋战了 120 天，把村上一个旧土窑改建成了机砖厂，每天可以出砖一两万匹。改建前的那个小土窑，就是战旗村集体经济最初的萌芽。有了村级"当家"集体企业——先锋第一机砖厂，集体经济效益越来越好，用集体企业赚来的钱，村上又先后建起先锋酿造厂、会富豆瓣厂、郫县复合肥厂、先锋面粉厂等企业，集体资产就像雪球一样越滚越大，鼎盛时期村上已建起 12 家企业，不少村民也在厂子里找到了合适的工作，生活条件得到初步改善。

1992 年，全国多地掀起了乡镇企业改制浪潮。战旗村被列为郫县村集体企业股份制改革试点村。1994 年，先锋第一机砖厂等 5 家企业通过改制，走上了股份合作制道路。然而，因改革经验不足、产权不明晰、管理经营不善等问题，到 2003 年，改制后的集体企业变成了"四不像"。"这一情况如不及时调整，用不了三年，这些村办集体企业都会垮掉。"战旗村党支部书记李×立这样判断。为防止"公私不分、损公肥私"等现象造成集体资产流失，党支部书记李×立和村委会主任高×敏做出了一个大胆的决定——由集体收回个人股权。这一脚"刹车"踩得十分关键，也异常艰辛。在改制大潮流中，战旗村稳稳地保住了集体经济的"家底"。

看到土地集中竟然能带给农村翻天覆地的变化，战旗村紧抓发展机遇，在 2003年、2006 年两次探索推行土地整理集中。终于，在 2007 年，抓住农村新型社区建设示范点和"土地增减挂钩"试点机遇，整理置换出土地 440.8 亩，208 亩用于村民新居建设，其余土地通过多种方式吸引了榕珍菌业、战旗第五季妈妈农庄等大企业、大项目落户。这次改革，使得战旗村集体经济发展得风生水起。其间，村上成立了农业股份合作社，先后被授予"中国十大政府创新典型""四川省新农村建设试点示范村""成都市村级公共服务和社会管理"改革试点村等荣誉。

2. "战旗飘飘"迎来"黄金时代"

2011年,新村党支部书记高×敏开始"操刀"集体经济股份制量化改革,目的就是把过去存在的"糊涂账"算清楚。"如何锁定集体经济人的范围、物的范围?确权颁证怎么操作?如何壮大村集体经济?"为此,制定了《集体经济组织成员认定办法》,认定1 704人为集体经济组织成员,对土地进行权属调整,完成土地确权颁证,开展资源、资产、资金"三资"摸排清理……可以说这次改革是战旗村敲响四川农村集体经营性建设用地入市"第一槌"的关键所在,为改革创造了先决条件。

党的十八大以来,绿色发展理念深入人心。高×敏清楚地知道,先锋第一机砖厂、郫县复合肥厂等一批村集体企业已不再适应发展趋势的要求。于是,在2014年下半年,村委忍痛关闭了5家高污染、高耗能集体企业。第二年,在关闭污染企业的这片土地上,迎来了一场新的土地改革。改革意味着摸着石头过河,这次也不例外,战旗村遇到了一系列问题:入市主体的资格如何认定?收益如何分配?什么是集体经营性建设用地?怎么样的操作才具有合法性?如何取得村民支持?终于,在2015年9月7日这天,传来了好消息——由村资产管理公司以每亩52.5万元、总价700多万的价格,将一宗13.4亩集体经营建设性用地成功出让,村集体经济一举突破2 000万元,由此实现资源变资产、资金变股金、农民变股东的蝶变。

到2017年,战旗村集体资产达4 600万元,集体经济收入达462万元,村民年人均可支配收入达26 053元。这组亮眼的数据背后,正是战旗人坚守与改革近40年的奋斗史。2018年2月12日,习近平总书记到郫都区战旗村视察,总书记的高度评价和深情嘱托,是对战旗村坚守集体经济的肯定,更是鼓舞战旗村继续深化改革的最大动力。短短15年,战旗村已在乡村振兴中奋战成一面旗帜。接下来,战旗村将以乡村旅游为发展的重点,以乡村振兴培训学院和青少年教育体验基地为主线,配套带动农商文旅体发展,继续深化各项改革,牢记习近平总书记深情嘱托,为乡村振兴夯实物质基础,提供有力的经济保障。

半个世纪以来,战旗村从建村之初到人民公社,从土地联产承包到创办村企改制,从土地综合整治到建设新型社区,从发展现代农业到农商文旅体融合发展,战旗村实现了由传统农村到幸福美丽新村的华丽蜕变。

20世纪50年代,战旗村积极开展征粮剿匪、减租退押、土地改革等运动,成立初级、高级农业生产合作社,有效解决了劳动力分散、生产工具不足、生产效率低下的问题。改革开放以来,战旗村先后创办了机砖厂、酿酒厂、复合肥厂、豆瓣厂等12家村办集体企业。

表1-1概括了战旗村的发展历程。

表1-1 战旗村发展历程

年份	战旗村发展变化
2004	通过联合、兼并、出售以及资产重组、破产清算、购买小股东股份等方式对企业进行改制,成立"成都集凤实业总公司",理顺产权关系,避免了集体资产流失
2007	开始进行土地综合整治,通过拆院并院整理节约出208亩建设用地,实现土地收益

表1-1（续）

年份	战旗村发展变化
2009 年 4 月	全村搬迁入驻战旗新型社区，过上了与城里人一样的生活
2010	利用预留的 23.8 亩集体建设用地，与北京方圆平安集团和四川大行宏业集团合作，建成"战旗第 5 季妈妈农庄"
2011	为推进村集体经济股份制量化改革，制定了村集体经济组织成员身份认定办法，并以 2011 年 4 月 20 日为截止时点，对集体组织成员进行了身份认定，同时对全村土地进行了权属调整并确权到户
2015	开展集体经营性建设用地入市改革试点，组建郫县唐昌战旗资产管理有限公司，实施村集体经济股份制量化改革，敲响了全省农村集体经营建设性用地入市的"第一槌"，实现资源变资产、资金变股金、农民变股东
2017 年 9 月	首届四川村长论坛暨村社发展大会在战旗村召开，发表"战旗宣言"倡议
2017 年 11 月	战旗村运用大数据、物联网等新技术，与"京东云创""猪八戒网""天下星农"等知名品牌营销公司合作，搭建"人人耘"种养平台，实现农特产品"买进全川、卖出全球"精准营销
2018	规划建设以战旗村为核心的"五村联片"乡村振兴示范线，启动战旗乡村振兴培训学院建设并投用，成为辐射全省全国的乡村人才培训基地。建成乡村十八坊、吕家院子等旅游景点，成功创建国家 AAAA 景区，战旗村被评为 2018 年中国美丽休闲乡村，先后荣获"中国美丽乡村百佳范例""四川集体经济十强村"等称号

（四）战旗村的主要做法

1978 年改革之初，战旗村在全县率先办起了砖厂等 12 家村集体企业。1994 年，全村对 5 家村办企业进行了股份制改革。进入新世纪，战旗村党组织面对薄弱的集体经济和有限的年人均收入，积极思索村庄发展的出路。为开阔视野、转变观念，两委班子先后到全国多个先进村庄学习考察，紧密联系本村实际，大胆提出"经营村庄"的新理念。同时，建立完善了党组织领导、村民大会决策、村委会执行、村务监督委员会监督、村集体经济组织独立经营的运行机制，一改以往什么事情都由村两委会说了算的做法。为进一步强化集体经济，村两委在以下几个方面进行了积极探索。

1. 改革乡村治理结构，加强集体经济

1950—1965 年，战旗村名为集凤大队，主要发展农业，在第一任书记的带领下实行条田改土，规划水利、公路、土地等。1966 年战旗村更名为战旗大队。1978—2000 年是土地联产承包时期，战旗村开始发展工业，建立全村第一个砖厂，村民集体出钱，并办了肥料厂、面粉厂等。2001 年以后，进行产权治理与开发土地资源；2006 年，村委会引导村民自愿以土地承包经营权入股，成立了战旗村农业股份合作社；2008 年汶川大地震后，重新修建了文化大院；2010 年战旗村投资建设了妈妈农庄项目；2015 年，抓住政策机遇，实行农村集体经营性建设用地，与公司合作，每亩使用权为 52 万元，期限为 40 年，进行一次性付款。目前战旗村实行一、三产业联动发展，以旅助农的方式推动乡村振兴的发展，形成了"村-企-社"农业产业模式。

2. 土地综合整治和规模化经营

2007 年，战旗村抓住成都市统筹城乡发展的契机，采取资源换资金的办法，实施土地综合整理项目，充分整合村庄资源，更好地经营村庄。全村打破了原村民小组的界限，以村为单位实行土地整理，对承包地和宅基地进行了权属调整，置换出 443 亩土地。在 1972 年建立的村居民区基础上，又拿置换出的 208 亩土地建设村民集中居住区，实现了全村集中居住，让村民享受和城市人一样的生产生活环境。在土地调整过程中，党支部发挥了党员模范作用，通过党员带头和耐心细致的工作，克服了重重困难，最终完成全村承包地、宅基地的调整。整合土地之后，为村民的农用地、宅基地建设用地和集体经济建设用地进行确权颁证。战旗村在农业产业结构调整和转型发展实践中，引导农民以土地承包经营权入股，由村集体注入资金，组建了战旗土地股份合作社。按照依法、自愿、有偿的原则，推进土地集中、规模经营。村集体对全村 1 930 亩耕地进行统一规划、统一竞价、统一招商谈判。

3. 一二三产业融合发展，产业富民

战旗村集体经济起步时主要是做工业项目，包括砖厂、铸铁厂、化肥厂等。到 2014 年，村领导意识到，在绿色发展的大环境下，不应再走高污染、高耗能的发展路子，随后关停了曾经对村发展有重大贡献的几家企业，经历了转型过程中的阵痛后闯出了一条新路。①实现土地集中经营后，战旗村启动了规划面积 1 万亩的现代农业产业园区建设，园区辐射到周边几个村。园区规划以蔬菜瓜果为主，辅以蔬菜粗加工区，引进了成都中银荣臻菌业公司和五季花田农庄等项目，共有七家企业入驻园区，全村形成了农副产品产、加、休为一体的现代农业产业化发展格局。战旗村以"支部+合作社+公司+农户"形式，实行以市场为导向的计划生产，延长了产业链，解决了本村及周边共 1 300 多人的就业问题，实现年务工收入 2 600 多万元。②大力发展旅游业。战旗村结合两河湿地水源项目、沙西沿线风貌提升项目，整合了沙西线以南的 2 000 亩土地，对现有 3A 旅游景区进行提档升级、争创 4A 旅游景区，打造独具特色的省级乡旅文创平原综合体示范乡村。同时，把原生态的种植业和新型农产品加工业的种植过程和加工过程景观化，如万亩稻田、工业旅游等。通过菌业博物馆，游客可以观看自动化的菌类加工过程；在蓝莓基地、豆瓣坊、郫县豆瓣博物馆，将传统的种植园艺和加工工艺以观光的形态展现。对社区实施外观风貌改造，增加旅游元素，引导村民规范有序地进行经营，建立天府特色民宿区。③战旗村是全国农村宅基地改革试点。2015 年，战旗村将 14.35 亩集体经营性建设用地以 52 万元/亩的价格推向市场，全村现存确权颁证的 62 亩建设用地也将按不同方式逐步推向市场。全村已盘活文化大院、复合肥厂等集体资产，通过与外来企业合作、作价入股等方式，建设集生产、经营、体验、旅游为一体的乡村十八坊，以及集酒店、文化、娱乐、购物等为一体的特色商业街。目前，战旗村集体经济形成了以有机蔬菜、农副产品加工、郫县豆瓣及调味品、食用菌等为主导的农业产业，和以五季花田 3A 级景区为核心的旅游产业。2017 年，村集体经济总资产达 4 600 万元，村民人均年收入达 26 053 元。初步估计，2018 年，村集体经济总资产将达 1 亿元，村民人均年收入 4 万元。集体经济收入的分配方式：每年的净收益提取 50% 公积金用于扩大再生产；提取 30% 公益金用于开展文化活动、治安巡逻管理、困难救助等，村里 60 岁以上的老年人每月发放养老补助，统一购买城乡居民医疗保险的基础部分；其余 20% 是个人收入，在 1 704 名集体经济组织成员中分配。

4. 成立资产管理公司

2015 年，战旗村以村议事会 35 人作为公司发起人，成立了战旗村资产管理公司。

由村委会作为村集体所有资产和资源的所有权人（包括耕地和非农建设用地的所有权，村民确权是确定使用权），以确权的1 704人作为公司成员、以家庭为单位颁发股权证书。村委会主任担任公司法定代表人，村党总支书记担任公司董事长，经村民大会表决同意，授权该公司对全村资产、资源进行统一经营管理。这是一个双层架构。上层是村资产管理公司，下面分为土地合作社、商业公司、旅游公司等二级机构。村民除了以股东的身份享受集体资产管理公司的分红之外，还可以参与到各个具体的经营主体的工作中。资产管理公司掌握村集体资产所有权，如果经营中发生了土地纠纷，只和第二层经营主体发生联系。资产管理公司不在具体经营活动中承担责任。

（五）战旗村党建经验与启示

1. 发挥党组织先锋作用，完善乡村基层治理机制

战旗村基层治理的基本原则是自治、德治、法治相融合。2018年10月，村试点推行了村级小微权力清单制度，将村干部的决策、执行程序列入清单，包括重大决策、财经预算、社会管理和公共服务四大类，共22项。这样明确了村干部的权力边界，然后与村警务社、法律援助社、党员工作社共建法律信访中心。2018年战旗村实现了零上访，治安案件零发生。加强党的建设，发挥党员先锋模范作用。为保持党员队伍在思想、组织、作风、纪律方面的先进性，村党总支坚持结合"两学一做"，长期开展党员"三问三亮"和"三固化四包干"活动。通过举办农民夜校、组织党员群众外出学习、培训、考察，提高党员群众素质和创新创业发展理念。每月15日为固定的党员活动日，组织党员集中学习、义务劳动、公益活动，年终进行党员民主评议。战旗村先后荣获全国居民共建社会主义精神文明单位、全国文明村、全省创新争优先进基层党组织、四川省四好村、成都市"双强六好"基层示范党组织等荣誉称号，被列为省、市新农村建设重点试点村及示范村。战旗村党总支部下有4个党支部、7个党小组，党员83人。不仅在"两委"基层自治组织上建立党支部，还在产业链、种养基地建立党支部。党组织是经济、文化、社会的交融点，是基层的中枢神经。这是我们国家特有的，它所承担的社会功能是其他组织无法替代的，也是基层治理和基层运行的基本载体。以加强基层党组织建设为核心，构建"一核多元"的基层治理体系。"一核"就是党总支，"多元"就是在村民代表大会之外，设立了村民议事会和村务监督委员会，作为基层自治组织的有效补充。村里还搭建了"一核三站"的党群服务中心。"一核"是党群服务中心，"三站"是便民服务站、卫生服务站、金融服务站。这种党群服务中心可以承担更多的公共服务职能，而且战旗村民由于全部实现了社区化的集中居住，可以在15分钟内接受公共服务。战旗党建的具体做法就是"三问三亮"。2018年2月12日，习近平总书记在战旗村视察时称赞说"三问三亮"做得好，堡垒作用要发扬。"三问"，即问自己入党为了什么，问自己作为党员做了什么，问自己作为党员示范带动了什么，且"三问"并不是停留于口头，而是形成了制度化。"三亮"是亮出党员身份，亮出党员的承诺，亮出你针对承诺做出的实际行动。比如亮身份，我们的党员要在日常一切行为当中亮明自己的身份，这种舆论氛围让每位党员处处自觉发挥先锋模范作用。

2. 弘扬新型红色文化推动产业升级

新型红色文化孕育出信仰力量，实现了战旗村现在的发展成就。这是战旗村发展

的内生动力。新型红色文化是党领导人民在建设社会主义过程中，以共产主义和社会主义为指向，将马克思列宁主义和中国实际相结合而形成的一种红色文化。曾经有一位60多岁的东北大妈，是一位退休干部，随孩子到成都安家，她到战旗村参观之后很受鼓舞，千方百计把自己的组织关系从东北转到了战旗村。战旗人通过实践感受到，我们这个年代更应该讲理想。在全面实施乡村振兴战略，以及各项改革步入深水区的时代背景下，我们比以往任何时候都更需要有敢创敢拼的改革精神和勇往直前的信仰力量，以坚定的政治定力和政治决心，去承担历史责任，回应人民的期待。战旗村将按照习近平总书记的要求，从产业振兴、人才振兴、文化振兴、生态振兴、组织振兴五个方面全面系统推进，加快发展现代农业、创意农业和特色旅游业，推动产业转型升级。

3. 凝聚精神力量，推动文明进步

充实新知识，吸收新理念。战旗村狠抓农村文化建设，每年利用暑期与西华大学、西南交大等高校共同开展"高校、支部、农户"结对共建活动，如今已连续11年共计组织500余名大学生开展"1位大学生、1户农户"进村入户活动，以新知识、新理念引领战旗村民开拓创新。如引入深圳上启文化，定期开展艺术乡村系列文化活动，建成"战旗飘飘"等一批文化服务设施，不断丰富村民文化生活；邀请万山河、李伯清等知名艺术家在战旗创办工作室，注入"新乡贤"独特的文化内涵，引导村民向上向善。弘扬耕读文化，共享文明成果。战旗村大力涵养乡文明，建好战旗文化礼堂、新时代农民讲习所，持续开展"家风家教家训""大健康"等培训活动。实施乡村民风廊、文化廊、文化院坝打造工程，自发组建文工团、老年歌舞队、腰鼓队，常态化开展"传承巴蜀文明发展天府文化"百姓大舞台巡演活动。与同行社工合作，推广"村-社会组织-社工-志愿者"模式，让国学教育进村入户，村民家家都有《三字经》《增广贤文》等国学经典。积极评选推举道德、文化明星，评选出"新乡贤"、文明户，开展"好公婆、好儿媳、好邻居"、道德之星、文明之星评选活动，让耕读传家、父慈子孝的良好乡风、家风、民风得到传承弘扬。

推进移风易俗，树立文明新风。战旗村不断增强乡村软实力，推动德治与"共治共建共享"相融互动，制定《战旗·村规民约十条》，将社会主义核心价值观、传统优秀文化、法治文化融汇成心口相传的"战旗快板"。健全乡村道德评议机制，实施乡风文明"十破十树"行动，以家风培养、乡贤回归等共建诚信重礼、尚法守制等良好风尚，以村规民约共治大操大办、重殓厚葬、封建迷信、聚众赌博等陈规陋习，共同营造与邻为善、以邻为伴、守望相助的良好风气。

4. 走绿色发展之路，建生态宜居乡村

牢固树立"绿水青山就是金山银山"的理念，坚定不移走好绿色生态发展之路，让战旗生态底色更亮丽、生态经济更蓬勃、生活环境更宜居。优化规划建设理念，绘就生态文明蓝图。战旗村与中国建筑设计院、同济大学等合作，按照"一村一风格、一片区一特色"思路，以战旗为核心，将周边火花、金星、横山、西北4村进行"一盘棋"统筹规划。在编制规划中，将乡村总体发展规划、土地利用规划与产业、生态、基础设施、公共服务等进行多规合一，坚持"一张蓝图绘到底"。与深圳上启艺术合作，在坚守耕地保护、生态环境等"刚性红线"基础上，柔性植入时尚、艺术等元素，让战旗规划建设有灵魂、有活力。发展绿色高端产业，开动经济新引擎。"宁要绿水青

山，不要金山银山"，战旗村原铸铁厂，年税收接近千万，但污染严重，群众意见很大。2016 年村委会集体商议后，对其予以关闭，同时还关闭了化肥厂、规模养殖场等几家企业。这是村集体经济转型发展过程中遭遇的一次阵痛，但为第五季香境、乡村振兴学院等三产项目的建设腾出了空间，实现了资产增值裂变。战旗村与山东寿光、中建十一局洽谈，创建 AAAA 级景区，打造"两线一团精彩连连"乡村振兴体验精品路线，建设 800 余亩绿色有机蔬菜基地，加快推动村集体经济转型升级。打造美丽乡村，营造宜居环境。战旗村制定出台"五个不"（不砍一棵树、不采一粒沙、不填一口塘、不断一条渠、不损一栋古建）管理办法，守住生态底线，发展"美丽经济"。坚持公园城市建设理念，再造大地景观，通过锦江绿道、战旗绿道、横山绿道将周边火花村、西北村特色林盘、柏条河、柏木河湿地、横山村、战旗村田园综合体有机串联起来；建设 1 000 亩高标准农田，实行水旱轮作、稻鱼共生；打造 5 000 亩大田景观，塑造"田成方、树成簇、水成网"的乡村田园锦绣画卷。

思考题

1. 农村公共管理的现状、性质如何？
2. 战旗村村党总支部在带领战旗村发展过程中起到了什么作用？
3. 战旗村如何逐步做到"党建引领社会组织协同治理"的良好局面？
4. 战旗村的农村基层管理组织模式是否适用于其他地方，是否具有推广价值？

附录

【材料一】

战旗村基本情况

战旗村在 20 世纪 70 年代是省、地、县农业学大寨的先进村。党的十一届三中全会以后，战旗村认真落实中央会议精神，以经济建设为中心，在全县率先办起了集体企业。首先办起了砖厂，再以滚雪球的办法先后办起了 12 家集体企业，集体经济得到了发展。

1994 年，在全县首批股份制试点中，将本村经济效益较好的 5 个企业——"先锋一砖厂""先锋酿造厂""会富豆办厂""先锋面粉加工厂""郫县复合肥厂"改制为股份合作制企业，组建了"成都市集凤实业总公司"，公司成立董事会，负责企业的经营管理工作。后经营管理方面出现问题，致使企业经济效益逐年下降，企业资产不断流失。为改变这一状况，让企业能顺利生存发展下去，集体资产不再流失，2003 年，村"两委"及时采取措施，与股东们签订股份转让合同，由村集体将个人股份全部收购。至此，企业再次成为村集体的独资企业，通过清产核资、财产清理后，把企业的固定资产和无形资产租赁给经营者，把流动资产出售给经营者，村集体收回资金 420 余万元。改制后每年村集体收入比过去增加 10 万余元，达到 40 万元以上，为战旗村的发展奠定了基础。

集体富裕了，村民们也得到了实惠。从 2005 年起，村集体每年发放人均 40 元的以工补农款，大力支持农业发展。全村村民的农村新型合作医疗保险也由村集体承担，60 岁以上的老人每年发给 160 元的养老补助，给入托儿童人平补助 60 元，逐步提高了村民的福利待遇。

战旗村两委在上级党委、政府的领导下，带动全村党员、群众认真贯彻党的十八大和党的十九大精神，认真贯彻党的各项方针政策，解放思想，拓宽思路，坚持物质文明和精神文明一起抓。一方面大力发展村集体经济，不断改变经营机制，壮大集体经济实力，增加农民收入；另一方面加强农村精神文明建设，全面提高村民素质，塑造良好的村风、民风，全面推进了战旗村两个文明建设向前发展，受到中宣部、省、市、县的表彰。战旗村 1991 年被成都市政府评为"先进村级组织""军警民共建精神文明先进单位"，被四川省政府评为"四川省先进村级组织"；1995 年被评为"四川省富裕村"；1997 年被中宣部、解放军总政治部评为"军民共建社会主义精神文明先进单位"；1998 年被四川省委评为"四川省五个好村党支部"；1999 年被成都市委、市政府命名"文明村"；2000 年被四川省委、省政府命名为"文明村"。此外，还连年被县委评为"红旗党支部""先进基层党组织""县文明单位"。

【材料二】

成都市统筹城乡综合配套改革研究

城乡二元结构是任何一个发展中国家都必须面临与解决的问题，我国的东南沿海较发达地区也已经开始了统筹城乡发展的探索与实践。我国为了更好地调节这种城乡分离的不均衡的发展模式，2007 年 6 月 7 日，由国家发改委下发了《国家发展改革委关于批准重庆市和成都市设立全国统筹城乡综合配套改革试验区的通知》，明确指出，要求重庆市和成都市从实际出发，根据统筹城乡综合配套改革试验的要求，全面推进各个领域的体制改革。综合配套改革试验区的成立确定了重庆市与成都市在我国统筹城乡发展战略中的重要位置。

作为我国的改革试验区，重庆和成都地处我国西部内陆地区，同时也有我国大部分地区存在的城乡之间差距较大，经济发展不平衡等问题具有更广泛的代表性，可以作为大部分地区的发展参考模式。但是成都地区的人口基数较大，人多地少的现象造成了严峻的就业形势，而且城乡经济、公共设施、社会保证等多方面都存在着问题。改革区的成立可以化解成都发展的巨大压力，也是为了探索成功的城乡统筹之路。

成都作为试验的先行地区存在以下几点优势：第一，在西部地区的经济基础比较雄厚，据统计，2006 年成都 GDP 分别是 2 371 亿元，排在我国西部前列，有较强的经济优势；第二，2003 年我国开展统筹城乡发展战略后，成都市按照科学发展观的要求，实施了许多的重大改革，加大了农村发展的力度，形成了良好的城乡协调发展的趋势；第三，作为省会城市，可以更好地落实国家的改革制度，同时也具有较强的管理体制优势。

一、主导思想及主要措施

成都市在统筹城乡发展的实践中，采取了许多办法，其主要措施如下：

（一）推进以"三个集中"为核心的统筹战略。成都市根据自身的实际情况，实施"三个集中"的统筹战略，即"工业向集中发展区集中为重点、以推进土地向规模经营集中为重点、以农民向城镇集中为重点"。大力推进工业的集中，开始新型工业化道路，仔细规划城乡的工业布局，通过城乡规划、政府调控、政策引导等一系列措施将原本布局分散的 116 个小规模工业开放区合并为 20 个工业集中发展区，集中度达 59.9%。以土地规模集中为重点，来加快现代化农业的发展，在农民多、耕地少的情况下采取合法、自愿、补偿的基本原则，以家庭承包经营的形式将土地采取转包、租赁、入股等方法利用起来，向规模经营集中，加快现代农业的建设，以提高农业的弱势地位。同时在稳定的前提下大力发展农村的企业，来带动农村的经济发展。有计划地将农民向城镇集中，减少了分散农民的生产和生活成本，改善了农民的生活条件，同时促进了农民的非农就业机会，以实现第一产业的剩余劳动力向第二、第三产业的转移，也便于教育及社会保障体系的快速发展，加快城乡统筹的进程。

（二）认真贯彻科学发展观的思想，实行"六个一体化"，即城乡规划一体化、城乡产业发展一体化、城乡市场体制一体化、城乡基础设施一体化、城乡公共服务一体化、城乡鼓励体制一体化等，来打破城乡之间的分割状态，达到全方面发展，希望能打破城乡之间存在的二元结构。可以说，这是成都试验区在进行城乡统筹发展的重要方法，把农村在发展中的地位提高到与城市持平，甚至更重要的位置。将农村的规划融入城市中可以说是成都市发展中的一大难题，彻底打破了以往将城市作为发展重点的管理体制，将城乡摆在统一高度，形成城乡一体的规划和执行监督系统，将规划与发展带到每一个村组，对农村实行土地收益的政策，加大对农村发展的投资。同时，还对我国二元结构的分水岭"户籍制度"进行改良，取消了农业与非农业户口的差别，打破了身份制度的限制，真正将农村融入城市。在 2008 年的地震灾害之后，成都市更是将这一原则贯彻始终，重新规划并建立了具有示范性的新农村，为其他方面的一体化推进奠定了基础。实施平等就业、全民就业的政策；加大农村教育及医疗的基础设施建设，城乡之间教师、医生相互交流，提高农村教育及医疗的技术水平，做到各种要素的合理、无限制流通，尽量资源最优化，保证城乡全民医疗保险的落实，享受完全平等的待遇。

（三）优化管理制度。加强对政府职能部门的管理，做到成为高效率、高服务、高质量的新型政府。调整各级政府、各部门之间的二元管理体制，农村管理城市化、城市管理透明化，加强各级政府职能部门之间的联系，实行便民服务。制定了一系列城乡建设的规范与标准，明确各部门职能与责任，加大监督工作的范围与力度，为加快成都建设做出保障与支持。

二、改革区的发展

成都市在 2007 年被批准为全国统筹城乡综合配套改革试验区后仅一个多月，就提出了"全域成都"的概念，其核心内容就是对成都区域内进行统一建设和规划，建立"六个一体化"的新型城乡发展模式。在科学发展观的战略指导下，坚持"三个集中"的发展方向，对成都市全域发展进行了如下重大改革：

（一）在经济发展中实行改善产业布局的战略政策。任何城市的发展都离不开工业的进步，成都市在新型工业化改革的道路上采取了"一区一园一主业"的发展策略，将全市的工业区进行优化整合，规划为21个工业集中发展区和6个工业集中发展点，形成高效化、高产出的集中、集约工业带；加快农业基地的建设，实行因地制宜的产业优化，以科技、旅游、品牌优势以及农产品企业来加快农村经济的发展；加强服务业发展，解决就业压力，形成优质的现代服务业集聚区，大力发展高端服务业，促进经济快速发展。据统计，从2000年到2008年成都市地区总产值增加1.7倍，第一产业增加48.4%，第二产业增加2.4倍，其中工业更是增加了2.6倍，第三产业增加1.4倍；而在人均收入方面，城市居民可支配收入为16 943元，增长率14.1%，农村居民为6 481元，增长率为14.9%，城乡居民之间的收入比正在逐渐减少。以上数据均来自2009年成都统计年鉴。

（二）为了保证城乡协调发展，加快基础设施建设。在经济发展中，交通与运输占有极其重要的地位，成都市为此打造了快速路交通圈、轻轨交通圈以及连通各市镇的高速路和轻轨，大力改善交通运输条件，做到城乡沟通无障碍、全域交通无缝化的交通网络；建立覆盖全域的排水系统，覆盖全域的宫殿体系，覆盖大部分地区的燃气体系，使农村居民生活条件、生活水平与城市居民接轨；加强对农村的基础设施建设，改善农民生活质量，对全民实行医疗卫生、文化教育、社会保障等多方面的社会福利，使农村转型市民，打破传统的户籍制度分割，逐步实现城乡共享，城乡一体的战略目的。这两方面的重大改革在经济发展与城乡统筹发展的过程中起到了重要的作用，也是成都改革试验区发展探索的核心思想。

参考文献

［1］刘政权.国外政党建设基本态势［J］.经济与社会发展，2006（10）：17-19.

［2］王芮.新时期农村基层服务型党组织建设研究［D］.成都：四川农业大学硕士学位论文，2013.

［3］张仁华.社会主义新农村建设中村级党组织建设研究［D］.长沙：湖南农业大学，2010.

［4］周多刚，徐中.服务型基层党组织建设探析［J］.唯实，2013（2）：48-50.

［5］郑成根.我国农村服务型基层党组织建设的实证研究［D］.武汉：华中师范大学，2014.

二、教学手册

（一）课前准备

为实现本案例教学目标，学员应该在案例讨论前通过预发的案例资料了解以下知识背景。

1. 理论背景

阅读本案例前学员应有农村公共管理、农村社会结构变迁、农业政策学、产业经济学、发展经济学、区域发展规划等学科基础理论知识背景，熟悉并掌握公共管理的含义、公共管理特征和公共管理作用。

2. 党建引领发展的背景

党的十八大以来，中央抓党的建设的力度非常大。习近平总书记在党的群众路线教育实践活动总结大会上强调，党建是最重要的政绩，如果我们党弱了、散了、垮了，其他政绩有什么意义呢？他为什么那么重视党建？原因有两条：第一，认清了党建的极端重要性。"四个全面"战略布局是习总书记提出来的，"四个全面"中全面从严治党排在第四，但是从重要性上来讲绝对是第一，党建抓不好，其他三个全面就不可能搞得好。第二，看清了党建中所存在问题的严重性，比如"四风"问题，尤其是腐败问题。所以，全面从严治党就是党建的各个方面都从严抓。

3. 案例背景

2019 年，农业农村部发布首批 20 个全国乡村治理典型案例，成都市郫都区唐昌街道战旗村党建引领社会组织协同治理做法入选首批典型案例——这也是四川唯一入选的首批全国乡村治理典型案例。战旗村党总支书记高×敏介绍，战旗村通过对战旗村内外资源、社区治理存在问题及村民需求的综合分析，从基层党建和群众服务入手，围绕"自治、德治、法治"以及满足群众生产生活中多元化服务需要，从而开展乡村综合治理。

理清党建引领城乡社区发展治理思路，细化治理措施。"在坚持党的领导下，战旗村重点突出党组织在社区治理中的核心地位。"高×敏介绍，战旗村规范党组织领导下的村民协商议事机制，党组织定期听取居民委员会、议事会、居民监督委员会等自治组织报告，同时严格落实"三问三亮""三固化、四包干"工作制度，街道、社区（村）干部常态走访联系群众，及时协调办理群众诉求。

同时，引入专业社工机构，围绕村民需求开展服务。通过引入成都同行社会服务中心，战旗村走访调查了解村民的现实问题和需求，整合社区资源，采用专业化的手段和方法，有计划、有步骤地为居民提供个性化、专业化、规范化服务。截至目前（2019 年 6 月 5 日），战旗村已开展老年人兴趣工坊 10 场，长期患病支持互助小组活动 9 场，结合农民夜校开办养生课堂 7 期，结合母亲节、端午节举办大型活动 3 场，服务村民超过 1 500 人/次，作为涵养乡风文明的切入口，传承经典、树立良好家风。

战旗村还大力培育社区社会组织，积极开办农民夜校，培育新时代新农民。目前，战旗村已培育孵化"耆英汇社区舞蹈队""社区妈妈服务队" 2 支社区社会组织，挖掘村民骨干 20 余人，有效发挥村民参与社区治理的主体作用，提高了村民参与社区公共事务的热情。在开办农民夜校上，据初步统计，2018 年以来，战旗农民夜校已开课 60 次，1 280 人次参与，培养出独具特色的美食技能培训班、布鞋制作班、蜀绣班、古筝班等。

（二）适用范围

农村公共管理、农业政策学、产业经济学、区域发展规划学等课程。

（三）教学目标

引导学员们通过案例介绍，了解农村基层公共管理的性质、特征，并在此基础上深入分析我国农村基层组织如何运用党建工作引领社会组织协同发展？基层党组织如何发挥作用？更进一步探讨建立怎样的组织制度推动人民群众参与、支持基层治理，推动乡村振兴、建设美丽中国的宏伟目标。

（四）教学内容

1. 学员需要识别的关键问题

本案例需要学员识别的关键问题有：战旗村如何突出党组织在社区治理中的核心地位？战旗村是如何逐步扩大农村集体经济规模，并为村民带来了什么实惠？战旗村是如何一步一步推进精神文明进步的，让良好乡风、家风、民风得到传承弘扬？战旗村是如何走绿色发展道路，建生态宜居乡村的？

2. 解决问题可以参考的材料

（1）战旗村如何突出党组织在社区治理中的核心地位？

战旗村基层治理的基本原则是自治、德治、法治相融合。2018年10月，村试点推行了村级小微权力清单制度，将村干部的决策、执行程序列入清单，包括重大决策、财经预算、社会管理和公共服务四大类，共22项。这样明确了村干部的权力边界，然后与村警务社、法律援助社、党员工作社共建法律信访中心。2018年战旗村实现了零上访，治安案件零发生。加强党的建设，发挥党员先锋模范作用。为保持党员队伍在思想、组织、作风、纪律方面的先进性，村党总支坚持结合"两学一做"，长期开展党员"三问三亮"和"三固化四包干"活动。通过举办农民夜校、组织党员群众外出学习、培训、考察，提高党员群众素质和创新创业发展理念。

（2）战旗村是如何逐步扩大农村集体经济规模，并为村民带来了什么实惠？

第一，勇于开拓创新，重视村集体经济发展。自20世纪70年代末以来，战旗村历届村两委班子秉承艰苦创业的奋斗精神，在村域经济发展中勇于开拓创新，重视集体经济发展，率先兴办机砖厂、豆瓣厂和酒厂等村集体企业，勇立农村改革发展潮头，谱写了一曲脱贫致富奔小康的奋进之歌。集体企业在本区域内起到了较强的示范带头作用，至90代年末村集体企业发展达12家，村集体经济不断发展壮大。

第二，统筹土地资源，助推农业产业化发展。2006年以来，战旗村紧抓市委"统筹城乡"机遇，在大力推进新农村建设的基础上，组建了村级经济组织——战旗农业股份合作社。合作社以农户土地承包经营权入股，由村集体注入流动资金，吸收农户495户，共有社员1551人；集中统筹规模化经营土地1820余亩，其中，专业种植大户流转土地1420亩，合作社自主经营320亩。同时，确立了"村-企-农"互动的村集体经济发展新模式，采取入股保底、二次分红的方式，实现村民人均年收入增长1500余元。

第三，开展集体经济股份量化改革，推进"三区"联动发展。战旗村充分运用农村产权制度改革成果，以村集体经济股份量化改革为基础，推进"园区+景区+社区"联动发展。组建了战旗村集体资产管理公司，对集体资产、资源进行了全面清理和股份制量化。依托农村集体经营性建设用地改革，采取村民自主商议入市方式和收益分配方式，2015年，以52.5万元/亩的价格对一宗面积为13.477亩的集体经营性建设用地使用权进行挂牌出让，最终由四川迈高旅游资源开发有限公司竞拍成功，敲响四川省集体经营性建设用地入市"第一槌"，人均获得土地增值收益520元。通过入市地块商业服务综合体项目建设，同步推动"乡村十八坊""郫县豆瓣非物质文化遗产展示区"

建设，推进"园区+景区+社区"联动发展，创建了 AAA 级景区。

第四，推进"一三产业"互动，促进农旅融合发展。积极引入社会资金，打造了"一三联动、以旅助农"典型样板。年接待游客 40 万人次，成功创建国家 AAA 级——战旗 5 季花田景区。实现了传统农民向旅游从业者转变，传统农业向休闲旅游业转变，传统农村向精品景区转变。对村域内的高耗能、高污染企业，战旗村积极引导企业进行技改节能减排，对达不到要求的企业建立退出机制。借助合作社平台，开发以农副产品为特色的旅游产品，积极引导村域内现有的 5 家集体企业和 5 家民营企业进行提档升级，将现有农副产品精深加工与农业观光体验有机相合起来，开辟参观通道，开发旅游产品，营造一、二、三产业互动的良好氛围。

（3）战旗村是如何一步一步推进精神文明进步，让良好乡风、家风、民风得到传承弘扬的？

战旗村狠抓农村文化建设，每年利用暑期与西华大学、西南交大等高校共同开展"高校 支部 农户"结对共建活动，连续 11 年共计组织 500 余名大学生开展"1 位大学生 1 户农户"进村入户活动，以新知识、新理念引领战旗村民开拓创新。引入深圳上启文化，定期开展艺术乡村系列文化活动，建成"战旗飘飘"等一批文化服务设施，不断丰富村民文化生活。邀请万山河、李伯清等知名艺术家在战旗创办工作室，注入"新乡贤"独特的文化内涵，引导村民向上向善。弘扬耕读文化，共享文明成果。战旗村大力涵养乡文明，建好战旗文化礼堂、新时代农民讲习所，持续开展"家风家教家训""大健康"等培训活动。实施乡村民风廊、文化廊、文化院坝打造工程，自发组建文工团、老年歌舞队、腰鼓队，常态化开展"传承巴蜀文明 发展天府文化"百姓大舞台巡演活动。与同行社工合作，推广"村-社会组织-社工-志愿者"模式，让国学教育进村入户，村民家家几乎都有《三字经》《增广贤文》等国学经典。积极评选推举道德、文化明星，评选出"新乡贤"、文明户，开展"好公婆、好儿媳、好邻居"、道德之星、文明之星评选活动，让耕读传家、父慈子孝的良好乡风、家风、民风得到传承弘扬。

战旗村与中国建筑设计院、同济大学等合作，按照"一村一风格、一片区一特色"思路，以战旗为核心，将周边火花、金星、横山、西北 4 村进行"一盘棋"统筹规划。在编制规划中，将乡村总体发展规划、土地利用规划与产业、生态、基础设施、公共服务等进行多规合一，坚持"一张蓝图绘到底"。与深圳上启艺术合作，在坚守耕地保护、生态环境等"刚性红线"基础上，柔性植入时尚、艺术等元素，让战旗规划建设有灵魂、有活力。发展绿色高端产业，开动经济新引擎。

战旗村制定出台"五个不"（不砍一棵树、不采一粒沙、不填一口塘、不断一条渠、不损一栋古建）管理办法，守住生态底线，发展"美丽经济"。坚持公园城市建设理念，再造大地景观，通过锦江绿道、战旗绿道、横山绿道将周边火花村、西北村特色林盘、柏条河、柏木河湿地、横山村、战旗村田园综合体有机串联起来；建设 1 000 亩高标准农田，实行水旱轮作、稻鱼共生；打造 5 000 亩大田景观，塑造"田成方、树成簇、水成网"的乡村田园锦绣画卷。

3. 案例的延伸思考

若将战旗村的组织模式搬迁到中国其他乡村，有可借鉴之处吗？其基层治理方式是否可以推广？

四川省成都市郫都区唐昌镇战旗村地处横山脚下、柏条河畔，位于郫都区、都江堰市、彭州市三市县交界处，处于成都平原经济区核心区域内。战旗村原名集凤大队，村如其名，在改革发展进程中始终锐意进取，犹如一面飘扬的旗帜，曾荣获"全国社会主义精神文明单位""全国文明村""省级四好村""四川集体经济十强村"和省市"新农村建设示范村"等称号。党的十八大以来，战旗村坚持以农业供给侧结构性改革为主线，深化农村土地集体产权、农业新型经营主体社会化服务体系等综合配套改革，再次刷新多项"战绩"——率先开展清产核资、股权量化，成立村集体资产管理公司，落下全省农村集体经营性建设用地入市"第一槌"。优化生产体系，按照建基地、创品牌、搞加工的思路，做强做优绿色产品品牌，建成绿色有机蔬菜种植基地 800 余亩。优化经营体系，组建 2 个蔬菜专业合作社，引入京东云创平台、"人人耘"智慧农业，培育省市著名商标品牌 3 个。优化产业体系，引进培育榕珍菌业、满江红等 16 家企业，延伸产加销链条；建成 AAA 级景区，年接待游客 40 余万人次，实现农商文旅融合发展。乡村振兴战略提出后，战旗村坚持产业富民，发挥妈妈农庄等项目带动作用，打好陶艺坊等乡村十八坊传统文化牌，聚商气、汇人气，积极争创 AAAA 级景区；联通城乡两头、农业内外，以新品种新技术新业态，提升产出效益；引入现代企业制度，释放村集体经济红利，走共同富裕道路。同时还坚持生态先行，关闭 5 家污染企业，实施土壤有机转化和高标准农田整治 1 000 亩，建成柏条河生态湿地，持续保持优美宜居环境。为涵养清风，村里还引入"同行社工"等社会组织，开展国学诵读、文艺表演、百姓讲堂等活动，培育形成友善淳朴、守望相助、尊老爱幼的战旗新风尚。

（五）课堂安排

1. 本案例依次讨论的题目

（1）了解农村基层公共管理的性质、特征。

（2）分析我国农村基层组织如何运用党建工作引领社会组织协同发展？

（3）基层党组织如何发挥作用？

（4）探讨建立怎样的组织制度推动人民群众参与、支持基层治理，推动乡村振兴、建设美丽中国的宏伟目标？

2. 案例教学课时安排（90~120 分钟）

本案例可以按照如下的课堂计划进行分析和讨论，仅供参考。可根据授课具体情况调整课时时间安排，整个案例的课堂时间尽量控制在 90~120 分钟。

3. 教学内容

课前准备：教师提前一周发放案例的预习资料，引导学员在课前去提前阅读案例资料，进行初步思考。

讨论问题 1：分组讨论，10~15 分钟，每组学员由一个或者两个代表发表本组观点，教师进行点评和升华。

讨论问题 2：分组讨论，15~20 分钟，每组学员由一个或者两个代表发表本组观点，教师进行点评和升华

讨论问题 3：分组讨论，15~20 分钟，每组学员由一个或者两个代表发表本组观点，教师进行点评和升华。

讨论问题 4：分组讨论，15~20 分钟，每组学员由一个或者两个代表发表本组观

点，教师进行点评和升华。

4. 讨论方式

本案例拟采用小组式的讨论方式（分组讨论和组际辩论）。

5. 课堂讨论总结

课堂案例讨论总结可分为两个阶段：第一个阶段是每个小组代表发完言或者学员个人针对案例的相关思考问题进行回答之后，教师应该对其观点进行总结归纳并进行升华，针对相应问题发表自己的看法，引导学员多角度、全方位地对案例进行分析和思考；第二个阶段是当所有的案例问题都已经讨论结束，教师要对整个案例发展脉络进行梳理，引导学员关注案例的后续发展，并在课后继续跟踪最新进展。

（六）课后材料

推荐书目：

1. 韩明谟. 农村社会学 ［M］. 北京：北京大学出版社，2002.

2. 邱春林. 中国共产党农村治理能力现代化研究 ［M］. 济南：山东人民出版社，2007.

案例二

探索村级事务积分管理制
——四川省南江县关坝镇小田村的做法

一、案例主体

摘要： 四川省南江县关坝镇小田村为重塑乡村精神文明，将村级事务与"乡村道德银行"联系起来，以期小田村形成"自我管理、自我教育、自我服务、自我监督"的新型农村社会治理体系。本文运用文献研究法，结合实地调研，分析小田村探索新型村级事务积分管理制度的过程，得出结论：小田村村民通过全程参与积分标准制定、积分审核、积分兑换奖励等环节，最终实现了村民生活习惯得到改善、生产积极性得到激发和参与式发展的目标，完成"精神文明建设"。

关键词： 南江县小田村；乡村道德银行；村级事务积分管理

（一）引言

在乡村振兴和精准扶贫的政策下，全国各地都在展开帮助农民脱贫致富的活动，许多贫困县、贫困村都摘掉了"贫困"的帽子，许多贫困户在国家政策的帮扶下，修建了新住宅，获得了生产资料以及物质补助。然而，物质贫困得到解决后，农民精神上的贫困却难以根除。精神贫困通常表现为听天由命、消极无为，安于现状、好逸恶劳，不求更好、只求温饱，老守田园、安土重迁，小农本位、重农轻商，"等、靠、要"思想严重。党的十九大报告提出了乡村振兴战略，强调"农业农村农民问题是关系国计民生的根本性问题，必须始终把解决好三农问题作为全党工作重中之重"。尤其是在乡村治理方面，党的十九大报告提出："加强农村基层基础工作，健全自治、法治、德治相结合的乡村治理体系。"由此可见，在乡村治理体系不断健全的过程中，不仅要强调自治与法治的作用，还要强调乡村德治的作用，运用德治力量对乡村社会原有的价值规范体系予以正确引导与改造，促使村民自发地遵守道德规范，激活乡村治理的内在动力，以实现乡村善治。在长期的物质补助政策影响下，小田村许多贫困户丧失了内生动力，精神贫困严重，精神文明建设势在必行。如何帮助贫困农民重拾信心，培育其内生动力，遏制返贫可能性，改变村民不良生活习惯，培养其农村公共管理主人翁意识，注入个人荣誉感和社会责任感，成为小田村领导班子的头等大事。

（二）小田村扶贫成效显著

小田村位于四川省巴中市南江县关坝镇，因为地处高山，交通不便，曾经是一个典型的山区贫困村。整村要脱贫，基础设施要先行。2017 年，市委宣传部协调交通、水利、住建、财政等部门，先后整合各类项目资金 2 000 余万元，补齐贫困村基础设施短板，全面加快了路、水、电、讯、卫等基础设施及旧房改造等工程建设。目前，硬化村道公路 11.8 千米，整治灌溉渠 5.5 千米，埋设到社饮水管主管道 4 500 米、入户管道 8 800 米，完成了易地扶贫搬迁 22 户、危旧房改造 168 户、改厕 56 户，农网升级改造 297 户，新建 4G 通信基站 2 座，重点打造的小田村文化院坝建设和文化进新村项目已建成投入使用。小田村以前以传统种植业为主，没有发展特色种养殖业的基础。如何发展产业，实现贫困群众稳定增收成为摆在扶贫面前的一道难题。市委宣传部帮扶干部因地制宜，探索利用产业化实现扶贫帮扶，采取"合作社+农户寄养"和"合作社+基地+农户"合作模式，鼓励村民将闲置或利用效率较低的土地入股合作社。小田村先后培育组建了犇犇肉牛养殖、南江县田山中药材种植两个专业合作社，带动在家贫困群众养殖肉牛 500 余头、黄羊 1 200 余只。引进巨森农业和健玖禾中药材种植企业、银蕊农业发展有限公司，发展川乌、重楼、白及等名贵中药材 500 余亩、种植中药材花卉 400 余亩。以"一户带三户"，带动发展农家乐 10 家、电商 1 家，贫困户年均收入达 10 000 元以上，从源头上解决了销路不好、经济效益不高的难题，实现了贫困群众稳步增收、良性发展。

在精准扶贫的政策影响下，政府工作人员通过长达 2 年的帮扶行动，灵活运用土地流转、易地扶贫搬迁等政策，将小田村狭窄崎岖的土路、阴暗潮湿的土坯房变成了宽敞的水泥路、漂亮的小洋楼；支持发展中药材种植、黄羊肉牛养殖等产业；完成供电供水，小田村因为山高路远未能全村通电成为历史，于 2016 年一举摘掉了贫困村帽子。

小田村成功摘掉贫困村帽子，胜利的喜悦萦绕在帮扶人员的心间，南江县政府也对帮扶人员的努力做出了肯定，决定开展脱贫宣传活动，在当地电视台上做一期节目，好好宣传扶贫成功。

新闻中心派出记者特意去采访当地村民，迎接记者的是高山之上一个美丽的新村：小洋房就像一朵朵美丽的高岭之花，绽放在硬化了的崭新的水泥路旁，远处是错落有致的梯田，一切美好得如同一幅画卷。当记者采访农户时，大家都表示过上了以前从来不敢想的日子：从土房子到小洋楼，从以前的不稳定供电到现在水电气全通。在镜头面前，农户们表达了对国家和帮扶人员的感激之情。

（三）小田村精神文明现状

这是一期充满了正能量的节目，新闻的播出，让大家对小田村以后的发展寄予了厚望。正当大家为脱贫成效欢呼时，小田村的驻村干部却发现了不对劲。

小田村发展的中药材种植业和黄牛养殖业，随着时间的流逝，村民的积极性开始下降。不少人沉迷于打麻将搞赌博，认为只要土地流转出去有几个闲钱就可以了；认为做中药材种植工人，工资不高，还要种田种地，太辛苦了，甚至有人表示，不想种地了；土地流转后，不用耕种，也不愿意养牛了。产业带动农民增收开始失去意义。

由于大量人员外出务工，邻里之间关系淡薄，尊老、敬老、孝老氛围未形成；一些陈规陋习，如高价彩礼、红白事大操大办的现象时有发生。此外，小田村不少村民生活习惯差，不注意家庭和个人卫生，村民患病率偏高。小田村的垃圾集中点收不到垃圾，村民还是像以前住土房子一样，将垃圾随意丢在新房子的门前（巴中市各县生活污染调查表见表2-1）。驻村干部劝说这种行为时，个别脱贫后的贫困户还存在依赖心理，表示希望让帮扶人员做这些事情，"那些帮扶人员不是三天两头就要来捡垃圾吗，就让他们捡吧！"

表2-1　巴中市各县生活污染调查表（2018年）

县/区	农业人口/人	乡村聚集人口/人	污染物排放情况	
			生活废水/吨	生活垃圾/吨
巴州区	347 179	42 207	1 774 720	15 405
通江县	235 488	30 799	1 295 036	11 242
南江县	202 645	34 957	1 469 627	12 759
平昌县	339 006	40 105	1 686 332	14 633
合计	1 124 318	148 058	6 225 715	54 039

注：数据来源于巴中市人民政府网。

小田村村民的表现让驻村干部担忧不已，脱贫成效都宣传出去了，这要是再返贫，两年的扶贫努力不仅打水漂，社会上的舆论肯定也不好。可是如何才能让村民们养成好习惯，让小田村形成好风气？如何建设小田村的精神文明，实现物质贫困和精神贫困双双脱贫呢？

驻村干部意识到，这个问题并非是他一人之力可以解决的，需要更多的人来讨论。小田村驻村干部和帮扶单位取得联系，双方达成共识：如果不能在精神文明建设上有效破题，不但延缓小田村奔小康的步伐，此前所取得的物质成就很可能出现大幅度退步。在此情况下，迫切需要一个具有可操作性、可持续性的乡村文明培育计划。

在多方努力下，市委宣传部召开了多次讨论会议，欢迎各帮扶干部就小田村精神文明建设提出关键性意见。同时政府要求最终的方案必须具有大众参与性和可持续性。

终于，在集体思谋的基础上，导入银行管理的理念，创新探索建设"乡村道德银行"理念被提了出来：鼓励村民参与农村事务治理，并使用道德积分兑换奖励，养成良好的行为习惯，改善不良风气，积极向上生活。这一方案随后经市委宣传部多次集体开会研究才最终确定。

（四）"乡村道德银行"携手村级事务共促精神文明建设 ├────────

2016年9月，四川省全省开展以"住上好房子、过上好日子、养成好习惯、形成好风气"为主要内容的"四好村"创建活动。此次活动是推动物质文明和精神文明"两手抓"、激发农村群众脱贫奔小康内生动力、加强农村依法治理、整体推进农村改革发展稳定的重要载体和有效形式。

驻村不久，帮扶干部发现村民经常因为琐事吵闹打架。扶贫先扶智，治穷先治愚。市委宣传部把加强农村精神文明建设与脱贫攻坚相结合，创新引入银行管理理念，在小田村首次探索出"党政引导、村社实施、群众主体、活动引领、常态推进"的"道德银行"管理机制。依据遵纪守法、移风易俗、勤劳致富、清洁卫生、孝老爱亲5个大项32个小项，每户村民每月自行向小田村道德银行进行申报，随后经村评议小组入户审核后，将相应积分存于每户村民在道德银行的"户头"，每一个季度道德银行按照1积分对应1元的标准，向村民兑换生产和生活物资。"目前，已开展评选兑换活动6次，兑换物资折合资金18万元。"第一书记唐×介绍。"道德银行"让道德有价、德者有得，推动形成了向上向善、孝老爱亲、重义守信、勤俭持家的良好新风尚。曾经最贫穷的覃×章、张×贵变成了全县的致富能手，生活环境最差的覃×英成了村里的清洁示范户。"原来我们党支部搞个活动，由于人员少、活动单调，党员参与积极性不高。自从支部共建工作开展以来，每次活动大家一起搞，活动内容丰富多彩，党员的参与热情很高。"小田村村支部书记谢×高说。市委宣传部围绕加强思想建设、强化党性教育、锤炼党员品格，每季度与帮扶村开展一次支部共建活动，先后组织帮扶村党员与支部机关党员到川陕革命根据地博物馆、白衣古镇等地接受革命、传统文化教育。市委宣传部领导班子成员带头到帮扶村宣讲党的十九大及省委、市委全会精神，围绕脱贫攻坚微腐败案例讲授廉政党课，积极发动机关党员为村上困难党员捐款助困。小田村党员在脱贫攻坚战役中淬炼、成长，培养入党积极分子5名，新发展党员2人。

南江县政府决定结合时事，以新风培树为切入点，围绕完善"自我管理、自我教育、自我服务、自我监督"新型农村社会治理体系，在关坝镇小田村创立并推广乡村道德银行建设，以"道德可积分、文明又加分、满意度得分"为主要内容的家庭道德积分激励机制，全面引导村民养成好习惯、形成好风气，完成"四好村"的创建活动。

（五）"道德银行"的时代背景及理论特点

1. "道德银行"出现的时代背景：道德现状的忧思

"道德银行"是着眼于当前社会道德现状，旨在推进公民道德建设所推出的一项创新式的道德建设方式。当前，对道德现状的忧虑可谓反映了每个人的心态。改革开放以来，我国在经济、社会、文化等各方面取得了全面、长足的发展。然而，在急剧转型的社会变革中，我们的道德状况面临着震荡。为优化当下的道德环境，各种方式的道德建设方案也不断地被推出来。2001年9月20日，党中央印发了《公民道德建设实施纲要》，以"爱国守法、明礼诚信、团结友善勤俭自强敬业奉献"为核心内容的基本道德规范成为广大公民日常生活遵循的行为标准。2006年以来，"八荣八耻"的社会主义荣辱观又确定了公民的道德价值取向和道德行为准则，为人们的道德实践提供了正确的导向。

"道德银行"正是在这样一个宏大的社会背景下出现的，旨在作为一种道德建设方式对现实问题做出回应。"道德银行"把"储户"（社会成员）的良好道德行为转换成道德币的形式存入"银行"，"道德币"的多少意味着该"储户"所做的志愿服务以及好人好事的多少，同时"储户"可以根据"道德币"的多少向"银行"申请帮助或享受相应的待遇。通过这种外在的物质或其他的方式（如帮助）来激励社会成员遵守良好的道德规范，从而整个团体、整个社会最终就会形成一个良好的道德氛围。这一预想直接指向当下的道德现状，有着积极的意义。道德建设的意旨也就在于能拯救道德现状，营造一个相互关爱、和谐的社会。

2. "道德银行"的伦理特征

"道德银行"要求人们"储蓄"良好的道德行为并依据储户的"道德币"进行外在的激励，以此推进道德建设。在其性质以及实现方式上，"道德银行"具有如下特征：

第一，从"道德银行"的对象看，"道德银行"要求"储户"储存的是良好的道德行为（美德行为）。这些行为在道德实践中往往表现为：互帮互助、见义勇为、尊老爱幼等。可以看出，这些良好的道德行为有一个共同的特点：它们都是旨在增进人际关系、关爱社会和谐的利他行为，也即伦理学中的美德。道德本身是个复杂的体系，其内部存在不同的层次划分。一般来说，道德在内涵上，既包括了人人都应践行的基本的道德规范，也包含了只有少数人在特定情况下才为之的美德。因此，"道德银行"实质上"储存"的并不是完整意义上的道德，而是道德内涵中较高层次的美德。在这个意义上说，"道德银行"又可称为"美德银行"。美德在其实际效用上能够促进社会成员之间的相互关爱和社会整体的和谐，从终极意义上来说，它指向人类的幸福。

第二，从"道德银行"的运行机制看，"道德银行"的作用是通过给予"储户"奖励等功利化的形式来实现的。也就是说，"道德银行"要正常的发挥效力，真正地达到设立的目的，还需要一个外在的激励机制。因此，从性质上来说，这一机制明显是功利化的。实际上，"道德银行"之所以冠之"银行"就在于它在实践中是按照银行功利化的交易机制来推进道德建设的。一方是"储户"将其实施的美德行为拿到"道德银行"存储，另一方是"道德银行"根据"储户"的行为予以一定的奖励。尽管在实践中，有的"道德银行"采用的是给"储户"登记的方式，有的是物质奖励的方式，有的是荣誉的方式，然而，这些都是采取了一种功利性的评价和运作机制。因此，"道德银行"的效力发生机制采取的是完全类似于银行的方式，用一种功利化的方式来诱导人们交换道德，实现整个"道德银行"的运转，以达设立其的目的。

因此，"道德银行"本质上是通过一种外在的功利化的手段来激励社会成员实施美德行为，以此来改善我们当前的道德现状，从而促进整个社会形成互帮互助、幸福、和谐的氛围。这样看来，"道德银行"的一切问题都归结于：用功利化手段推进美德建设的问题。"道德银行"能否实施也就变成了"我们能否通过一种功利化的手段来推进美德建设"的问题。需要指出的是，我国学者、媒体在探讨、报道"道德银行"现象时，几乎都没有合理地洞悉出"道德银行"中的"道德"究竟指什么，没有准确地把握"道德银行"的伦理实质。同时，在分析"道德银行"利弊时，只注意到其发挥的客观效果，关注其目标，而没有精准地洞察出其功利化的外在推行手段。这就造成在分析"道德银行"的利弊时仅仅凭它在社会中发挥的效用，而没有从"道德银行"的内在意蕴入手，深入其内部进行理论上的解读。

（六）乡村德治的运行机制

乡村德治运行机制的作用过程，一方面是对我国传统乡村治理方式的沿袭，通过继承与运用乡村社会原有的文化价值观、规范体系与非正式制度等来约束村民的行为，以实现维护乡村社会秩序的目标；另一方面是通过对这套乡村系统进行正确的引导与改造，向其注入现代文明的新力量，引入社会主义核心价值观，健全乡村治理体系。

1. 乡村德治运行的激励惩罚机制

乡村德治的激励惩罚机制主要得力于乡村社会的非正式约束发挥作用，其具有外在的激励、监督与惩罚等治理功能。乡村的非正式约束是熟人社会的典型产物，它反过来又影响着整个村庄的生产生活，投射在村民的言谈举止与日常交往当中。乡村德治的激励惩罚机制主要利用乡村社会中的舆论监督、信用激励、面子处罚等非正式约束，而村庄中的所有个体都既是实施的主体也是客体。在"道德银行"实践中，乡村德治的激励惩罚机制发挥了巨大的作用。由于乡村社会半封闭的特征，村庄里的消息传播十分迅速，加之现代舆论传播工具的日益发达，如乡村微信群等的运用，更加使得"乡村舆论"自发地具备了日常监督的作用。访谈发现，通常村民们会更加担心得分低而受到"乡村舆论"的压力，相比于积分低而换得的奖品少，村民更怕的是积分低会感到"没有面子"，由于在熟人社会中"面子"显得尤为重要，所以"面子"上的处罚具有较强的约束力。同时，乡村社会个体间会因彼此熟悉形成信用网络，当个体获得了"面子"和"信用"，那么其在村庄的熟人信用网络中将会拥有巨大的社会资本，因而"面子"与"信用"也成为激励人们不断提高道德水平的外在激励机制。因此，乡村德治运行的激励惩罚机制主要是通过利用乡村社会中的舆论监督、信用激励、面子处罚等典型的非正式约束，使得乡村德治的运行具备激励性与惩戒性。"道德银行"实践创新正是利用了乡村德治运行的激励惩罚机制，使得该项乡村德治项目得到了有效的实施与推广。

2. 乡村德治运行的规范引导机制

对乡村社会原有的规范体系进行正确的引导与改造，是乡村德治规范引导机制的作用所在。乡村德治的规范引导机制由内而外深刻地影响着村庄的生产生活，既引导了村民内在的思想观念，又规范了村民外在的行为举止。乡村的规范体系是由非正式制度与"礼治"秩序融合而成。乡村场域中的非正式制度内生于村庄特定的环境与秩序，是村民们日常生活中的行为规范，其借助乡村社会的礼治传统，具有较大的作用空间，乡村德治的规范引导机制通过对乡村社会中已存的规范体系加以正确的引导与改造，剔除陈旧愚昧的不合理部分，注入现代精神文明的营养成分。乡村"道德银行"运行的宗旨就是倡导全村参与乡村德治的实践，提高村民思想道德素质，致力于全面引导村庄实现乡风文明。正式文本《乡村"道德银行"评分细则》，既倡导遵纪守法、行为文明、热心公益、支持发展、移风易俗、树立新风，又充分吸收传统儒家伦理道德中的优秀成分（家庭和睦、邻里团结、诚实守信、勤劳致富）作为倡导的观念与标准，因地制宜地结合了小田村的实际情况，将法治精神与德治思想贯穿其中。一方面，对于国家和政府的治理需要来说，"道德银行"实践的本质是乡村治理的创新方式；另一方面，对于村庄以及村民本身来说，"道德银行"实践是维持村庄良好生活秩序的规范，也是引导村民们提升道德素质的风向标，因此实现了乡村德治目标与村民个人价值追求的统一。

3. 乡村德治运行的内化传承机制

乡村德治运行的内化传承机制主要依赖于乡村文化发挥作用，这些乡村文化深深植根于乡土社会中，潜移默化地影响村民的思维方式与行为习惯，乡村文化是村庄中人们的共同记忆、情感归属与精神依托，更是一个村庄的灵魂所在。"乡村振兴，既要塑型，也要铸魂"，在充分挖掘农耕文化、乡贤文化等优秀传统乡村文化的同时，通过国家的"文化下乡"与"送文化"政策给乡村文化注入现代的活力，促进乡村文化的振兴。乡村德治通过对村庄进行道德引导来影响乡村文化，同时也借助乡村文化的内化性与传承性，使得美德润入人心与世代相传。"道德银行"的管理理念就是以社会主义核心价值观为指导，把现代社会主义精神文明融入现有的乡村文化中。文化本身具有传承性，使得"道德银行"创新实践的形式与理念得以传承。乡村德治运行的内化传承机制的关键功能是将激励惩罚机制与规范引导机制的作用不断强化与延续，把这套运行机制融为一体，将这些激励惩罚机制产生的成就与恐惧之情、规范引导机制形成的自觉与内疚之感内化成乡村的记忆，并形成乡村文化世代传承。

　　乡村德治运行的激励惩罚机制、规范引导机制与内化传承机制共同发挥作用，并且三大机制之间相互强化与协调运行，共同保障着乡村德治的有效实施。激励惩罚机制主要运用乡村非正式约束起到外在的激励、监督与惩罚作用，因此，激励惩罚机制是规范引导机制与内化传承机制的强制性保障；规范引导机制对乡村原有的规范体系进行正确的引导与改造，由内而外地影响着村民们的思想观念与行为举止，是激励惩罚机制与内化传承机制的指导性支撑；内化传承机制依靠乡村文化的内化性与传承性发挥作用，是激励惩罚机制与规范引导机制的持久性动力。

（七）乡村道德银行的落实

　　党的十九大报告指出，实施乡村振兴战略，必须始终把解决好"三农"问题作为全党工作重中之重。要坚持农业农村优先发展，按照产业兴旺、生态宜居、乡风文明、治理有效、生活富裕的总要求，建立健全城乡融合发展体制机制和政策体系，加快推进农业农村现代化。

　　"我挣了300分，从村里道德银行背回两背篼肥料、大米。""我活了大半辈子，第一次因为家里卫生搞得好得了奖。"2017年11月25日，记者来到南江县关坝镇小田村，提及几天前该村"道德银行"首次为全体"储户"兑现时的情景，村民们不由眉飞色舞，自豪之情溢于言表。2017年7月以来，小田村在帮扶单位中共巴中市委宣传部的引导下，在好风气好习惯培育中导入银行管理理念，创造性地开展"乡村道德银行"建设活动。活动实施3个月来，小田村的整体精神风貌、道德素养有了质的变化。

1. 乡村道德银行兑物资

　　"做梦都想不到，家里清洁搞好了可以领这么多东西。"67岁的二社村民周×昌得知自家道德银行的积分后，感到带来的背篼有点小，因为在全社的家庭卫生评比中获得第一，他获得到了50分的加分，又因儿子媳妇先后8天义务帮助乡邻秋收，再获60分加分，最终取得320分的高分。周×昌将肥料、洗衣粉、洗洁精、面、毛巾、牙膏、牙刷、餐巾纸等价值320元的物资带回了家。

　　返乡创业带动村民搞养殖的4社村民谢×朗以570分成为本次"积分王"，从道德银行兑换的肥料、大米、食用油等物资装了几背篼，惹得其他村民羡慕不已。小田村村民口中不断提及的乡村道德银行是怎么一回事？

　　据市委宣传部驻小田村第一书记唐×介绍，这是该村在脱贫奔康路上的创新举措。具体来说就是依据遵纪守法、移风易俗、勤劳致富、清洁卫生、孝老爱亲5个大项32个小项，每户村民每月自行向小田村道德银行进行申报，随后经村评议小组入户审核后，将相应积分存于每户村民在道德银行的"户头"，每一个季度道德银行按照1积分对应1元的标准，向村民兑换生产和生活物资。

自2017年7月底实施以来的第一个季度，全村在家的152户村民全部参评，获得了60至570分的道德积分。20日当天，小田村道德银行共兑换35 448分，发放价值3.5万余元的物资。唐×介绍，首批物资由帮扶单位市委宣传部提供，后续资金将由村"两委"整合挂联单位帮扶资金、社会捐助资金、农村精神文明建设专项资金、村集体经济等，充实到村"道德银行"，统一采购生产生活物资后发放。

2. 贫困村物质条件大改善

乡村道德银行是市委宣传部在帮扶小田村脱贫奔康路上的一个创新举措。市委宣传部驻小田村工作组指导员成×弋介绍：此前小田村是1个典型的山区贫困村，虽然背靠AAAA级光雾山景区，却因大山阻隔一度贫穷落后。经过2年的帮扶，灵活运用土地流转、易地扶贫搬迁等政策，小田村曾经泥泞的土路、土坯房变成了如今的水泥路、小洋楼，村里有了中药材种植、黄羊、牛养殖等产业，以前不稳定的小水电变成了国家电网供电，小田村于2016年一举摘掉了贫困村帽子。

脱贫并不是终点，而是奔小康的起点。帮扶干部发现：小田村不少村民缺乏健康的生活习惯，个别村民长期不刷牙不注意家庭和个人卫生，村民患病率偏高；个别脱贫后的贫困户还存在依赖心理；由于大量人员外出务工，邻里之间关系淡薄，尊老敬老孝老氛围未形成；一些陈规陋习，如高价彩礼、红白事大操大办的现象也时有发生。

对照四川省建设"四好村"要求，住上好房子过上好日子的小田村村民，如何养成好习惯、形成好风气，达到物质文明和精神文明的双赢？帮扶单位和驻村工作组意识到，如果不能在精神文明建设上有效破题，不但延缓小田村奔小康的步伐，此前所取得的物质成就很可能出现大幅度退步。在此情况下，迫切需要一个具有可操作性、可持续性的乡村文明培育计划。

3. 让有德者有所得

"市委宣传部开了多次'诸葛亮'会，欢迎各帮扶干部就小田村精神文明建设出金点子。"唐×说，方案要求具有大众参与性和可持续性，这非常难。最初的方案很多，但是都有明显弊端，比如传统的道德模范评选具有阶段性难以持续。

在集体思谋的基础上，导入银行管理理念，创新探索"乡村道德银行"建设理念被提了出来，随后经市委宣传部多次集体开会研究才最终确定。

"我们没有现成的模板，所有的规则、实施细则都要从无到有。但向村民征求意见时，村民的参与度和积极性非常高。"唐×说，婚嫁彩礼、子女平等内容都是村民建议增加的。从2017年初提出"道德银行"建设理念，经过长达半年的逐户调查、细则制定、村民大会讨论、修改再讨论等程序，最终形成了"党政引导、村社实施、群众主体、活动引领、常态推进"的"道德银行"积分管理机制；制定出"乡村道德银行"考核标准、评定办法、兑换办法等。2017年7月，小田村乡村道德银行建设方案正式实施。

"因勤劳致富受到镇、县、市、省级相关部门表彰的，分别加30、40、50、60分""家庭成员无违反法纪、村规民约行为的，加10分""克扣老年人吃、穿，辱骂父母、翁婿、兄弟、姑娌的，一次扣20分"……道德银行积分涉及遵纪守法、移风易俗、勤劳致富、清洁卫生、孝老爱亲5大项32小项，加分内容30条、扣分内容17条。村民随时可以自行申报，由驻村干部、村"两委"干部、党员代表、村民代表等17人组成积分评定小组不定期抽查，经过申报并核定的积分累计存入道德银行村民账户，以院坝会、公示栏、村民微信群等方式公布，按照1积分兑换1元物资的标准兑换，可累存累计。积分每月一评定，每季度一兑换，每年根据村民家庭四个季度总体积分情况，按照得分高低评选出5户幸福家庭予以表扬。

（八）"乡村道德银行"实行效果颇佳

"乡村道德银行"要建立有效的管理机制，才能赢得群众认同，激发正能量。"道德银行"关系每一个村、每一个家庭的荣誉感，要注重道德激励。实现乡风文明的核心在人，农民始终是农村的主人，也是乡村建设的主角。在每一个村建立道德银行，实行道德激励，推出群众便于参与、乐于参与的实践活动，充分激发群众的主体性和积极性，村民们的好人好事、善行义举、贡献荣誉都有专人记录在册，而且根据不同事项的分值进行评议打分，形成每个家庭的道德积分，用积分在"乡村道德银行"兑换生产、生活用品，还可兑换钱，正如南江县关坝镇小田村村民覃×英说的，"家里的棉被、大米、洗衣粉、锅碗瓢盆等，都是用积分兑换的。1分对应1元钱"。也就是说，不管是善行义举，还是兑换的生产、生活用品或是兑换的钱，这既是看得见的荣誉，也是看得见的实惠，必将激发更多村民的荣誉感和参与道德实践的热情，使群众从思想上自发的"要脸面""争口气"，并转化为自觉践行，从而在日常的生产生活中更加注重守公德、严私德，让有德好人实现有身份、有实惠、有地位，为乡村经济发展和乡风文明建设贡献力量。"乡村道德银行"要建立公平公正的运行机制，才能吸引群众参与，形成新风尚。但是有的地方要么在积分操作上出了问题，要么生活物品缺少了渠道来源，运行不理想，群众参与积极性不高。这就启示我们在推进道德银行建设时，就要建立公平公正的评议打分机制，针对道德银行涵盖的内容、积分规则、如何积分等多征求群众意见，并将结果向群众公开。"道德银行"在对群众道德付出给予充分肯定的同时，也给予相应的回报，凭借市场运作模式把道德推广出去，鼓励更多人参与其中，形成一种长效的模式。比如，为给村民树立学习的榜样，巴中市南江县关坝镇小田村每季度会依据评价标准，评出守法之星、卫生之星、致富之星、爱亲之星、移风易俗之星5户家庭，在"乡村道德银行"的带动下，节约粮食、办宴席不送礼、嫁女儿不收彩礼等成为小田村的新风尚。

实施乡村振兴战略，首先要让讲道德、有礼貌在乡村蔚然成风，这样，乡村振兴才能取得事半功倍的效果。巴中市南江县关坝镇小田村探索"乡村道德银行"，无疑一道亮丽的道德风景线。我们相信，小田村建设乡村道德银行将在社会形成强大的宣传效应，让广大群众看到国家对加强道德建设的重视程度。同时，通过道德银行建设，群众看到了乡村面貌的变化和生产生活的和谐美好，就会更加自觉地抵制坏风气，弘扬和践行新风尚，在社会上形成浓厚的道德建设氛围，让乡村道德银行为乡村振兴注入强劲活力和持久动力，成为乡村振兴的有力支点。

1. 小田村村民生活习惯得到大幅改善

从"道德银行"制度开始实施后，小田村渐渐地发生了变化。一是和人们生活息息相关的环境方面。"说起现在的我，大伙都要夸变化大。"69岁的覃×英告诉记者，以前他住在20世纪60年代修建的老房子里，没有厕所就在屋外方便，路人无不掩面，老婆也离他而去。去年他因易地扶贫搬迁住进了小洋楼，但生活习惯仍然没有改变，锅碗瓢盆随意摆在地上，好好的房子弄得乱糟糟的。道德银行成立后，村"两委"把覃×英拉进来让他主动学习找差距。"看到家家户户整洁干净，我恨不得找个地缝钻进去。"现在覃×英里干净整洁，锅碗瓢盆整齐地摆放在案桌上。看到村主任严×平惊讶的表情，覃×英得意扬扬地说："老覃头再也不是以前的老覃头了。"

覃×英说，道德银行分数越低越觉得丢人，自己虽是贫困户，但丢脸的事儿可不干。这不，看到创业能加分，他便在帮扶干部的帮助下，发展了鱼塘，种植了中药材，去年仅川乌就卖了1.7万元，获20分加分。"我现在不但要自己干好，作为评审组的一员，看到不文明的事儿我要制止，对不讲道德的行为还要扣分。现在我们享受了国家这么好的政策，只有自己做出成绩来回报社会。"

43岁的李×美是当地远近皆知的爱亲模范，在父母过世后，她照顾痴呆姐姐达15年之久，因此她在孝老爱亲这1大项2个小项中获得50分加分。"没有道德银行，我该做的一样要做，但是现在我做的事得到了大家的肯定，心里更有干劲了。"李×美说。不久前，她在外地打工的丈夫回家就受到了"教训"，"他在外边工地待惯了，脱了鞋子喜欢到处乱丢，按照村里的道德标准，这样做怎么行？有一天我把他的鞋子丢到屋外的坡上，现在他再也不乱扔鞋子了。"

在生活环境方面，小田村的生活垃圾处理状况得以改善，农户自发将生活垃圾封好扔进垃圾收集点，再也没有发生扔在家门口的恶习；村民开始注重个人卫生与公共卫生，在道路上，很少看见垃圾，路过的人看见垃圾就会随手捡走，改变了从前"各扫门前雪"的观念，具有个人荣誉感和集体荣誉感。

2. 激发农民生产积极性

自从"道德银行"制度实施后，村民也开始意识到在家里躲清闲不是办法，以前因为山高路远，村子发展不起来，大家都过苦日子。现在生活条件得到改善，却对国家的物质帮扶产生依赖，不知何时起竟开始流行起"我穷我骄傲"的风气。现在大家看到制度的积分规则，都产生了紧迫感。某村民说："以前因为条件差，你穷还有理由；现在条件好了，还穷，就只能怪自己懒了。能够吃到国家的补助不是有本事，靠着自己挣出来的才是有本事。"

73岁的何×信是村里的致富能手，但以前很少有人请他传授致富经。村里道德银行建起来以后，何×信感受到了实实在在的变化。"前几天就有人找我学习养蜂，我不但给他讲了，还保证以后有什么问题随时找我，我愿意给他们提供技术指导。"

在外打拼多年的虎×飞，原准备举家搬迁到城里。但前不久他回到小田村时，几乎不敢相信自己的眼睛。"以前村里有纠纷是经常的事儿，这次回来看到大伙儿其乐融融的样子，还有人主动去照顾五保户，我还以为我走错了地方。"虎×飞说，如今村里嚣张跋扈、蛮不讲理的行为消失了，尊老爱幼、乐于助人的社会风气也形成了，原本打算搬到城里的他决定不走了，计划在村里发展种植养殖业，开农家乐。

好逸恶劳的风气得到遏制，再加上产业创业、就业还能加分，村民积极奋进，生产积极性空前高涨，到处找路子就业；有致富路子的村民也愿意分享自己的技术，指导别的村民，从不藏私。

3. 村民参与村级事务治理

小田村领导将"道德银行"与村级事务绑定起来，将积分登记、评审、奖惩等环节与村里的大小事务联系，村级事务能够通过道德积分得到有效处理，实现村民的全程参与。

村民参与定制"道德银行"积分标准。具体内容包括定项目、定分值和定方法。一是定项目。结合小田村实际，通过召开村民代表大会，从遵纪守法、移风易俗、勤劳致富、清洁卫生、敬老爱亲5个方面议定"道德银行"积分标准，引导群众明白应该做什么、必须做什么、不能做什么。二是定分值。实行积分制管理，明确群众哪些该积分、哪些该扣分，逐项落实对应分值，细化出赌博迷信、铺张浪费、好逸恶劳等17项负面指标，实行有积也有扣。三是定办法。起草《关坝镇小田村"乡村道德银行"建设实施方案》《南江县关坝镇小田村"乡村道德银行"积分申报表》，经村"两委"集体研究并报经镇党委政府审定后，召开村民大会全面组织开展争创活动。

小田村村民的参与度和积极性非常高，自发提出多项内容，婚嫁彩礼、子女平等等内容都是村民建议增加的。这样一来，保证了小田村制定的道德规则是符合小田村村民的实际情况，有利于村民及时改正过往的实际问题，道德标准不会脱离实际，避免道德规则"假""大""空"。

村民参与树正反标杆活动。一是定期评。坚持公开透明、一月一申报、一月一评比、一季度一兑现的原则，每月围绕"律己守法先进、移风易俗典范、清洁卫生能人、勤劳致富之星、敬老孝亲模范"等方面，通过召开由镇联村干部、村"两委"负责人、帮扶单位、第一书记、村民代表参与的评定会，对村民自主申报事项进行集中评定。二是如实核。积分评定小组对申报的积分事项，通过入户调查、邻里走访和征询帮扶干部意见等方式，进行认真审核评定。三是广泛听。设立群众投诉电话和举报信箱，将农户当月积分公示3个工作日，鼓励群众向积分评定小组直接反映，并及时安排人员进行核实，将真实情况纳入评分范围。

村民参与评审过程，保证了积分的公平性，杜绝徇私舞弊，保护大家的积极性；同时，被赋权的村民除了正常行使自己的权力外，还能够培育其社会主人翁的意识，通过处理村级事务认识基层组织人员的工作难度，积累处理事务的经验，当好村民的好公民、社会的主人翁。

村民参与奖惩过程。奖惩过程是村民最为关心的环节，这一环节主要是激励村民继续保持行为标准，维护农民参与"道德银行"的积极性，保护银行活动的可持续性。奖惩环节设置的重要性决定了该环节的设置需要科学有效，为完成该项要求，要做到：一是设账户。坚持物质奖励和精神激励相结合，把无形的道德资本变成有形的道德资源，在村内建立村民道德银行，分户开设道德银行账户，每月分户将道德积分存入村民道德银行。二是注资金。坚持道德有价、善有善报，整合帮扶资金、社会捐助、精神文明建设和村集体经济收入等资金，购置群众生产生活日常用品，根据群众积分多少兑换相应物品（每分价值1元），改变直接给群众送钱送物的方式。三是兑奖品。年终根据村民家庭四个季度总体积分情况，按照得分高低评选出5户幸福家庭和5户进步特别大的家庭，发放奖牌，对发放奖牌实行动态管理，另兑现100至500分积分价值的成果，并在项目安排、产业发展、技能培训、就业推荐等方面给予优先支持。

（九）经验与启示

"乡村道德银行"带来的实际好处让小田村村民继续保持了积极性，也让小田村发生了翻天覆地的变化。全村逐渐形成了崇尚文明的风气，重拾了生产的积极性，精神上的富足状态使现在的小田村与贫困村之间的距离越来越远，利用"乡村道德银行"与村里的大小事务产生联系，使村民不仅改变了个人的生活习惯，也维护了公共利益，提升了乡村基层治理效率。

回顾南江县关坝镇小田村"乡村道德银行"制度的实施过程及其实施效果，我们可以从中得到经验与启示。

1. 精神文明建设的重要性

如果说城乡发展不均衡不充分引发了社会对不公平的思考，物质脱贫是弥补这种不公的手段，保障了贫困户基本生活的权利，为农村贫困户提供了一次美好生活的机会。在物质扶贫过程中，既有"输血"式的直接物质帮助，也有后来探索的"造血"式产业扶贫，然而，不论物质扶贫的力度有多大，给予了多大发展的机会，外部条件的改善并不意味着农民本身的自我能力提高、自我奋斗意识增强。如果农民的内生源动力未能激发，只是从以前的"靠山吃山""靠水吃水""靠天吃饭"变为"靠政策吃饭""等政策吃饭"。其本质还是寄希望于外界条件，扶贫后的最初结果肯定是我们所希望的模样，但随着时间的流逝、物质的花费，贫困户返贫的趋势并不能被阻止。这样一来，扶贫人员的辛苦付出换来的效率并不高，辜负了扶贫人员的精力，未能将国家财力效果发挥得更好；农村贫困户也在一次次扶贫"失败"的过程中，生产态度更加消极，心态更加脆弱，内生动力也就更无从谈起了。

精神扶贫的重要性从这当中凸显出来。精神扶贫让贫困户有了奋斗的动力，愿意用自己的劳动、智慧去拼搏，不再怨天尤人，不将贫困的原因归结于外部因素。不仅如此，贫困户的内生动力被激发出来，物质扶贫提供的财力、物力能够发挥最大的效用。因此，要实现物质脱贫和精神脱贫，必须重塑乡村精神文明的建设。

2. 参与式发展的重要性

纵观小田村"乡村道德银行"的运行过程，农民实现了全程参与。乡村精神文明建设需要整个村落人员的共同努力，而非是一位或几位领导就能完成的任务。小田村的精神文明建设，利用道德积分绑定村级事务，将村民与精神文明建设紧紧联系起来。村级事务既可以作为小田村村民的积分来源，又可以在处理的过程中锻炼小田村村民的主人翁意识，形成"自我管理、自我教育、自我服务、自我监督"的新型农村社会治理体系，还可以重塑村民的道德理念，振兴乡村精神文明。

而这些成果的实现都需要村民的全程参与。首先，由小田村村民决定积分事项、积分分值等积分标准内容。没有人比村民更了解社区的情况，驻村干部可以通过自己的观察获得部分社区情况（村民展现或者说暴露在外的情况），而那些村民不愿意暴露的情况，只有村民自己心中才有衡量。由村民自制出的道德积分事项，既能与村级事务保持密切相关，又能改变社区中存在的、不易被观察到的真实问题。例如，小田村村民提出的公平对待儿童、收取彩礼等问题，这不仅仅是家庭简单的关系处理问题，更是涉及教育公平、礼仪风俗等精神文明范畴的问题。小田村村民根据小田村实际存在的问题，设计积分标准，能够找出最贴合实际的情况，促进全村精神文明的建设。

其次，小田村村民参与评选环节。如果说，自行制定积分事项能够引发本社区的共鸣，引导人向善向美发展，实现了"自我教育"，那么，参与评选则是保证了"乡村道德银行"制度运行的公平性。它巧妙地让村民自发自愿去管理村级事务，并且在这个过程中完成了自我监督。

最后，是村民参与了积分兑换环节。从列举的报道中看出，小田村村民非常满意奖励兑换环节。兑换到的东西都是符合生活或农事生产的物品，这既是对他们参与村级事务管理、乡村精神文明建设的奖励，也延续了制度操作的可持续性，让村民自发地维护制度。

3. 避免完全功利化的道德建设手段

"道德银行"的出现，客观上对需求者提供了帮助，某种程度上促进了社区、学校、社会中心个体道德行为的发展，同时，"道德银行"反映的诸多问题，对当下的社会道德建设具有深刻的启示。

道德作为调整人与人之间以及个体与社会之间相互关系的行为规范，植根于一定的社会环境。在提倡互助友爱、和谐共处的社会氛围中，外在的激励手段比如社会认同、赞许，并加以物质和荣誉奖励，对道德行为的有效推广确实具有一定的促进作用，这是毋庸置疑的。但我们应该明确：道德（尤其是崇高道德）并不是可以简单计算的商品，道德的推广也无法像银行的运行方式那样采用市场化的功利手段来进行。如果我们用功利的手段来推广道德，而忽视道德形成与发展的内在特质，必然会导致道德的畸形和价值观的扭曲。

综上，道德应该有储蓄，但不是在银行，而是在内心。道德应该有驱动，但不是靠利润，而是靠信仰。当前日益复杂的社会关系需要道德能够及时有效地调整个体之间、个体与集体中出现的新型社会关系，社会发展的趋势要求不断更新和发展道德建设的路径及方式。对于培养公众的道德观念来说，"道德银行"只是临时的"补课"，不是长久之计，应该从道德形成与发展的内在机理解决道德建设和发展的问题。

思考题

1. 如何完善乡村德治的运行机制？
2. 小田村村民是如何重塑乡村精神文明建设的？
3. 如何避免农民"沉溺"于事务管理积分制的积分兑换？

附录

【材料一】

关于进一步推进移风易俗、建设文明乡风的指导意见

为深入贯彻落实党的十九大和《中共中央 国务院关于实施乡村振兴战略的意见》精神，有效遏制陈规陋习，树立文明新风，不断提升农村精神文明建设水平，现就进一步推进移风易俗、建设文明乡风提出以下意见。

一、总体要求

（一）指导思想

以习近平新时代中国特色社会主义思想为指导，全面贯彻党的十九大和十九届二中、三中全会精神，紧紧围绕统筹推进"五位一体"总体布局和协调推进"四个全面"战略布局，认真落实党中央、国务院决策部署，以实施乡村振兴战略为总抓手，以社会主义核心价值观为引领，加强农村思想道德建设，充分发挥农村基层党组织战斗堡垒作用和党员先锋模范作用，有效发挥村民自治重要作用，创新工作措施和方法，通过农民群众自我管理、自我约束、自我提高，推进移风易俗，不断改善农民精神风貌，提高乡村社会文明程度。

（二）基本原则

坚持党的领导。把推进文明乡风建设作为地方各级党委和政府的一项重要任务，建立健全党委统一领导、政府负责、各部门分工落实的工作机制。

坚持依法依规。出台有关政策措施要符合法律法规，村规民约内容要符合宪法和法律精神。农村基层群众性自治组织有关约束性措施的制定和实施要符合村民自治程序和规范。

坚持依靠群众。充分尊重农民意愿，加强教育宣传和引导，做好思想工作，反映群众诉求，调动农民群众积极性。注意方式方法，让群众自己管理自己，得到群众认可。

坚持因地制宜。与当地经济社会发展水平和文化传统相适应，尊重不同民族和区域风俗习惯。充分考虑群众接受程度，不搞强制命令，不搞"一刀切"。

（三）总体目标

争取通过3到5年的努力，文明乡风管理机制和工作制度基本健全，农村陈规陋习蔓延势头得到有效遏制，婚事新办、丧事简办、孝亲敬老等社会风尚更加浓厚，农民人情支出负担明显减轻，乡村社会文明程度进一步提高，农民群众有实实在在的获得感。

二、发挥村民自治作用，提高群众参与度

（四）支持依据村规民约采取约束性措施

县乡两级党委和政府要指导制定或修订村规民约，充实婚事新办、丧事简办、孝亲敬老等移风易俗内容。在村党组织统一领导下，引导和鼓励村民委员会依据村规民约出台具体约束性措施，对红白喜事大操大办、不赡养老人等进行治理。通过教育、规劝、奖惩等措施，引导村民遵守相关规定。出台约束性措施要按照村民委员会组织法等有关法律法规和规定，完整履行村民自治等程序。相关部门要加强具体指导。

（五）发挥农村基层群众组织作用

规范村内红白理事会、老年人协会、村民议事会、道德评议会等群众组织运行，完善组织章程和各项制度，广泛开展议事协商，积极组织开展婚丧嫁娶服务、邻里互助和道德评议等活动。在推选农村基层群众组织负责人时，要邀请婚事丧事操办人、敬老爱老机构人员和敬老爱老模范等人员参与。

三、加强宣传教育，强化价值认同

（六）加强舆论引导

各级各类新闻媒体要广泛深入报道婚事新办、丧事简办、孝亲敬老的事迹，积极引导树立正确婚丧观和弘扬中华孝道。充分利用县乡电视广播系统、乡镇政务场所、农村集市、村务公开栏、村大喇叭、村文化墙等直接面向农民群众的宣传阵地，用身边事教育身边人。有针对性地开展舆论监督，坚决抵制婚丧陋习、天价彩礼、孝道式微和老无所养等不良社会风气。

（七）广泛开展道德教育

把道德教育作为新时代文明实践中心的重要工作，调动各方，统筹推进，引导农民爱党爱国、向上向善、孝老爱亲、重义守信、勤俭持家。推进道德宣讲团等道德文化阵地建设。充分发挥共青团、妇联等群团组织作用，加强青年婚育观教育。强化家庭、学校主体责任，让良好道德观贯穿始终，让中华孝道成为公民特质。充分发挥农村老党员、老干部和各类人才作用，用嘉言懿行垂范乡里、影响群众。

（八）发挥文化传承和浸润作用

丰富农村地区公共文化产品和服务供给，繁荣相关文艺作品创作。支持以树立正确婚丧观和弘扬中华孝道为主要内容的各类演出活动，规范文艺演出参与婚庆和丧事活动。把弘扬正确婚丧观和中华孝道列为文化下乡活动重要内容，采取群众喜闻乐见、具有地方特色的形式，培育熏染农民群众道德情操。加强对历史遗迹、革命遗迹、传统村落、传统建筑等历史文化遗产的保护，努力保存文化传承的载体和环境。结合农村实际，推动中国特色社会主义文化融入农村社会思想道德教育、文化知识教育和社会实践各环节。

四、加强典型示范，注重实践养成

（九）以党风政风引领农村新风

各级领导干部应以身作则，率先垂范，在移风易俗中走在前头。建立农村党员干部操办婚丧事宜报备制度，该向群众公示的要向群众公示。可依据党内有关法规和制度，对农村党员干部婚事新办、丧事简办、孝亲敬老、抵制天价彩礼等做出相关规定，发挥好党员干部模范带头作用。发挥组织监督和群众监督作用，对违反相关规定的党员干部进行相应处理。

（十）营造弘扬文明乡风的实践氛围

广泛开展"婚育新风进万家""敬老月""雷锋日""小手拉大手"等相关主题实践活动。重视在春节、清明、七夕、中秋、重阳等传统民族节日中引导践行正确婚丧观和中华孝道。培育、选树、宣传婚事新办、丧事简办、孝亲敬老典型，充分发挥榜样示范作用。推进农村敬老爱老和婚丧嫁娶志愿服务，开展邻里互助和爱心公益活动，让农民群众在参与中改变观念、在实践中提高认识。

五、加强制度保障，实施有效管理

（十一）强化法律约束

推动在相关法律法规修订中增加文明乡风相关内容。加强对农村婚介机构和农村"媒婆"的管理。教育引导农民自觉承担责任、树立良好家风，巩固家庭养老基础地位。对孝道式微等现象要加强批评教育，对不赡养、虐待父母等行为要加大惩处力度。基层司法执法部门要对利用婚丧嫁娶敛财等违法犯罪行为进行重点整治。

（十二）建立正面激励机制

对于在推进文明乡风建设方面做出表率的模范家庭和先进个人，相关部门和地方可以在精神和物质方面给予相应奖励。支持村级组织通过互评亮榜等方式宣传正确婚丧观和孝道典型。总结推广"乡村道德银行""文明积分"等奖励模式，对先进典型进行奖励，让德者有得。

六、推动工作创新，发挥群众创造性

（十三）创新青年婚介服务方式

充分发挥共青团、妇联等群团组织作用，搭建农村青年婚恋教育、婚恋交友、婚姻服务平台。鼓励村妇联主席成为农村义务红娘，为农村青年提供婚恋服务，宣传引导抵制高额彩礼、奢华婚礼。充分利用农民春节返乡等时间节点举办农村集体婚礼，倡导家庭婚礼、旅行婚礼等有纪念意义的婚礼，引导婚事新办。

（十四）创新农村养老服务方式

推广农村互助型养老，积极引入相关公益组织，不断完善服务方式、内容等。在有条件的地区依托村级综合服务设施，逐步建立日间照料中心、老年驿站、老年幸福餐桌等互助性养老设施，改造提升特困人员供养服务设施（敬老院），对条件适宜的整合提升为区域性养老服务中心，为农村留守、失能、孤寡老年人解决实际生活困难。鼓励村级组织通过与赡养人子女签订家庭赡养协议书等方式，督促子女从经济供养、生活照料、权益维护等方面自觉承担家庭责任。高度重视老年人感情需求和人文关怀，建立对农村留守、孤寡老年人的定期巡访联系制度，及时发现、防范和化解老年人独自生活风险。

（十五）创新农村婚丧宴席举办方式

鼓励依托村级综合服务设施等场所，为村民举办婚丧宴席提供便利。鼓励有条件的地区建立农村宴席服务队，明确服务项目、收费标准和服务承诺，防止大操大办、浪费攀比。

七、强化责任落实，建立健全长效机制

（十六）强化党委领导责任

地方县级以上各级党委要把农村移风易俗摆上重要位置，在全面从严治党、乡村振兴、脱贫攻坚中大力推进移风易俗，深入研究当地婚丧陋习、孝道式微等问题的形成原因，建立管用有效的工作机制，制定有针对性的政策措施，统筹调动各方力量，推动农村婚丧、孝道风气实现好转。

（十七）落实农村基层党组织责任

乡镇党委和村党组织要充分发挥政治功能和组织优势，把推动革除婚丧陋习、抵制天价彩礼、解决孝道式微等问题列为重要工作内容，加强组织推动，深入教育宣传和发动群众，扎实做好落实工作。

（十八）健全监督机制

落实地方党政一把手责任，在对地方党政领导班子和有关领导干部进行综合考核评价、开展评先树优时，注意了解推进农村移风易俗工作相关情况。对文明乡风建设工作成效显著的予以奖励，对工作不力的严肃问责。各有关部门要强化协同联动，相互支持，相互配合，切实解决好文明乡风建设方面存在的问题。

第二个目标：要学生明白改革开放以来，农村的物质文明建设发生了翻天覆地的变化，农民人均收入总体看是有增长的，特别是从近一两年开始有一些突破性的增长。在政治文明方面，农村全面推行了村民自治，实行了村务公开，农民群众自己管理自己，极大地推进了农村民主政治建设。相比之下，精神文明建设虽然也有增强，但是与物质文明和政治文明建设相比，还有一定的差距，具体表现为人的素质与物质文明和政治文明的发展不相适应。在未来全面建设小康社会的十几年里，我们不能在物质文明、政治文明上去以后再补精神文明这一课，而是要真正在农村发展的实践进程中体现"三个文明"协调发展、全面进步。

（四）要点分析

本案例反映了很多值得深思和探讨的问题，但是不可能在有限的课堂时间里讨论所有的问题，教师选择的讲授重点取决于教师的教学目标和学生的学习目标。本案例讨论的问题要点有：

（1）如何完善乡村德治的运行机制？

（2）小田村村民是如何重塑乡村精神文明建设的？

（3）如何避免农民"沉溺"于事务管理积分制的积分兑换？

（五）课堂安排

对于本案例，党的十九大报告指出，实施乡村振兴战略，必须始终把解决好"三农"问题作为全党工作的重中之重。要坚持农业农村优先发展，按照产业兴旺、生态宜居、乡风文明、治理有效、生活富裕的总要求，建立健全城乡融合发展体制机制和政策体系，加快推进农业农村现代化。那么如何在脱贫奔小康的道路上推进乡村文明培育计划？如何让物质文明和精神文明实现双丰收？

这样的讨论时间大约10~15分钟。教师引导学生思考此次事件爆发的根源在哪里？要防止此类事件的产生，政府应该做什么？就本次事件中各单位，各级政府的表现和作为进行描述和相互评价。

（六）其他教学支持

具备多媒体设备的案例教室播放相关宣传片。

案例三 | 以基本公共服务均等化推进城乡一体化发展

——浙江海盐的做法

一、案例主体

摘要： 本案例详细叙述了海盐县以基本公共服务均等化推进城乡一体化发展的做法和所取得的成效，以海盐县的改革亮点为切入点，描述了海盐县群众对公共文化、就业创业、公共教育、医疗卫生等方面的一些看法，并重点介绍了海盐县在教育、就业、文化、医疗卫生等多方面的具体做法及所取得的成效，以及对其他地方的一些启示。

关键词： 海盐县；基本公共服务；均等化；城乡一体化

（一）引言

2005 年 10 月，党的十六届五中全会首次提出了"公共服务均等化原则"。2007 年 10 月，党的十七大报告强调"缩小区域发展，必须注重实现基本公共服务均等化"。2013 年 11 月，党的十八届三中全会再次强调要推进基本公共服务均等化。党的十九大报告也明确将"实现基本公共服务均等化"作为 2020 年至 21 世纪中叶第一阶段的发展目标和基本任务。实施基本公共服务均等化改革，是解决发展不平衡不充分问题，更好满足人民群众在经济、政治、文化、社会、生态等方面日益增长的需要的重要途径。

2015 年，浙江省两会决定将海盐县作为基本公共服务均等化改革唯一试点县。为此，海盐县出台基本公共服务均等化改革试点实施方案，明确了 11 个方面 38 项改革任务，推出了 35 个重点项目和 70 项量化考核指标。海盐探索以标准化推动均等化，积极在基本民生服务、公共事业服务领域推进城乡均衡发展，建立了"一个清单""一套标准""一套评价指标"，把基本公共服务项目的对象、标准、责任落实落细，海盐县实施的这一系列措施在以基本公共服务均等化推进城乡一体化发展方面取得了积极进展。

（二）推进城乡一体化发展海盐的变化

1. 入得了城，也回得了村

暮色四合，百步镇得胜村的灯光球场上准时响起音乐，72 岁的闻×泉惬意地散步，老伴则在一旁踩着节奏跳起欢快的舞步。几年前的这时候，夫妻俩正收拾农具准备回家，根本没有现在的惬意生活。"做梦都想过城里人一样的生活。"闻×泉的愿望，道出了海盐很多农民的心声。如今，这个愿望也已经实现了。得胜村于 2009 年启动整村搬迁，至 2014 年年底整个小区全部完成建设。经过几年的发展，得胜村建造了居家养老中心，文化礼堂，灯光篮球场，重新建造新经桥，得胜村露天大舞台、得胜文化长廊、村文化公园等供村民休闲娱乐的场所。在文化体育、环境等各方面均取得良好发展。

海盐县农业农村局办公室主任朱×光介绍，解决农民城镇化问题，首先要保障农民权益，让农村集体土地与城市国有建设用地一样也享有出让、租赁和入股权，提高农民财产性收入。其次是转变农民的生产方式，从依赖农业转向工业、服务业主导，再通过公共服务向村级延伸，使农民与城市居民享受同等的保障和服务。"农村承包土地经营权、农村集体经济股权和农民住房财产权这'三权'权属问题是制约农村人口城镇化的主要束缚。"朱×光说，2009 年，海盐以产权制度改革为切入点，在全省率先建立了现代农村产权制度和城乡一体化产权流通市场。

曾经的海盐县，农村土地会因为人口增减等原因，每年各个村都会进行土地调整，而确权颁证后，产权明晰，每家的土地固定了，户与户分得清清楚楚，集体资产也量化成股份、平均分配、股随人走，农民不用担心因身份转变而失去原有的财产。经过多年的确权登记颁证工作，目前海盐农村承包土地确权率、村集体股份制改革完成率达 100%，农房确权率超 80%，农民的生产、生活要素归属清晰、责权明确。"农民从土地里'解放'出来了，但就业成了难题。"海盐县人力资源和社会保障局副局长汤×峰说。

海盐县在推进城乡一体化发展过程中发现，农民转变为市民的另一大问题，就是缺乏技能，无法就业。鉴于此，海盐打破城乡就业壁垒，提供城乡无差异、身份无差异的同等就业服务和培训服务，让他们既"入得了城"，也"回得了村"。2019 年，海盐共培训 1.3 万余人，城乡总体就业率达 95% 以上。

年近六旬的陆×芬就是培训受益人之一。匆匆吃过早饭，陆×芬就去村里"上班"了。她上班的地点不是企业车间，而是自己创业开的小卖部。"不久前参加了个培训班，靠手艺赚钱，日子过得很舒心。"陆×芬家住通元镇丰义村，前年，她得知村里开设了专门针对女性的免费创业指导培训课，毫不犹豫报了名。3 个多月的培训，让陆×芬成了做中式糕点的能手，在家人鼓励下，陆×芬租了一间店面，旅游旺季一天最多能赚 1 000 多元。

在海盐，50 岁以上的农民在农村中占相当比例。相对年轻人来说，这部分人普遍缺一技之长，对变成市民后的收入来源多有顾虑，对土地的依赖性也较强，如果不能妥善安置，将成为农村发展的不稳定因素。"我们在镇、村专门组建农村劳务专业合作社，吸收'5060'人员入社，合作社则将承接的劳务服务分派给社员，既解决了他们的就业需求，也缓解了部分企业季节性缺工难题。"汤×峰说。截至 2019 年，海盐共有合作社 19 家。蔡×芳就是百步镇得胜村劳务合作社的一员，该合作社共有社员 110

人，并已与县内多家合作社、公司签订劳务派遣合同。她说："村里印刷产业发达，通过合作社我也找到了一份零工，空余时间在家就能做，一年可以赚 5 000 元左右。"

"85"后姑娘冯×艺，放弃大城市的高薪工作选择回农村创业，在南北湖风景区经营了一家民宿。"现在农村生活跟城里一样方便，而且生态环境更好，为什么非要住城里？"冯×艺说。

2. 农村学校的回流生多了

海盐县通元镇的石泉小学是一所地地道道的农村学校，该校的教学楼是当地规模最宏大、最气派的建筑物。2015 年 7 月从海盐县向阳小学调到石泉小学任校长的陆×娉介绍，与市区的向阳小学相比，石泉小学很多硬件设施甚至更好。教学楼是投资 2 500 多万元建设的新楼，楼里配备了直饮水机，每个教室配备了 85 英寸的教学用一体机等先进设施。石泉小学不仅拥有优良的硬件设施、优质的师资，特色鲜明的教学活动也成为学校的亮点，来自市区学校的陈×丽等老师来到石泉小学工作，为石泉小学注入新鲜血液。学校的跆拳道教学、纸艺教学、足球教学在海盐县乃至县外都有着良好的声誉。

海盐县着力推进学校硬件配置和师资配备均衡，不断破解农村学校基础设施薄弱问题，并鼓励名校骨干教师、校长向薄弱学校流动，缩小校间差距，城乡公共教育服务均等化方面取得积极进展。义务教育学龄人口入学率、巩固率、符合条件的常住人口随迁子女学位供给率、三残儿童义务教育入学率均达 100%，义务教育省标准化学校达标率 97.1%，全省领先。

"现在回流的学生越来越多，家长不再把孩子送进城里的好学校。"位于秦山街道的官堂小学校长朱×旺说，近 3 年，有 16 名骨干教师从城区学校到官堂小学这所农村学校任教，通过"传帮带"和零距离观摩学习，官堂小学的老师们执教能力快速提高，县级名师及以上占比达 43%。同时，海盐竞聘上岗教师人数达 100%，小学和初中 7 项指标的校际差异系数控制在 0.272 和 0.288，远小于国家 0.50 和 0.45 的评估标准，成为全省首批基本实现教育现代化县、全国首批义务教育发展基本均衡县。

3. 卫生服务建"15 分钟圈"

"看病不用来回折腾了，方便。"78 岁的王×元在老伴的陪护下，正在家附近的武原卫生院安心养病。王×元家住望海街道北荡社区，患肝肿瘤已两年多，治疗后病情基本稳定，只需定期住院康复治疗。但原来武原卫生院没有住院部，王×元只好坐一个多小时公交车去县城医院。

"2018 年我们增设放射科、肿瘤科、住院部等，新增床位 100 张。"武原卫生院院长潘×飞说，不仅医院硬件设备更新速度快，卫生院还成为海盐县人民医院医共体成员单位。组建医共体后，城乡医疗资源、设备和人才资源实现深度共享，农民在家门口就能看上专家。张×峰是海盐县人民医院内科主任，2018 年 12 月起定期到武原卫生院坐诊，并带着卫生院医生查房，手把手地教授。

"在这里做检查，县城大医院的医生也能帮助诊断。"老年康复科护士长金×美告诉记者，县人民医院的放射会诊、心电会诊等七大中心，与武原卫生院共享。2019 年，武原卫生院共收治住院病人 600 多人，比上年同期提升 100%。眼下，海盐已投入 1.445 亿元用于县、镇两级医疗卫生基础设施建设，基层医疗卫生机构用房面积、医疗设备均达省级标准，县内医疗机构与 17 家沪杭医疗机构开展 18 项业务协作。2019 年基层就诊率达 68.93%，基层出院人次同比增长 30.79%，城乡"15 分钟卫生服务圈"成为现实。

（三）海盐县以城乡基本公共服务均等化推进城乡一体化发展的做法

浙江嘉兴是"城乡发展一体化"的先行地，早在 2003 年，嘉兴便将"城乡一体化"确立为嘉兴市经济社会发展的"五大战略"之一。那么嘉兴是如何推进"城乡发展一体化"的呢？近日，"走在乡村振兴的路上"采访报道组来到嘉兴市海盐县，从城乡环境打造、产城融合、公共服务等方面全面了解嘉兴海盐县的"城乡发展一体化"。

1. 海盐六里村打造"美丽银行"优化城乡宜居环境品质

采访报道组来到位于嘉兴海盐的六里村，看到了一个挂着美丽银行牌匾的小院落。小院落里摆放了郁郁葱葱的花草以及错落有致的坛坛罐罐，特色十足，院落里的美丽景致是由村民们提供的废旧酒坛、啤酒箱、脸盆等改造而成的。

六里村党委书记周×伟向记者介绍这是一个"只爱美丽不爱钱"的"银行"，"设置美丽银行的目的是为了鼓励村民以物换物，村民可通过提供自己废置的物品参与活动、创先争优等形式获取虚拟的美丽币，得到的美丽币可以兑换美丽银行的物品。"

美丽银行的服务对象不仅限于本村的村户，其他村感兴趣的村民都可以在开放时间段去开户。美丽银行在每月的 10 日、25 日正常对外开放。村民们凭借着户口簿来免费办理"美丽存折"一本，一户仅可以办理一本。"1 枚美丽币可以兑换的东西很多，比如当季自产农产品，村民自制的手工艺品及村民们的缸、罐、坛等废旧物品，以及儿童玩具、书籍、字典等闲置物品。"周×伟告诉记者。

"这家美丽银行在浙江省是首创的。我们建设这家银行的初衷是以美丽银行为载体，倡导村民们的节约文明新风，通过以物换物来激发村民的积极性，让村民主动参与到海盐县的全域整治、垃圾革命工作中去。"周×伟表示。

在美丽银行的周边农户里，记者见到了农户周大伯。周大伯跟记者说，通过村里美丽银行的设置，他去兑换"美丽币"的积极性很高，现在他家的庭院已经收拾得比较整洁了："原来我家的庭院比较杂乱，堆放了各种杂物，比如不用的瓦缸罐子、闲置的小家具以及柴火堆，现在我把这些闲置的杂物存进了美丽银行里，庭院不但整洁了，我用美丽币换来的物品也得到了充分利用。"

"像周大伯这样的农户例子还有很多，美丽银行一开户就受到了远近村民的一致追捧。在美丽银行的开户当天，光登记开户的就达到了 100 多户，这说明村民的积极性很高。"周×伟说。

实际上，美丽银行只是嘉兴市注重环境打造，优化城乡宜居环境品质的一个小小的缩影。记者了解到，近年来，嘉兴市全面推进农村垃圾革命，开展垃圾分类处理行政村覆盖率已达到 72%。

美丽银行本质上也是促进垃圾革命的一种新型实践方式。通过美丽银行，我们要做到的是让村民们了解垃圾革命的好处。城市的垃圾分类做得好，我们乡镇也不能落后，形式上可能要因地制宜，进行创新，我们就是要朝城乡宜居环境品质一体化的目标而努力。"今后我们还将持续推进、开展美丽银行的各项工作，让美丽乡村建设深入人心。"周×伟说。

2. 海盐"电商村"的经济转型之路

除了美丽银行对城乡环境打造的生动实践外，位于嘉兴海盐的六里村还是一个名副其实的"电商村"。近年来，六里村依托本地特色经济产业积极扶持农村电商，主动适应"互联网+"新常态。据六里村党委书记周×伟介绍，六里村共有967家农户，其中活跃的网点有123家，从事网店生意的农户大概有1 000多人，数量已超过本村家庭户数的10%。

"2015年，我们村党委积极响应嘉兴市大力发展农村电子商务等新产业新业态的号召，充分利用六里镇商业集聚、交通便利等优势，鼓励引导村内生产厂家、个体经商户开设网店，兴起电商行业，从而增加农户的集体性收入。"周×伟表示，"效果还是非常明显的。2015年，我们村的整体销售额是2 800万元左右，到了2017年，我们村的销售额已经达到7 000多万元，翻了接近3倍。"

问到具体的做法，周×伟告诉记者首先普及给村民的就是关于"农村电商"的具体概念。"在大城市里，电商、淘宝这些字眼已经非常普及化、大众化，大家都明白是怎么回事。但在村里，很多农户还不清楚这些概念。所以我们第一件要做的事就是组织淘宝创业培训，让农户们明白到底什么是电商。"

那么为什么会想到做电商呢？周×伟说这是一个经过深思熟虑后的决定。"现在是互联网时代，城里在大力发展电商，我们村也不能落后。而且电商可以在家实现创业营收，所以形式上比较好。"周×伟说，"我们为了让农户了解什么是电商，我们还特地请了具有丰富经验的专家来村里为创业者讲解，并为有需要创业的年轻人提供可以进行经验借鉴的平台。"

除了邀请电商专家来村授课外，六里村还深入挖掘党员的创业典型，用身边人的故事来激励周边村民们的"电商创业热"。"比如在经营淘宝店的队伍中，我们村的傅×平就是一个很好的例子。他本身是一个党员，原本经营了一家服装加工厂，在电子商务兴起后，他迅速瞄准了商机，加入了电商的行业。"周×伟告诉记者，"我们在了解了他的例子后，总结并推广了他的个人经验，并且鼓励他向其他村的电商创业者分享开网店的经验。"

在2015年，六里村被淘宝正式授予"中国淘宝村"称号，如今的六里村农户已经实现了足不出户就能赚钱的梦想，而六里村也得以跻身为海盐县三大电商村之一。

"我们村对电商经营的农户非常关注。为此我们还专门召集了本村从事电商经营的群体，以座谈会的形式来畅聊本村电商产业的发展，从而更好地掌握电商经营者的发展思路和创业构想。"周×伟表示，"我们还利用'中国淘宝村'的牌子。通过村民们自愿和分红的形式来筹集资金，通过专业的规划和设计来引进更多的电商产业，将六里村打造和发展成远近闻名的电子商务集聚地。"

问到未来的计划，周×伟向记者透露道："我们在下半年将建造一个电商大楼，投资两千万，面积约8 000平方米，总共四层。我们打算给入驻村里的电商企业第一年免除租金，第二年租金减半，第三年租金打八折，第四年再恢复原价。建造这个大楼是为了鼓励电商青年创业，带动当地村民的收入，缩小城乡差距，最终目的也是为了实现城乡发展一体化。"

3. 海盐澉浦镇的"农村30分钟文化圈"

采访报道组来到了位于嘉兴海盐的澉浦镇，走进澉浦镇，就会发现浓郁的文化氛围已经与这座历史悠久的小镇融为一体，澉浦镇文化站就扮演着村民精神文化家园的重要角色。

记者了解到，目前嘉兴市已实现了市、县、镇、村四级公共文化设施网络的全覆盖，"农村30分钟文化圈"基本形成。"文化馆就是个很好的例子。"澉浦镇文化站站长叶×说，"首先是市文化馆中心馆，然后逐次向基层延伸出来的是县文化馆总馆、镇文化分馆。到了村里，就变成了以农村文化礼堂为主要载体的农村文化馆支馆，四级网络，层层递进，从而建成城乡一体、功能健全、服务规范、优质高效的文化馆总分馆服务体系。"

记者在澉浦镇文化站，看到了功能区齐全的文化站里包括了服务大厅、排练厅、报告厅、非物质文化遗产展厅、电影放映厅以及图书馆。当记者走进位于文化站三楼的小型图书馆时，看到了图书馆极其丰富的藏书量。"现在海盐县下辖的乡镇都有这样的图书分馆。"叶×说，"我们这现有26 000册图书，由海盐县图书馆总馆统一配送。每年四次轮换，基本是一季度一次，这样做是为了提高全县的图书使用率。"

"图书馆的人气很旺，在2017年，我们统计过，大概一年内接待了5.3万人次。因为在镇里，很多孩子在寒暑假没有地方可去，父母又忙着工作。来镇里的图书馆看书陶冶身心成为众多镇上父母、孩子的不二选择。"叶×表示。

走到二楼，一阵嘹亮的歌唱声响起，这是由澉浦镇村民组成的"喜阳红中老年文艺队"正在编排越剧表演歌曲《不忘初心 牢记使命》。"我们的文艺队的人数大概固定在20人左右。每周礼拜三、礼拜天下午来文化站练习歌唱，我们现在唱的这首歌是请县文化局退休干部周文豪老师自己编曲编词的。文化站给我们提供了一个很好的练习环境。"文艺队其中一位成员告诉记者。

"他们的积极性很高的。每次有空闲，他们就会来问我，县文化馆最近有没有出新的节目编创要求和演出机会。"叶×说。他们得知有节目需要时，文艺队的队长就会安排队员们来文化站练习。文艺队的队员多才多艺，吹拉弹唱都会，等他们练好了，又会主动"请缨"去各村自办演出的舞台上表演曲目。

叶×表示：文化下基层在澉浦镇的实践是多样化的，除了图书下基层、演出下基层、展览、讲座下基层、体育展示下基层等形式外，还有农村文化活动158工程（每个行政村里每月1场电影、每年5场演出、每年8次文化活动），文化活动的内容极其丰富。比如在上个月的母亲节，澉浦镇联合南北湖村就策划了一个感恩母爱弘扬美德的系列活动，评选出村里的好妈妈、好媳妇、和妈妈一起合影、为妈妈亲手制作并送上一束花，母子同做手工等，让村民们意识到母爱的可贵。

那么谁来捕捉村民们的文化动态？记者了解到，目前嘉兴市正在进一步深化实施"两员"制度，"两员"包括文化下派员和"村级文化管理员"。"两员"制度已经在全市逐步形成了覆盖城乡的市、县、镇、村四级文化人才网络体系。

对此，叶×向记者介绍了澉浦镇对"两员"制度的深度实践。澉浦镇的文化下派员在2012年3月就已经到位。下派员培育发展起了近十支镇一级的文艺团队、创编打造了十余个在市、县舞台上获得金奖、银奖的精品文艺节目。在镇上的"一村一品"文化秀活动中，只要村里有需要，文化下派员都会尽力帮助策划和指导，并提供演出设备、设施服装等便利。

"文化下派员实行县聘镇用、县镇共管的双重管理模式，下派员由县文化馆聘用，列入事业编制，并接受县文化馆直接领导、指导和考核，平时接受工作所在乡镇文化站的日常管理。"叶×说，"而文化管理员则成了镇文化干部在各村的眼睛和臂膀，能及时捕捉村民们的文化动态传递给文化站，组织好村里的各类文化活动，协调好市、县、镇三级的文艺演出、文化活动的下沉服务。总的来说，两员的推广、普及，为农村文化礼堂建设营造了良好的人才环境，提供了有力的人才支撑。"

（四）海盐县以城乡基本公共服务均等化推进城乡一体化发展的成效

嘉兴市海盐县积极推进基层公共服务均等化，推进了城乡均衡发展，并形成了一系列改革亮点。一是以标准化体系引领基本公共服务均等化，建立"一张清单""一套标准""一套评价指标"，把基本公共服务项目的对象、标准、责任落实落细。二是完善社会多元参与机制，鼓励社会组织、社会资本参与卫生、教育、养老等公共服务领域，既增加服务供给，又带动这些组织的发展。三是通过支援协作、资源共享等方式，使农村老百姓在村里就能享受到和城市同样的公共服务。作为浙江省基本公共服务均等化改革唯一试点县，近年来海盐县以"城乡一体化"为载体，致力推进城乡均衡发展，积极在基本民生性服务、公共事业性服务等领域开展探索实践，构建了覆盖城乡、可持续发展的基本公共服务体系，城乡之间、群体之间、区域之间的差距显著缩小，在全省实现"七个率先""九个全覆盖"。

2019年12月9日，农业农村部农村社会事业促进司、国家发展改革委社会发展司、中国经济信息社在北京联合发布首批18个全国农村公共服务典型案例。海盐"以基本公共服务均等化推进城乡一体化发展"案例成功入选首批典型案例。

首批案例反映了各地加强农村公共服务建设实践的新探索，旨在引导各地从实际出发，加快补齐农村公共服务短板，涌现出更多典型。

据了解，农业农村部和国家发展改革委于今年（2019年）6月启动全国农村公共服务案例征集活动，共收到各地报送案例百余个。农业农村部和国家发展改革委邀请相关部门专家成立专家组，就报送案例进行初审、专家评审和实地调研核实，最终推出来自北京、山西、上海、江苏、浙江、福建、山东、河南、广东、重庆、贵州、西藏、陕西、甘肃14个省（自治区、直辖市）的18个典型案例，涵盖农村医疗、养老、文化、社会保障、留守儿童关爱、人居环境、基础设施等多个领域。海盐成功入选！

近年来，海宁以"城乡一体化"为载体，致力推进城乡均衡发展，特别是2015年获批全省唯一基本公共服务均等化改革试点县以来，在基本民生性服务、公共事业性服务等领域开展探索实践，先行先试，取得了"七个率先""九个全覆盖"等一系列首创改革工作亮点。

构建了覆盖城乡、可持续发展的基本公共服务体系，城乡之间、群体之间、区域之间的差距显著缩小，有效助推了经济社会的协调发展，并成功入选全省县域高质量发展创新案例、2019年度省级均等化标准化试点。

"七个率先"即率先实施城乡一体化失业保险制度；率先探索发展农村劳务合作社；率先建立基层首诊、分级诊疗和双向转诊制度；率先出台《关于在社会救助领域开展社会工作的实施办法》；率先实现文化"两员"全覆盖；率先研发和应用"县镇村"三级公共文化服务绩效评估系统；率先实现文化礼堂全覆盖。"九个全覆盖"即村级劳务合作社全覆盖；镇（街道）级特殊教育资源教室全覆盖；村（社区）级居家养老服务照料中心全覆盖；镇（街道）级食用农产品安全快速检测室全覆盖；公共交通站点服务半径 500 米全覆盖；街道公共自行车全覆盖；镇（街道）级环保站所全覆盖；村级生活污水入网排放全覆盖；行政村广播数字电视全覆盖。具体成果见表 3-1。

表 3-1　海盐基本公共服务均等化改革成果

七个率先	率先实施城乡一体化失业保险制度 率先探索发展农村劳务合作社 率先建立基层首诊分级诊疗和双向转诊制度 率先出台《关于在社会救助领域开展社会工作的实施办法》 率先实现文化"两员"全覆盖 率先研发和应用"县镇村"三级公共文化服务绩效评估系统 率先实现文化礼堂全覆盖
九个全覆盖	村级劳务合作社全覆盖 镇（街道）级特殊教育资源教室全覆盖 村（社区）级居家养老服务照料中心全覆盖 镇（街道）级食用农产品安全快速检测室全覆盖 公共交通站点服务半径 500 米全覆盖 街道公共自行车全覆盖 镇（街道）级环保站所全覆盖 村级生活污水入网排放全覆盖行 政村广播数字电视全覆盖

1. 以标准化体系引领基本公共服务均等化实践

首先，海盐县建立了"一张清单"。2017 年，海盐制定发布了《海盐县基本公共服务清单》，确定涵盖了公共教育、就业创业、社会保险等 8 个方面共 117 个服务项目，并明确了每个项目的具体服务对象、服务指导标准、牵头负责单位等内容。其次，海盐县建立了"一套标准"。编制了涵盖公共交通、教育、文化等 8 大方面共 25 项重点项目服务标准，通过标准化促进基本公共服务均等化和公共资源优化配置。此外，海盐还建立了"一套评价指标"。探索编制《县域基本公共服务均等化实现度评价指标体系》，明确 41 项一级指标和 60 项二级指标，按照指标要求每年对县级部门和镇（街道）进行考核评估，检验全县基本公共服务均等化实现程度。

2. 多元化参与增强基本公共服务供给能力

一是完善以政府为主导的供给机制。一方面，加大财政投入，使公共服务领域投入保持每年 19%左右的增长；另一方面，注重发挥市场和社会组织的专业化优势，鼓励支持社会机构承接政府职能转移，列入政府购买服务目录的项目达到 155 项。二是建立完善社会多元参与机制。一是培育社会组织，建立县、镇、村三级培育体系；二是鼓励社会资本参与基本公共服务供给，如教育、医疗等方面。三是区域资源共享，利用自身所在区位优势，积极与周边大城市接轨，实现区域的医疗等资源的共享。

3. 以配优资源提升基本公共服务均等化水平

（1）公共教育均等化。海盐县致力于实现城乡公共教育均等化，目前已实现教育学位同等化，校园条件标准化，教育质量一体化。海盐县义务教育学龄人口入学率、巩固率、符合条件的常住人口随迁子女学位供给率、三残儿童义务教育入学率均达100%。海盐县致力于提升农村学校的硬件和软件，配备先进的教学设备和师资力量，义务教育省标准化学校达标率 97.1%。目前，海盐县已建成 7 个"1+X"城乡学校发展共同体，实行城乡学校组团发展，均衡城乡学校教育质量。坚持优先保障教育理念，

参考文献

［1］陈浩，陈杨.小田村有个道德银行［N］.精神文明报.2017-12-09.

［2］刘波.南江小田村有个道德银行 村民讲文明得积分当钱花［N］.巴中日报.2017-11-27.

［3］佚名.巴中市首创"乡村道德银行"模式！破解基层治理难题［EB/OL］.（2020-06-18）［2022-12-08］.https://www.sohu.com/na/402726982_100135254.

［4］陈杨.巴中市探索建立"乡村道德银行"培育文明新风［EB/OL］.（2020-01-03）http://www.scwmw.cn/zbsc/bz/202001/t20200103_1117726.htm.

［5］巴中市广播电视台.巴中有个"道德银行"，做好事积分能当钱花.巴中新报［N］.2017-12-15.

二、教学手册

（一）课前准备

1. 准备多张大白纸（或者白板）、粗号笔（白板笔）、胶带若干，用于书写讨论意见，并便于课堂展示。

2. 提前认真阅读《四川省南江县关坝镇小田村探索村级事务积分管理制》案例，准备案例后的思考题。

3. 准备南江县小田村积分管理制度相关资料，使学生在课堂中充分了解道德银行的特点、问题，以及政策体系的构建、实施过程。

（二）适用对象

本案例可以用于公共管理、公共政策分析、公共危机管理等相关课程的教学活动。适用对象包括公共管理学术型研究生、MPA 学生以及从事相关管理工作的人员。本案例还可适用于具备一定公共管理基本知识并对公共危机管理、公共政策有兴趣的非专业人士、学生和实际操作者学习使用。

（三）教学目标

通过教学，本案例有以下几个目标。

第一个目标：使学生明白在新形势下随着农村生产经营方式、利益格局、社会结构、组织形式、人口构成的深刻变化，农村群众的思想道德和未成年人思想道德建设面临复杂形势，农民文明素质、科学文化素质和健康素质亟待进一步提高，封建迷信、黄赌毒，非法宗教邪教活动、黑恶势力以及诚信缺失、道德失范等问题在农村不同程度存在。我们必须保持清醒头脑，充分认识加强新形势下农村精神文明建设对提高农民文明素质、提高农村社会文明程度、推进农村改革发展、维护农村和谐稳定的重要意义，采取有效措施，扎实予以推进。

着力推进城乡、校际、群体之间的教育服务均等化，成为教育部首批授予的"全国义务教育发展基本均衡县"和全省首批基本实现教育现代化县（见图3-1）。一是推进城乡学校资源配置"四个统一"，即基础建设标准统一、教育装备配置统一、教育经费保障统一、教师配备保障统一。二是推进教师轮岗交流。鼓励县城教师到农村带编轮岗，并享受农村教师津贴和特岗津贴；建立学校干部统一调配机制，提拔城镇优秀教师到农村学校担任校级领导，实现县域内教师资源均衡配置。三是在嘉兴市率先实行以县为主的农村学前教育管理体制，推进学前教育以县为主"四个统筹"，即统筹布局规划、统筹项目建设、统筹经费保障和统筹运行管理，构建以县为主，公益普惠城乡均等办园的规范的现代学前教育体系。

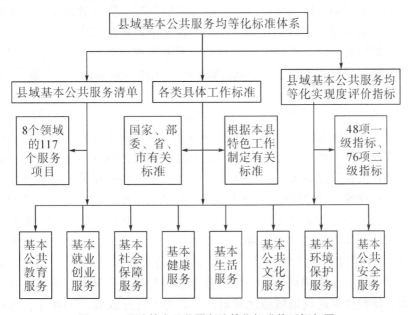

图 3-1 县域基本公共服务均等化标准体系框架图

（2）文化服务均衡化。海盐县致力于让基层群众享受到与县城相同的文化服务，为此，海盐县出台了相关的文件。2012 年 8 月，海盐县人民政府办公室出台《海盐县深化城乡一体化公共图书馆服务体系建设实施意见的通知》，拉开了村（社区）图书分馆建设的序幕。2015 年 6 月，海盐县又发布了《城乡一体化公共文化体育服务规范》，制定了关于公共文化体育的建设、管理和服务标准。海盐县率先实现县文化下派员、村文化专管员队伍全覆盖，建立了城乡一体化文化馆总分馆体系，研发和应用了"县镇村"三级公共文化服务绩效评估系统。针对"土地缺人管、队伍缺人带、活动缺人办"的基层文化现状，通过实施"两员"（文化下派员、村级专职文化管理员）制度，强化县对镇（街道）、镇（街道）对村（社区）在文化工作上的服务和引导，为基层文化工作输入了强有力的新鲜血液，有效提升了农村基层文化工作水平。海盐县现有文化下派员 10 名，村级专职文化管理员 99 名，在全省率先实现"两员"全覆盖。下派员为镇（街道）提供专业指导，不断加强文化站作用；村级专职文化管理员使村级文化场所实现了专人管理，解决了农村文化礼堂、村（社区）活动室、农家书屋等文化场所的常态开放，组织开展各类文化活动，加大提升农村文化场所的认知度和利用率，推动了海盐农村文化蓬勃发展。

（3）医疗资源共享化。县人民医院与各基层卫生院对接组建了7个医疗资源共享中心，成立了2家县域共体，实现城乡医疗资源、设备和人才资源的深度共享。并先后共投入1.445亿元用于县镇两级医疗卫生基础设施建设，区域卫生信息化建设方面的经费投入共计7 000余万元。基层医疗机构就诊率由改革前的52.2%提高到62.4%，电子健康档案建档率达到82.8%，健康档案合格率达到90.5%。年度城乡参保居民健康体检率从改革前的65%提高到72.2%，基层医疗卫生机构用房面积、医疗设备均达省级标准。作为全省4个基层医疗机构补偿机制改革试点县市之一，海盐县围绕"公益性、积极性、可持续性"，以"转模式、强基层、重保障"为着力点，创新建起专项补助与付费购买相结合、资金补偿与服务绩效相挂钩的基层医疗卫生机构补偿新机制。一是制定配套政策措施，推进补偿内容、购买付费标准、资金管理使用、绩效考核应用等规范化。二是推进配套信息化建设，在全省4个试点县市中率先实现了信息采集和数据抓取的结构化处理、准确统计分析购买服务量和购买服务资金补偿量。三是强化考核结果应用，以绩效考核平台抓取的服务项目工作当量数，经考核服务质量指标，核拨资金补偿额。

（4）着力推进就业服务同质化。出台就业创业新政，进一步打破城乡就业创业"壁垒"，为所有劳动者提供城乡无差异、身份无差异的就业创业服务和培训服务。为进一步加大失业帮扶力度，促进城乡居民就近就地享受公共就业创业服务，海盐县出台了城乡一体化失业保险制度，从2016年1月1日起，海盐正式实施城乡统一的失业保险缴费和待遇标准。从2018年1月1日起，海盐县本地居民（含非本地户籍的农民合同制职工）失业后与城镇职工同等程序申领并享受失业保险待遇。完善镇（街道）、村（社区）基层公共就业服务平台和网上办事服务平台建设，城镇登记失业率下降到2.58%，城乡总体就业率达95%以上，基本实现充分就业。

（5）着力推进社会保障同轨化。海盐县在被列为浙江省基本公共服务均等化改革试点县以前，便积极推进就地城镇化发展，并取得了良好成效。2008年，海盐在全国率先改革原有农村社会养老保险，建立城乡居民社会养老保险制度；2010年1月，又率先实现60周岁以上无保障人员100%享受城乡居民社会养老保险基础养老金。海盐县规定，对年满16周岁的农业人口，凡未通过资产参加职工基本养老保险的，全部纳入城乡居民社会养老保险范围，并实行统一的城乡居民合作医疗筹资标准。目前，城乡居民医疗保险、养老保险参保率分别达到98.32%和98.11%，实现了本地户籍企业职工五大社会保险种全覆盖。

（6）着力推进新居民服务享受同等化。实施新居民积分制管理，对符合积分条件的新居民在教育、社保、就业等方面给予本地居民相同的待遇。在子女就学方面，建立新居民共享本地公共教育服务机制，公办学校新居民子女就学吸纳率提升到96.4%。在社会保障方面，新居民可同等享受本地城乡居民基本医疗保障。

（7）着力推进城乡基础设施一体化。加大城市基础设施向农村延伸，近三年实施农村公路等级提升110千米，改造农村危桥92座，新建供水管网128千米、改造供水管网1 200千米，实现城乡公交、城乡供水、污水处理等一体化。强化城乡生态共治，推进"五水共治""五气共治"，获省"清三河"达标县并成为全市首个符合国家空气质量功能区标准县。海盐县基本公共服务重点标准清单见表3-2。

表 3-2 海盐县基本公共服务重点标准清单

序号	标准名称	标准编号	起草单位	备注
1	就地城镇化评价指标体系	DB330424/T 31 -2015	中共海盐县委海盐县人民政府农业与农村工作办公室	由海盐县人民政府主导起草国家标准
2	城乡一体化公共交通建设与服务规范	DB330424/T 32 -2015	海盐县交通运输局	
3	城乡一体化公共教育服务规范	DB330424/T 33 -2015	海盐县教育局	
4	城乡一体化公共卫生服务提供规范	DB330424/T 34 -2015	海盐县卫生与计划生育局	
5	城乡一体化公共文化体育服务规范	DB330424/T 35 -2015	海盐县文化广电新闻出版局	
6	城乡一体化公共就业服务提供规范	DB330424/T 36 -2015	海盐县人力资源和社会保障局	
7	城乡一体化社会保障服务提供规范	DB330424/T 37 -2015	海盐县人力资源和社会保障局	
8	村级组织建设规范	DB330424/T 38 -2015	中共海盐县委组织部	
9	农村社区综合服务中心建设规范	DB330424/T 39 -2015	海盐县民政局	参与起草国家标准
10	农村环境卫生基础设施设置规范	DB330424/T 40 -2015	海盐县综合执法局	发布嘉兴市地方标准 DB3304/T 027-2016
11	农村保洁服务与管理规范	DB330424/T 41 -2015	海盐县综合执法局	发布嘉兴市地方标准 DB3304/T 028-2016
12	雷禽养殖污染防治与管理规范	DB330424/T 42 -2015	海盐县环境保护局	
13	死亡动物无害化处理规范	DB330424/T 43 -2015	海盐县农业经济局	
14	水环境综合治理和维护规范	DB330424/T 44 -2015	海盐县污水共治领导小组办公室	
15	农村村庄规划规范	DB330424/T 45 -2015	海盐县住房和城乡规划建设局	
16	农村劳务合作社建设与管理规范	DB330424/T 47 -2015	海盐县人力资源和社会保障局	发布嘉兴市地方标准 DB3304/T 045 -2016
17	县域绿色发展评价指标	DB330424/T 48 -2016	海盐县发展和改革局	
18	残疾儿童基本康复服务规范	DB330424/T 49 -2018	海盐县残疾人联合会	

表3-2（续）

序号	标准名称	标准编号		起草单位	备注
19	村级专职文化管理员管理规范	DB330424/T -2018	50	海盐县文化广电新闻出版局（县体育局）	
20	基层农产品质量安全监督管理规范	DB330424/T -2018	51	海盐县农业农村局	申报省级国家标准
21	农业生产资料经营管理规范	DB330424/T -2018	52	海盐县农业农村局	申报省级国家标准
22	种植业生产经营主体质量安全管理规范	DB330424/T -2018	53	海盐县农业农村局	申报省级、国家标准
23	农贸市场快速检验室建设规范	DB330424/T -2018	54	海盐县市场监督管理局	
24	县域基本公共服务清单	DB330424/T -2018	55	海盐县发展和改革局	即将发布
25	县域基本公共服务均等化评价指标体系	DB330424/T -2018	56	海盐县发展和改革局、海盐县统计局	即将发布

（五）海盐县的启示

在以城乡公共服务均等化推进城乡一体化发展的进程中，应注重各方面的均等化，如公共教育、就业创业、医疗卫生、社会保障、公共文化等各方面，让农民享受到和市民同样的基本公共服务，要致力于打破城乡"二元结构"，实现城乡均衡发展。

1. 公共教育均等化

在推进城乡一体化发展的进程中，首先要注重城乡公共教育的均等化，包括机会平等和结果平等两个方面。城乡学校之间的差异主要是师资力量的不均衡和教学环境的差异，城市学校普遍比乡村学校拥有更好的师资力量，而城市小学更高的工资，更好的教学环境又吸引了越来越多的老师；反观乡村学校，由于师资力量弱，环境差，不具备任何吸引力。因此，在实现城乡公共教育均等的过程中，应注重对乡村学校硬件和软件的打造，既要拥有美丽的校园环境，先进的教学设备，又要配备良好的师资力量，通过提高乡村教师工资，给予更多福利待遇等方法吸引优秀教师。

2. 推进农村公共文化服务建设

农村公共文化服务发展落后，公共文化活动普遍较少，农民参与活动的积极性不高，且缺乏必要的公共文化活动和基本的休闲娱乐活动，聚众赌博等现象时有发生。因此，应引入高素质人才管理，加强农村公共文化服务建设，积极建设村图书馆、文化室、各类休闲文化场所等，积极开展各类公共文化活动，丰富农民休闲生活，提升农村文化内涵。同时，还应加强对农民的道德教育，注重农民的精神文明建设，培育良好乡风。

3. 医疗资源的均衡

农村地区医疗资源较为短缺，存在医疗经费投入不足，医疗人力资源短缺，医疗技术水平有待提高，医疗设备落后等问题，一旦出现严重的突发疾病，乡镇医院便束手无策，只能急忙转到市区医院，在此过程中浪费的时间可能影响到患者生命。因此，应加大对农村医疗经费的投入，使乡镇医院有充足的资金更新先进的医疗设备；应加大对农村医疗卫生人员的培训力度，提高其医疗业务水平；同时，应通过提升福利待遇等方式，引进高素质医疗卫生人员，解决农村医疗卫生人员短缺问题，提升农村医疗卫生人员的整体技术水平。

4. 提升农村社会保障水平

农村社会保障整体水平偏低，公平性有待提高。一些农村地区存在资金配套压力大，农民工参保率不高等问题。农民在失去劳动力以后，没有养老金的补贴，只能由儿女养老，使得家庭压力加重，青年农民由于各种原因，参保积极性不高，或参保数额为最低限度，因此，政府应加大对农村社会保障的资金支持，建立统一的城乡社会保障体系，加强各相关部门之间的合作和资源共享，同时加强农村社会保障制度极其相关制度的建设，鼓励农民参保缴费，以期农民能享受到和城市居民同样的社会保障。

5. 打破城乡就业创业壁垒

大部分农村由于经济发展落后，导致就业创业环境不佳，缺乏足够的就业机会，农村人才向外流失严重，并且农村缺乏足够优惠的就业创业政策，与城市相比不具备吸引力。因此，首先要制定关于农村就业和创业的优惠政策，提供相应的服务，创造良好的就业创业环境，吸引人才在农村就业和创业；其次，应提供城乡无差异的就业创业服务和培训服务，对农民进行专业的技术指导，使农民有"一技之长"；最后，还应实施统一的城乡失业保险，让所有劳动者无后顾之忧，放心地在农村就业和创业。

6. 注重农村基础设施建设

与城市相比，农村基础设施建设不够完善，农村地区存在道路狭窄，通信网络覆盖不深，电力设备落后，天然气设施缺乏，自来水普及率低等问题，导致农村地区环境不够美观，生活条件不够良好，并且由于天然气普及度不够，农民烧柴产生的空气污染仍在持续。因此，政府应加大对农村基础设施建设的财政投入，保证充足的资金用于进行农村基础设施建设，拓宽农村道路，更新电力设备，保证天然气供给，安装自来水管道，实现通信网络全覆盖等，使农民享受到和城市同样的基础设施，为农民提供更为便利的生活。

7. 提升基本公共服务均等化水平

作为浙江省唯一的基本公共服务均等化改革试点县，海盐已于2018年全面完成了试点的各项目标任务，并顺利通过了省级验收，接下去这一项工作将如何继续推进？海盐召开全县基本公共服务均等化工作推进会，总结基本公共服务均等化工作经验，并对继续深入推进该项工作进行全面部署，努力推进各项任务落到实处。2015年全省"两会"上，省政府明确将基本公共服务均等化改革试点工作放在海盐。改革工作正式启动以来，海盐积极在基本民生性服务、公共事业性服务等领域开展探索实践，致力推进城乡均衡发展，社会事业发展迅速，民生工作质量日益提升，城乡面貌进一步改善。通过3年的改革试点探索，海盐在工作机制、体制改革、标准化建设等方面为全省基本公共服务均等化改革提供可推广经验。标准是前提、是基础。在推进均等化改革过程中，海盐重点构建了"一张清单+一套标准+一套评价指标"的标准化体系，确保服务供给、运行与评价等有章可循。其中，"一张清单"涵盖了基本公共教育、基本就业创业等八大领域 117 个基本公共服务项目，给群众以具体的承诺。

同时，海盐积极拓展基本公共服务供给主体，逐步建立以政府为主导、市场和社会组织积极参与的多元化供给机制，基本公共服务供给能力显著增强，目前全县共有70 余家社会组织被列入政府购买社会服务推荐性目录。在立足群众多元化的公共服务需求基础上，海盐通过县级层面的统筹整合、政策衔接、资源信息共享等，探索建立区域均衡配置机制，有效引导资源要素向基层和农村倾斜，着力推进公共教育均等化、文化服务均衡化、医疗资源共享化、就业服务同质化、社会保障同轨化、城乡基础设施一体化。实现基本公共服务均等化，是全面建成小康社会的重要目标之一，也是海盐促进城乡区域协调发展、共享发展的重要举措。基本公共服务均等化工作永远在路上。记者了解到，海盐将把推进基本公共服务均等化作为当前和今后一个时期的"头号民生工程"，认真总结经验，大胆改革创新，着力在促进均衡发展、保障底线均等方面下功夫，努力促进均等化实施工作取得更大成效，推动民生质量更大改善、更大提升，努力实现更高水平的惠民利民目标。

下一步海盐将着眼于高水平均等化，在基本公共服务清单优化、标准化工程建设、政策创新、健全统筹机制等方面寻求更大突破，同时把公共服务提升融入优化营商环境攻坚战等工作中，提供高质量的公共服务，使公共服务向都市化靠拢，吸引更多的人才、资源来盐，为海盐的发展提供源源不断的动力。

思考题

1. 为什么海盐县能以基本公共服务均等化推进城乡一体化发展？
2. 海盐县以基本公共服务均等化推进城乡一体化发展的做法是否可复制？为什么？
3. 从农村公共品供给角度，还可以采取哪些方法推进城乡一体化发展？

附录

【材料一】

《浙江省统筹城乡发展推进城乡一体化纲要》
浙委发〔2004〕93 号

为全面贯彻党的十六大和十六届三中、四中全会精神，牢固树立和认真落实科学发展观，深入实施"八八战略"，全面建设"平安浙江"，进一步加大统筹城乡发展力度，加快推进城乡一体化进程，特制定本《纲要》。

一、总体要求

（一）充分认识统筹城乡发展、推进城乡一体化的重大意义。目前，我省经济社会发展正处于增长方式转变、经济体制转轨、社会结构转型的关键时期，如何加快推进工业化、城市化和市场化进程，解决好农业基础比较薄弱、农村发展相对滞后、农民增收压力加大的问题，扭转城乡差距、工农差距、地区差距扩大的趋势，是当前面临的重大课题。统筹城乡发展、推进城乡一体化，就是要把城乡经济社会作为一个整体统一筹划，打破城乡二元结构，整合工业化、城市化和农业农村现代化建设的各项举措，着力解决好"三农"问题，缩小城乡差距，充分发挥城市对农村的辐射带动作用和农村对城市的支持促进作用，实现城乡互补、协调发展和共同繁荣。统筹城乡发展、推进城乡一体化是贯彻落实科学发展观的必然要求，是加快全面建设小康社会、提前基本实现现代化重大举措，也是新时期新阶段解决"三农"问题的根本途径。各级各部门要进一步统一思想，提高认识，切实增强紧迫感、责任感，扎实做好统筹城乡发展、推进城乡一体化的各项工作。

（二）准确把握统筹城乡发展、推进城乡一体化的趋势。经过改革开放二十多年的发展，我省实现了资源小省向经济大省、传统农业社会向工业社会、基本温饱向总体小康的跨越，人均生产总值接近 3 000 美元，城市化水平超过 50%，主要经济社会发展指标居全国前列，综合实力显著增强，具备了统筹城乡发展、推进城乡一体化良好的基础和条件。同时，城乡微观经济主体市场化改革基本完成，多种所有制经济共同发展，资源要素配置的市场化程度日益提高；农业在国民经济中的比重不断下降，农村劳动力加速向二、三产业转移，效益农业、先进制造业和现代服务业快速发展，产业结构不断优化；产业和人口开始向城镇集聚，通信、交通、邮政、供水等基础设施加快向农村延伸，城市的辐射力和带动力不断增强；城乡生活方式加快转变，科教文卫等社会事业快速发展，社会保障体系和社会救助体系不断健全，城乡环境建设进一步加强；支持农村和欠发达地区发展的政策力度不断加大，欠发达地区的自我发展能力进一步增强，区域协调发展态势良好。总体上看，我省城乡经济融合加快、城乡要素流动加快、城乡体制改革加快的发展趋势已经形成，一些发达市县开始迈入城乡一体化发展阶段，因此，完全有条件、有能力在统筹城乡发展、推进城乡一体化方面走在全国前列。

（三）进一步明确统筹城乡发展、推进城乡一体化的指导思想。以邓小平理论和"三个代表"重要思想为指导，全面贯彻党的十六大和十六届三中、四中全会精神，认真落实以人为本、全面协调可持续的科学发展观，以完善城乡规划为先导，以深化城乡配套改革为动力，坚定不移地推进工业化、城市化和市场化，加快农业农村现代化，进一步优化生产力和人口空间布局，努力打破城乡二元体制结构，推动城乡资源要素合理流动，形成以城带乡、以乡促城的发展新格局，努力缩小城乡差别、工农差别和地区差别。力争到 2010 年，农村发展水平进一步提高，基本形成城乡统筹发展的体制，为进一步消除城乡二元结构，实现城乡一体化打下坚实的基础。

二、主要任务

（四）统筹城乡产业发展。顺应城乡经济不断融合和三次产业联动发展的趋势，统筹规划和整体推进城乡产业的发展，不断提高产业的国际竞争力。进一步完善城乡产业布局，积极推进高效生态农业的专业化生产、集约化经营和区域化布局，大力推进农村工业向城镇集聚，加快推进农村服务业网络化，着力形成城乡分工合理、区域特色鲜明、生产要素和自然资源禀赋优势得到充分发挥的产业空间布局。进一步强化城乡产业内在联系，以工业化的理念推进农业产业化，以现代农业的发展促进二、三产业升级，以现代服务业的发展推动产业融合，实现城乡产业的联动发展。进一步优化城乡产业结构，遵循产业结构演进规律，积极扶持现代农业发展，提高农业的组织化、规模化、标准化水平，推动农业劳动生产率和农业综合效益的提高；加快先进制造业基地建设，提高工业经济的市场竞争力；大力发展现代服务业，提高第三产业的比重和水平。到2010年，努力形成高效生态农业、先进制造业和现代服务业互促共进、协调发展的格局。

（五）统筹城乡社会事业发展。按照经济社会协调发展的要求，大力发展教育、科技、文化、卫生、体育等社会事业，加快推进社会事业向农村延伸，使城乡居民共享现代文明。进一步提高学前到高中段15年教育的普及水平，继续大力发展高等教育、职业教育、成人教育和城乡社区教育，重点加大农村基础教育投入，合理调整农村学校布局，改善农村办学条件，提高农村教师待遇，使城乡居民享有平等的教育机会。加快建立完善覆盖城乡的疾病预防控制体系、医疗救治体系、突发公共卫生事件预警和应急体系，重点加强农村社区公共卫生服务网络建设。建立健全卫生监督、动植物检疫等执法体系，加强食品药品安全监管网络建设和食品药品质量检测工作，不断提高城乡居民健康水平。加强人口发展战略研究，继续有效控制人口增长，进一步完善农村计划生育管理服务体系，着力提高人口素质。加快城乡文化体育基础设施建设，大力开展文明城市、文明社区和文明家庭创建活动，全面推进全民健身计划，丰富和活跃城乡居民文化生活，积极倡导文明健康的生活方式。到2010年，全面普及15年教育，高等教育毛入学率达到35%以上，基本形成覆盖城乡的终身教育体系、基层文化网络体系和公共卫生服务体系。

（六）统筹城乡基础设施建设。按照优化生产力和人口布局的要求，加强对城乡基础设施的统筹规划和建设，着力改变农村基础设施建设滞后的状况。加快城乡一体化的交通基础设施建设，重点加强高速公路、干线公路和乡村道路建设，形成干支相连、区域成网、城乡通达的公路交通网络。加快城乡一体化的公共服务设施建设，重点加强农村供水供电网络、垃圾及污水收集处理设施、广播电视设施建设，促进城市公共服务设施向农村延伸。到2010年，形成以高速公路、电气化铁路、高等级航道为骨干，以乡村公路为基础，港口功能充分发挥，水陆空相互配套的立体化交通运输网络；形成以区域中心城市和县城为核心，以中心镇、中心村为基本联结点，覆盖城乡的电力、通信、公交、饮用水等公共服务设施网络体系。

（七）统筹城乡劳动就业和社会保障。以城乡劳动力充分就业和人人享有社会保障为目标，加快推进城乡劳动就业与社会保障一体化。实施积极的就业政策，以经济的持续快速协调健康发展带动就业容量的扩大，以产业结构的战略性调整促进就业结构的优化，为城乡劳动者提供更多的就业机会和稳定的就业岗位。加强城乡劳动力培训，不断提高劳动者素质，增强城乡劳动者的就业能力。建立健全工资调整机制，逐步提高企业最低工资标准，使城乡居民能够分享经济发展的成果。加强城乡劳动者特别是农村进城务工人员的劳动权益保护，逐步消除企事业单位劳动用工中城乡居民在劳动报酬、社会保障等方面的差异，实现同工同酬同保障。进一步完善城乡社会保险体系和救助体系，加快推进职工基本养老保险、失业保险、基本医疗保险、工伤保险和生育保险的全覆盖，逐步提高城乡最低生活保障水平，加快新型农村合作医疗及医疗救助、被征地农民基本生活保障、农村五保对象和城镇"三无"人员集中供养、资助贫困家庭子女入学和廉租住房等制度建设，加快建立广覆盖、多层次、与经济发展水平相适应的城乡社会保障体系。到2010年，全省就业岗位比2003年增加350万个以上，企业职工基本养老保险、失业保险和医疗保险基本实现全覆盖，新型农村合作医疗覆盖率达到80%以上，基本实现人人老有所养、病有所医、困有所济。

（八）统筹城乡生态环境建设。按照生态省建设的要求，进一步加大生态建设和环境保护力度，加快建设生态城镇和生态村庄，大力发展生态经济，完善防灾减灾体系，促进人与自然和谐发展。全面开展城乡环境保护和污染治理，加强对重点流域、重点区域和重点工业企业以及农业面源污染的整治，加强固体废弃物的综合治理和再生利用，加强城市和交通干线交通噪声综合治理，不断改善环境质量。逐步建立和完善生态补偿机制。加大生态公益林建设和自然保护区、风景名胜区、湿地资源保护力度，加快区域生态廊道建设，建设高标准平原绿化，形成一批重要生态功能保护区，确保区域生态安全。继续推进"万里清水河道""万里绿色通道"建设，治理水土流失，保护流域生态环境。大力发展循环经济，积极推广清洁能源，全面推进能源、原材料、水、土地等资源节约和综合利用工作，形成有利于节约资源和保护环境的产业结构和消费方式，创建资源节约型社会。到2010年，全省森林覆盖率达到60%以上，林相结构进一步优化、质量进一步提高；主要水系水质达到功能区标准比率在80%以上；城市生活垃圾无害化处理率达到95%，农村生活垃圾收集率达到70%以上，无害化处理率达到30%以上；规模化畜禽养殖场污染治理率和达标率达到90%以上。

（九）统筹区域经济社会发展。按照区域协调发展的要求，推进发达地区和欠发达地区的整体发展。把先进制造业基地建设、生态省建设以及推进城乡一体化与区域经济发展结合起来，加快构建"三带两区"（环杭州湾、温台沿海、金衢丽高速公路沿线三大产业带以及浙西绿色山地生态区、浙东蓝色海洋生态区）的空间格局。发达地区要进一步推进城市化，提升工业化，加快农业农村现代化，力争率先基本实现城乡一体化。深入实施"欠发达乡镇奔小康""山海协作"和"百亿帮扶"三大工程，有选择地推进发达地区产业向欠发达地区转移，引导欠发达地区加强劳务输出和异地脱贫，促进欠发达地区产业集聚和人口集聚，使欠发达地区的发展成为新的增长点。到2010年，基本消除绝对贫困人口，确保30万人下山异地脱贫，欠发达乡镇实现总体小康，欠发达地区与发达地区发展水平差距扩大的趋势得到扭转。

参考文献

[1] 农业农村部农村社会事业促进司.浙江海盐以基本公共服务均等化推进城乡一体化发展[J].农村工作通讯，2020（7）：37-38.

[2] 杨远根.城乡基本公共服务均等化与乡村振兴研究[J].东岳论丛，2020，41（3）：37-49.

[3] 浙江省发展规划研究院课题组，赖华东.以标准化推动基本公共服务均等化的海盐探索[J].浙江经济，2018（9）：32-35.

[4] 玲梅.关于我国地方政府基本公共服务均等化的问题研究[J].劳动保障世界，2018（12）：49.

[5] 张华，张桂文.城乡基本公共服务均等化的国际经验比较与启示[J].当代经济研究，2018（3）：60-65.

［6］焦旭祥，侯雨薇．浙江省基本公共服务均等化现状、问题与对策建议［J］．浙江经济，2017（1）：32-36．

［7］浙江海盐县出台城乡一体失业保险制度［J］．党政视野，2016（2）：29．

［8］杨姜英．海盐县深化城乡一体化公共图书馆服务体系建设的实践与思考［J］．图书馆理论与实践，2014（2）：84-87．

二、教学手册

（一）课前准备

1. 准备多张大白纸（或者白板）、粗号笔（白板笔），胶带若干，用于书写讨论意见，并便于课堂展示。

2. 提前认真阅读《浙江海盐：以基本公共服务均等化推进城乡一体化发展》案例，准备案例后的思考题。

3. 准备浙江海盐推进城乡一体化发展相关资料，使学生在课堂中充分了解城乡一体化发展的特点、问题，政策体系的构建、实施过程。

（二）适用对象

本案例可以用于公共管理、公共政策分析、公共危机管理等相关课程的教学活动。适用对象包括公共管理学术型研究生、MPA 学生以及从事相关管理工作的人员。本案例还可适用于具备一定公共管理基本知识并对公共危机管理、公共政策有兴趣的非专业人士、学生和实际操作者学习使用。

（三）教学目标

通过教学，本案例有以下几个目标。

第一个目标：使学生明白中华人民共和国成立后，为了把我国从一个贫穷落后的农业国建设成一个独立、强盛的工业国，党和国家采取了"工业优先、城市偏向"的发展方针。国家依靠行政力量汲取农业剩余投入到工业和城市中去。尽管农民、农业和农村为国家的工业化作出了重大贡献，由于城乡分割，城乡差距越来越大，2004 年城乡发展居民收入补贴等因素，加上农民的收入很大一部分用于再生产等因素，实际城乡经济社会和谐发展，影响社会稳定。

第二个目标：要学生分析改革开放以来，我国农业快速发展、农村经济持续繁荣、农民生活不断改善。但是，由于国家用于"三农"的投入严重不足，农村水、电、路、通信、教育、医疗、文化等基础设施建设远远落后于城市水平。同时，由于受城乡二元体制制约，农村富余劳动力转移困难，城市化进程明显滞后。从根本上解决"三农"问题必须重点解决制约农业和农村发展的体制性矛盾和结构性矛盾。因此。统筹城乡经济社会发展，把城市和农村存在的问题及其相互因果关系综合起来统筹解决，发挥城市对农村的带动作用，使城市和农村相互促进、工业和农业协调发展。

第三个目标：让学生深入思考党的十六大提出全面建设小康社会的宏伟目标，农村小康是关键。让学生清楚看到，在全面消除绝对贫困之后，防止返贫仍旧在路上，乡村振兴仍旧任重道远。

（四）要点分析

本案例反映了很多值得深思和探讨的问题，但是不可能在有限的课堂里讨论所有的问题，教师选择的讲授重点取决于教师的教学目标和学生的学习目标。本案例只能讨论的问题要点有：

1. 为什么海盐县能以基本公共服务均等化推进城乡一体化发展？
2. 海盐县以基本公共服务均等化推进城乡一体化发展的做法是否可复制？为什么？
3. 从农村公共品供给角度，还可以采取哪些方法推进城乡一体化发展？

（五）课堂安排

对于本案例，教师可以请学生简单谈谈自己对城乡一体化发展的看法，以及当地政府的发展策略，时间大约5~8分钟。这种方式可以让学生分享看待此事件的不同角度。接下来教师重点对课前布置的问题展开课堂讨论，主要是针对浙江省海盐市政府采取的一系列政策处置措施的效果进行讨论，从这次事件应对中，对地方政府的一系列行动进行分析。讨论中鼓励学生表达自己的观点，老师在黑板上罗列出这些观点，不做评价更不要批评。如果学生在讨论中观点范围比较狭窄，可以提一些简单的问题让学生回答，以此来启发其思维。

这样的讨论时间大约10~15分钟。教师引导学生思考此类事件爆发的根源在哪里？要防止此类事件的产生，政府应该做什么？就本次事件中各级政府、各单位的表现和作为进行描述和评价。

（六）其他教学支持

在具备多媒体设备的教室播放相关宣传片。

案例四

小微权力清单"36条"深入人心
——浙江宁海的做法

一、案例主体

摘要: 随着乡村振兴战略以及城镇化的推进,农村公共资源不断增多,导致了一定程度的权力寻租行为屡屡发生。根据资料,农村基层干部腐败现象时有发生,特别是"小官巨贪"的危害之深令人触目惊心。本文以浙江宁海小微权力清单"36"条案件为例,重点阐述了农村基层干部腐败呈现的特征状况,滋生腐败的原因以及相应的制度建设措施。在此基础上,探索事件背后更深层次的问题:一个县级基层实践对于全国是不是有普遍意义?如何杜绝腐败现象的滋生和泛滥?

关键词: 农村基层干部;腐败行为;制度建设

(一) 引言

不廉不洁,必将破坏党和政府及其干部形象,最终影响党的领导力。习近平总书记就曾指出,"人民群众最痛恨腐败现象"。所以,党的十八大以来,对廉洁的重视被提到新的高度,清正廉洁也列入"好干部"标准。习近平总书记更是明确强调,"廉洁自律是共产党人为官从政的底线",各级领导干部要"把好用权'方向盘',系好廉洁'安全带'"。并特别针对包括农村腐败在内的基层贪腐提出,"对基层贪腐以及执法不公等问题,要认真纠正和严肃查处,维护群众切身利益"。

十八届三中全会提出,"全面深化改革的总目标是完善和发展中国特色社会主义制度,推进国家治理体系和治理能力现代化","治理"第一次写入党的报告,嵌入中国政治主题,写入中国发展政策,中国国家建设进入治理时代。新时代的中国治理是一种"精细——精准"的有效治理,"有效治理就是使公共利益最大化的社会管理过程。有效治理是政府与公民对公共生活的合作管理,是人类社会管理公共事务的理想政治模式"。"治理有效"是基层乡村治理的根本要求,始于2014年的浙江宁海乡村有效治理实践探索,经过3年多的努力,形成了"宁海小微权力清单36条"这一初期成果,建构起乡村有效治理的一种基本模式，开创了中国农村有效治理的基本路径，对推动基层治理现代化建设起到重要作用。随着时间的推移、形势的变化、实践的深入，宁海以强烈问题导向意识，坚持与时俱进，决定从 2017 年开始，对原有宁海"36 条"进行修改、完善，打造升级版的宁海"36 条"。现已基本打造完成升级版的宁海"36 条"，进一步深化和升华了乡村有效治理的发展创新。

（二）宁海小微权力清单"36 条"的提出背景

十八届四中全会将依法治国作为治理现代化的核心。这既为基层治理转型指出了发展的方向，也提出了新的要求。如何将依法治国的理念落实到基层尤其是农村是摆在当前基层治理发展实践中一个紧迫而关键的问题。浙江宁海县委和县政府从群众路线和依法治国的改革理念出发，积极响应并付诸行动，从本地区村民自治民主实践中存在的基本问题着手，积极探索创新，提出了党要管干部和改变原有自上而下人治监管的制度办法，形成了自下而上和自上而下相结合的公开透明、群众广泛参与的制度性解决办法。将涉及村级重大事项和村级事务的权力通过系统的消化清理归纳总结，形成了简便易学、公开透明的"36 条"村级权力运行规范程序，在基层治理实践中摸索出了一整套将村级权力规范化运行的制度改革措施，打开了村级干部权力行使的黑箱，将权力放在村民和公众的监督下阳光运行。这既缓解选举后新当选村级干部学习权力行使和村级权力运行的巨大压力，也使得村民和干部真正具有了同等公开透明的权力运行知情权，为治理民主和过程民主提供了基础制度保障。

1. 乡村分化加剧，村民自治滞后

随着经济市场化、农村城镇化的深入发展，农村农民出现了职业、收入、利益、阶层等的分化。村民的主要精力和心思都放在个体发家致富上，对农村土地依赖性减少，对村庄发展关注度降低，对乡村公共事务热情减退。常住农村的基本上都是妇幼老弱病残人群，受身体、年龄和文化素质等诸多因素影响，他们既没有参与乡村集体活动的积极性，也没有实施管理和监督的能力，村庄自治陷入了尴尬。2014 年年初，浙江省开始探索权力清单制度，实行简政放权；随后，宁海率先在全国推行村级权力清单制度，经多次梳理后出台了《宁海县村务工作权力清单 36 条》。宁海县委书记杨×说，农村自治涵盖四大版块：民主选举、民主决策、民主管理、民主监督。从现实来看，尽管现在中央要求加强村监会，但决策和管理农民没有参与，导致后面的监督没有产生强大作用，带来了一系列问题。宁海县按照《村民委员会组织法》，将"36 条"全部关进制度笼子，写入村民自治章程和村规民约，既补上了国家关于依法治理乡村没有具体化法律法规的短板，又实现了基层依法治村的目标。力洋镇平岩村村支部书记张×安说，以前村里基本是村干部说了算，群众很少有发言权；现在根据"36 条"，凡是村里的重大决策都必须经过村党组织提议、党员会议审议和村民代表会议决议，大小村务都必须按时按规定向全体村民公开。

以前，村集体房屋出租，只要有人要，许多村的做法就是村干部几个商量直接做决定出租。几年前，村干部觉得位于西店菜市场的 3 间集体房屋空着有些浪费，就以 10 万元每年的价格租了出去。结果承租人装修之后以 15 万元的价格转租，村民由此怀疑村干部做事存在"私心"。2016 年 9 月，宁海县西店镇政府根据"36 条"进行公开招标。最终，这 3 间集体房屋被该村冯×平以 32 万元的价格中标。这个价格，是 2013

年以前的 3 倍，不仅增加了集体收入，而且堵住了那些质疑的声音，为群众所称赞。"'36 条'还了干部清白，让我们村干部办事有了'指南针'。"石孔村村书记冯×本说。规范村级集体资产处理是"36 条"的一个重要方面，对于近年来腐败频发的农村工程来说，"36 条"也能起到很好的作用。宁海县委常委、纪委书记徐×宇说，"36 条"让基层监督变之前的事后监督为事前、事中、事后全面监督，村务监督员能"看图说话"、对照操作。3 年来，宁海县共开展 18 批次村级重点项目专项监督，累计节约资金 2 600 余万元。

2. 村民维权不畅，干群关系紧张

近年来，随着村民法律意识增强、权利意识觉醒，面对土地征用、房屋拆迁、环境污染等各种矛盾纠纷，村民对村干部怨言增多，村民维权行动有增无减。但村民表达诉求渠道有限，加上没有自己的代言组织，致使矛盾纠纷无法在基层和源头上得以化解。一旦基层维权受阻，许多人只好放弃理性表达诉求和法律解决途径，转而采取越级上访、进京上访、堵塞交通要道、围堵政府大门乃至酝酿群体性事件等极端方式。这种"中国式乡村维权"，不仅妨碍党政机关的正常工作、扰乱社会秩序，而且加剧了基层干群关系紧张程度。"2014 年实行村级权力清单之前，宁海和其他地方一样，面临村级治理困境。"宁海县委副书记李×军说。村级党组织软弱涣散、党群干群之间发生信任危机、农村信访问题不断、"小官巨腐"等群众身边的不正之风和腐败问题时有发生。据统计，2010—2013 年，宁海全县村干部的纪检信访为 806 件，约占全县党员干部纪检信访总数的八成；查处村干部经济类案件 102 件，占总数的 2/3，村干部"苍蝇式"腐败已成乡村治理难题。这份清单涵盖村级重大事项决策、项目招投标管理、资产资源处置等 19 项村级公共权力事项以及村民宅基地审批、计划生育审核、困难补助申请、土地征用款分配、村级印章使用等 17 项便民服务事项，基本实现了村干部小微权力内容全覆盖。

3. "苍蝇式"腐败，侵蚀村治根基

对于一些村干部来说，由于乡镇监督太远、群众监督太软，加上农村基层因处在制度体系末端而难以受到约束，这为他们权力寻租提供了空间，导致侵吞民生资金、蚕食群众利益的现象频现，不仅降低了党和政府的公信力、损害了党和政府的形象，也侵蚀了乡村社会治理的合法根基。并且村黑恶势力抬头，让乡村传统文化受到挑战，甚至被边缘化，村黑恶势力通过暴力、胁迫等手段实施违法犯罪，严重侵害了村民的合法权益。有些地方村干部沦为农村黑恶势力，或村黑恶势力通过不正当的选举手段混入村干部队伍成为当地有话语权的人，导致村民赋予的自治权力被少数人攫取、滥用，在社会上产生恶劣的影响。村干部演变成村黑恶势力，不仅损害村干部队伍的形象和公信力，而且败坏党和政府的形象。加上新农村建设惠农资金增多，为部分村干部提供了新的腐败机会。涉农资金和项目逐渐增多，且各"条条"在没有自身执行力量的情形下，最终的项目执行主体仍然是村干部。随着资金的下拨，部分村干部往往可以利用职务之便中饱私囊，或者违反具体的村级财务管理的有关规定，挪用项目资金。于是，贪污贿赂、违反财经纪律等案例时有发生，且涉案金额较大。

由此可以看出选举后村级治理所面临的一系列制度困境，选举并没有解决民主治理问题，反而由于权力的集中和行使没有得到有效规范，造成争权、基层腐败和社会不稳定等一系列治理乱象和问题。在此背景下，"36 条"权力清单出台，其最直接的

目的还是为了满足新当选干部的履职需要，简化行政官僚制度政策文件，以村干部与农民都读得懂的方式实现政府政策有效对接和兑现。解决了政策实施的"最后一公里"问题，消除了干部与群众之间的信息不对称，对村干部履职和权力行使进行了有效的制度化规范。

4. "信任赤字"催生的村级小微权力清单制度

随着法治农村建设的推进，村级治理成为焦点，其中"村干部巨腐""小官大贪"等发生在群众身边的不正之风和腐败问题频繁见诸报端，农村基层党风廉政建设问题繁多。由于缺乏监督，诸多政策存在"落地难"的问题，"政策不入户"情形经常出现，"最后一公里"被选择性执行，基层干群间的信任面临着严峻的挑战。材料显示，2010—2013 年，宁海县针对村干部纪检信访为 806 件，约占全县党员干部纪检信访总数的八成。宁海县委书记杨×认为："农村基层工作中，程序规范最容易被忽视。不少村干部凭热情干事，认为只要工作能做下去，违反点程序不是大问题。再加上村干部大都是集多重身份、利益于一身，所以，只要一推动与利益相关的活动，便难免成为矛盾的焦点。"

怎样才能化解基层干群之间的"信任赤字"？2014 年年初，针对村务工作相关制度散落在各类文件中，干部不清楚、群众不明白的现状，宁海县纪委等部门通过访谈 4 个乡镇的共 1 000 余名群众，召开 100 余次会议，收集和汇总村级组织和村干部权力事项 60 余项，归纳出台"36 条"。"36 条"涵盖村级重大事项决策、项目招投标管理、资产资源处置等 19 项村级公共权力事项，以及村民宅基地审批、计划生育审核、困难补助申请、土地征用款分配、村级印章使用等 17 项便民服务事项，基本实现了村干部小微权力内容全覆盖。

（三）宁海小微权力清单"36 条"的内容和效果

宁海县深入贯彻落实依法治国的要求，结合党的群众路线教育实践活动，制定了村级组织和村干部权力清单——《宁海县村务工作权力清单 36 条》，着力编织关住村级"小微权力"的笼子，给基层干部群众带来了"为民、务实、清廉"的新风。"36 条"提出以加强农村"小微权力"监督为重点，以提高村民自治水平为核心，以优化服务群众机制为落脚点，进一步明确村级组织和村干部职责权限，理清"小微权力"清单。建立规范运作流程，强化过程监管控制，完善配套制度机制，构建决策权、执行权、监督权相互制约相互协调的权力运行体系，全面提升农村基层党风廉政建设水平，为农村经济社会发展提供有力保障。"36 条"还明确提出了在改革过程中的四项基本原则：①坚持村民自治原则；②坚持依法管理原则；③坚持便民利民原则；④坚持标本兼治原则。这反映了其既要整合各种监督力量，坚决查处违规违纪案件，又要加强制度建设，着力铲除滋生腐败的土壤，有效预防腐败。

宁海"36 条"的贯彻落实使宁海地区的地区生产总值及增长速度不断攀高，初步测算，2016 年全年实现地区生产总值 744.09 亿元，比上年增长 6.4%。其中，第一产业实现增加值 22.53 亿元，增长 3.6%；第二产业实现增加值 394.72 亿元，增长 5.0%，第三产业实现增加值 326.83 亿元，增长 8.4%，第三产业对 GDP 增长贡献率为55.6%。三次产业结构比优化为 3.0∶53.1∶43.9，第三产业增加值占 GDP 比重同比提高 1.8 个百分点。按户籍人口计算的全市人均生产总值为 109 575 元，增长 5.8%，按平均汇率计算为 16 497 美元。

2016 年全年财政总收入 123.88 亿元，比上年增长 2.2%，其中一般公共预算收入 72.00 亿元，增长 4.0%。一般公共预算支出 78.09 亿元，增长 1.8%，其中教育支出 18.59 亿元，增长 0.4%，医疗卫生与计划生育支出 5.66 亿元，增长 9.3%，节能环保支出 3.64 亿元，增长 8.9%。

根据 2016 年 5‰人口抽样调查推算，全市年末常住人口 83.50 万人，比上年末增加 0.55 万人。年末户籍总人口 681 656 人，按性别分为男性 333 748 人，女性 347 908 人，人口性别比为 95.93（以女性为 100）。全市人口出生率为 11.74‰，人口死亡率为 6.89‰，人口自然增长率为 4.86‰。城镇化率为 58.8%，比上年提高 2.2 个百分点。

全年居民消费价格累计上涨 2.0%。从分类情况看，所调查的八大类商品和服务项目价格呈"七涨一跌"的格局（见表 4-1），其中：食品烟酒价格上涨 4.2%，衣着价格上涨 3.0%，其他用品和服务价格上涨 2.7%，教育文化和娱乐价格上涨 2.2%，医疗保健价格上涨 1.6%，生活用品及服务价格上涨 1.4%，居住价格上涨 0.5%，交通和通信价格下降 0.6%。

表 4-1　2016 年宁海市居民消费价格分类指数

分类	物价指数
食品烟酒	104.2
衣着	103.0
居住	100.5
生活用品及服务	101.4
交通和通信	99.4
教育文化和娱乐	102.2
医疗保健	101.6
其他用品和服务	102.7

在农业和新农村建设方面，宁海全市实现农业总产值 36.30 亿元，按可比价格计算，比上年增长 6.5%。全年农作物总种植面积 44.63 千公顷，其中，粮食种植面积 20.57 千公顷，经济作物种植面积 24.06 千公顷。经济作物中，油菜种植面积 3.87 千公顷，下降 12.4%，蔬菜种植面积 12.35 千公顷，增长 2.6%，花卉苗木种植面积 5.00 千公顷，增长 3.9%。粮经种植比由上年的 45.96∶54.04 调整为 46.09∶53.91。全年粮食总产量 14.03 万吨，下降 0.6%；蔬菜总产量 32.96 万吨，增长 7.7%；油菜籽总产量 1.00 万吨，下降 3.2%；蚕茧总产量 0.36 万吨，下降 28.4%（具体见表 4-2）。

全年生猪饲养量 5.78 万头，比上年下降 34.2%，家禽饲养量 1 127.51 万只，下降 6.5%。全年肉类总产量 2.11 万吨，下降 12.3%，水产品总产量 2.16 万吨，下降 9.1%。

表 4-2　2016 年宁海市主要农产品产量

指标	绝对数/万吨	比上年增长/%
粮食	14.03	−0.6
蔬菜	32.96	7.7
水果	12.09	10.9
油菜籽	1.00	−3.2
蚕茧	0.36	−28.4
肉类	2.11	−12.3
水产品	2.16	−9.1

1. 主要做法

按老百姓的说法，"村级小微权力清单制度"让村干部无法成为乱飞的"苍蝇"，只能变成规规矩矩服务百姓的"蜜蜂"。去年一市镇岭头村需要招聘两名村级事务网格员的候选人选，不久就有村民叶某找上村党支部书记陈×发"沟通"："我有个侄子高中毕业，在村里的人缘也不错，网格员不如让他来做吧。"其实，叶某不是第一个找到村干部的人——由于村级事务网格员有一定的薪资报酬，吸引了不少村民。对此，陈×发只撂下一句话："一切照 36 条规定来。"按照"36 条"规定，村级事务网格员的任用须经过村委会提议，两委会会议、党员会议商议，经过村民代表会议决议后产生。最后，经村三委会开会商量推荐，村里召开村民代表会议进行决议，确定了两名村级事务网格员。宁海基层干部认为，在乡村振兴推广"小微权力清单制度"过程中，需要把握以下几点：

首先，厘清村干部权力边界，建立小微权力清单。村干部深入农村基层第一线，广泛听取干部群众意见建议，收集和汇总了村级组织和村干部权力事项 60 余项，其中涉及村级集体管理 40 余项，便民服务 20 余项；会同组织、农林、民政、国土、计生等 20 余个涉农职能部门和强农惠民单位，专题研究村级组织和村干部权力事项，本着简政放权、便民利民的原则，梳理出村级事务权力清单，固化了村干部在村级重大事项决策、项目招投标管理、资产资源处置等集体管理事务 19 条，村民宅基地审批、计划生育审核、困难补助申请、土地征用款分配以及村民使用村级印章等便民服务事项 17 条，基本实现了村级组织和村干部行使村务权力内容的全覆盖。

其次，制定权力运行规范流程，编织"小微权力"的笼子。编制村干部各项权力运行的工作规范和流程，切实将小微权力装进"笼子"。切实做到明确每项村务工作的事项名称、明确具体实施的责任主体、明确权力事项的来由依据、明确权力运行的操作流程、明确运行过程的公开公示、明确违反规定的追究办法"六个"明确。并将村级组织、村干部和村文书等权力主体的岗位职责，涵盖事项流程图 45 张，整理附属中央、省市县各级文件依据 28 项，编制形成《农村小微权力操作手册》，确保农村小微权力运行"一切工作有程序、一切程序有控制、一切控制有规范、一切规范有依据"，避免了权力暗箱操作、村干部说了算的弊端。如在办理便民服务事项时，群众一看流程图就知道所办事项的具体步骤，而且享有一次性告知、限时答复、按时办结等权利。村干部享有审核权的同时也承担服务职责，切实防范村干部推诿扯皮、故意发难、吃拿卡要等现象的发生。

然后，监督有效是保障。强化关键环节监督管理，实行干部违规问责。充分考虑农村实际和村干部工作状况，研究制定了《宁海县农村干部违反廉洁履行职责若干规定责任追究办法草案》《宁海县农村集体三资和财务管理责任追究办法》《宁海县村干部辞职承诺实施办法》等制度，详细界定了村干部违反工作纪律、民主决策、民主管理、民主监督以及移风易俗等48项责任追究的行为。此外，还细化了责任追究的标准，从警示谈话、责令公开检讨、通报批评、停职检查、责令辞职和免职等组织处理手段到警告、严重警告、撤销党内职务、留党察看、开除党籍等党纪处分标准，还配套实施扣发固定报酬、养老保险和绩效考核奖根据"清单制度"，截至2016年10月，宁海县警示谈话县、镇、村干部436人，书面通报批评229人，党纪立案及处理87人，移交检察机关6人，极大地提振了人民群众对小微权力清单制度的信心。

最后，推行小微权力公开运作，打造村务阳光工程。梳理出来的"36条"村务工作的责任人以及运行流程图，全部上墙公布，让群众明白自己要办的事"找谁办、怎么办"，让村干部小微权力的行使公开透明。除坚持农村党务、村务、财务定期公开之外，还决心做到经常性工作定期公开、阶段性工作及时公开、临时性工作随时公开、制度性工作长期公开，其他村级重大事项根据需要同步公开。积极探索"网络科技+传统模式"的村务公开办法，投资200余万元建成宁海"阳光村务网"和数字电视公开平台，实现农村"三务""三资"管理网络、电视渠道公开，让群众通过家里电视或手机等就可查询到村级事务办理情况，真正实现"给群众明白，还干部清白"。总体来看，基层治理状况的改善明显。"36条"权力清单实施以来，乡村治理效果已显现：不仅减少了寻租，减少了误解的发生，提高了效率，同时改变了干部作风。2014年以来，全县农村发放权力清单21 000余册，组织10 480名村干部参加考试，开展全县村干部村务知识竞赛活动，在村远教广场、文化广场反复宣传，并依托网络和数字电视公开，使基层群众全面了解权力清单，让权力在阳光下运行。

目前，宁海县农村2万余名困难党员和困难群众、8千余名低保户对象都按"36条"要求申报审核、全程公示，3年来没有接到一例投诉，工程招投标、财务管理等重点领域，村干部"随意拍板"、以权谋私的违纪违法行为已杜绝。浙江宁海县独创的"36条"（见表4-3），通过将权力纳入标准化、规范化、程序化轨道，有效解决了村级权力乱用、错用等问题，为完善基层监督体系建设提供了行而有效的操作范本。2018年的中央一号文件特意提到，"推行村级小微权力清单制度，加大基层小微权力腐败惩处力度"。

表4-3 原版和升级版宁海"36条"注意事项变化对比表

对比事项	原版宁海"36条"	升级版宁海"36条"	变化情况
村级重大决策事项	1. 村级重大事项"五议决策法"	1. 村级重大事项"五议决策法"	无变化
村级招投标管理事务	2. 物资、服务采购 3. 微型工程 4. 中小型工程 5. 大型工程	2. 物资、服务采购 3. 微型工程 4. 小型工程 5. 法定标准规模以上工程	对微型规模以上工程的划分更加细化，标准化

表4-3(续)

对比事项	原版宁海"36条"	升级版宁海"36条"	变化情况
村级财务管理事项	6. 财务开支 7. 出纳现金支取 8. 非村干部工资报酬发放 9. 招待费支出	6. 财务开支票据审批 7. 现金支取（转账支付） 8. 非村干部报酬补贴发放 9. 招待费支出	有变化：现金支出方式增加转账支付，更方便财务管理
村级工作人员任用事项	10. 团、妇、民兵组织人员任用 11. 治调、计生等其他工作人员任用 12. 文书、出纳（报账员）任用 13. 临时用人、用工	10. 民兵连干部和预建党支部成员任用 11. 治调人员任用流程图 12. 文书、出纳（报账员）任（聘）用 13. 临时用人、用工	有变化：工作人员任用更细化、明确化
阳光村务事项	14. 党务公开 15. 村务公开 16. 财务公开	14. 党务公开 15. 村务公开 16. 财务公开	无变化
村级集体资产资源处置事项	17. 集体资产资源处置 18. 财产物资管理 19. 集体土地征收及征收款发放	17. 集体资产资源处置 18. 财产物资管理 19. 集体土地征收及征收款发放	无变化
村民宅基地申请事项	20. 农村宅基地审批	20. 农村宅基地审批	无变化
村民救助救灾款申请事项	21. 低保（五保）申请 22. 救灾救济款物发放 23. 办理被征地农民养老保障 24. 大病救助申请 25. 党内关爱基金申领	21. 低保（五保）申请 22. 救灾救济款物发放 23. 被征地农民基本生活保障参保登记 24. 困难救助申请 25. 残疾人两项补贴申请 26. 党内关爱基金申领	有变化：第23条、第24条表述略有不同：升级版增加了残疾人两项补贴申请这一条
村民用章管理事项	26. 印章管理 27. 户籍迁移 28. 分户手续证明 29. 殡葬管理 30. 水、电开户申请	27. 印章管理 28. 户口迁移 29. 分户 30. 殡葬管理 31. 水、电开户申请	有变化：原版、升级版序号变化
计划生育服务事项	31. 计划生育办证 32. 流动人口婚育证明办理 33. 计划生育家庭奖励扶助金发放	32. 流动人口婚育证明办理 33. 计划生育家庭奖励扶助金发放	升级版减少了计划生育办证这1条。同时表述也有不同
服务村民其他事项	34. 入党申请 35. 党员组织关系迁转 36. 矛盾纠纷调解	34. 矛盾纠纷调解 35. 党员组织关系迁转 36. 发展党员工作	原版升级版中的34条、36条序号发生了变化。同时入党申请这条新表述为发展党员

2. 明确运行的"边界""轨道"和"红绿灯"

"36条"将法治精神、市场经济、道德观念有机结合，抓住了村干部这个关键少数，构建起全新的宁海治理模式。其要义在于让村干部手中的权力首次有了明确的

"边界"，既厘清了流程运行的"轨道"，又明晰了权力使用的"红绿灯"。"36条"主要内容包括：

一是厘清村干部权力边界。过去对于村里的事怎么办，村干部到底有多大权力，并没有一部法规统一做出规定，村级权力运行处于一种无序和选择性执行的状态，导致村干部以权谋私严重侵害群众利益。"36条"合理界定了村级组织和村干部的权力边界，堵住了暗箱操作的老路、谋取私利的歪路。老百姓说它就是村里的"法"，干部群众都要依"法"办事。

二是规范小微权力使用。从之前招商引资请客吃饭，到现在"买把扫帚都得开发票"，在强化监督下，村干部的权力被限制了，村民"战胜"村干部变为可能。宁海县充分发挥基层党组织的领导核心作用，始终在党的领导下推进基层群众自治工作，重大决策必须经过"五议决策法"，大小村务必须按时按规公开，形成了明确的监督程序和有效的监督载体，确保了群众的知情权、参与权、监督权，真正改变了群众"形式上有权、实质上没权"的现象。用村干部话说："我们把权力还给了群众，群众把信任投给了我们。"

三是明晰权力运行流程。围绕"36条"要点设置，绘制形成45张权力运行流程图，明确每项村级权力事项名称、具体实施责任主体、权力事项来源依据、权力运行操作流程、运行过程公开公示、违反规定责任追究六方面内容，使干部群众都能"看图说话""照单办事"。同时，凸显精简务实原则，除大中型工程招投标等重大事项外，大部分村级事务办理流程都控制在五个环节左右。群众办事还享有一次性告知、限期答复、按时办结等权利，有效防范了村干部推诿扯皮、故意刁难等情况，极大提高村级办事效率。

3. 小微权力清单被写入中央一号文件

时任宁海县委书记褚×良说，以往，有人总认为村级没有多大的权力，"虾仔作大浪，成不了气候"，去治理这些小权，觉得没有多大必要。但是越来越多的现实表明，村干部的权力虽小，但在一些群众眼里，可能"大得摸不到边"。

因此，2013年，由宁海县纪委牵头约20个县级部门及镇村千余名干部历时半年、开上百次会议后逐步完善形成了"36条"。"36条"对村级组织和村干部的权力做出清单式梳理规范，并以通俗的漫画形式逐条绘制权力运行流程，强化关键环节监管，构建农村基层权力规范运行体系。

比如遇到村级重大决策事项，"36条"规定必须进行"五议"：村党组织提议；村务联席会议商议，商议后得到的相关方案公示15日以上；再由党员大会审议；村民（成员）代表会议决议形成成果，并公示3日；最后组织实施、结果公告并接受群众评议。在这一过程中，村务监督委员会全程监督。

这本正文只有31页的小册子记录了36个类似的流程图，基本涵盖村级组织和村干部行使村务权力的全部内容。宁海县下桥村村民何×绒说："过去总觉得很多事不透明，村干部自己就做了决定，现在都是按照册子办事，村干部做什么我们都心里有数。"

效果显而易见。"36条"在宁海县推行满一年时，宁海县纪委的一份材料表明，全县反映村干部有廉洁自律问题的初信初访量同比下降八成。2018年，小微权力清单制度被写入中央一号文件《中共中央国务院关于实施乡村振兴战略的意见》，为乡村振兴提供了政策保障。

4. 制度要从墙上走下来

"36条"的想法真正成型是在2013年。那年，宁海县正着手调研村级民主选举的问题，而调研结果并不乐观。

基层事务复杂，首当其冲的就是村级民主选举。村级组织换届前，有的候选人到处做工作。村民白天忙，候选人大多晚上活动。而农村狗多，对来访的人免不了叫一阵。半年下来，"连狗都生病了"。

有学者认为，农村出现的这种不和谐现象都是"半拉子民主"的后遗症。中国社会科学院农村发展研究所副研究员李人庆说："我们虽然实行了村级民主，实行基层民主选举，但并没有改变基层的运作模式，没有改变基层过大的权力集中、责任过大、能力有限和信息不对称等一系列制度结构问题，这些问题都凸显在我们运行的过程中。"

近年来，随着经济社会发展，村级干部的权力在不断增大。褚×良曾撰文指出，从宁海县实际看，每年仅县级以上财政用于农村建设的资金就达上百亿元，行政村最多时可得到各级政府上千万元的资金扶持。

巨大的利益使一些地方村干部竞选颇为激烈。一些"经济能人"通过"走家串户""拉关系"参选村干部，也给日后的村级治理埋下隐患。

最终，县委县政府选择了改革创新。褚×良说，改革就是要推行小微权力公开运作，打造村务阳光工程，因此"36条"的每一项都考虑到了公开透明且可操作，"制度再漂亮，推行困难就成了'墙上走不下来的制度'"。

在制度设计上，"36条"充分考虑了权力制衡。如在财务支出方面，5 000元以上需要联村干部签字，10 000元以上需要联片领导和镇分管农村领导签字，同时还需村民代表会议审核；接待费用只能用于招商、扶贫、抗灾、慰问等，超支需村民代表会议讨论决议；在村工程事务方面，5万元以上项目需公开招投标，村干部亲属不得参与等。

同时，各个环节都强化了监督。宁海县政府相关负责人表示，村干部在决策和执行村务过程中，有职能部门、村务监督委员会、群众3级监督制度，这大大减少了违法违纪行为的发生。

他拿征地拆迁补偿款举例，过去征地款划入村集体账户后，老百姓根本不知道有多少钱，如今在5个流程的会议审议中，村民对钱的走向一目了然，且款项直接打入村民个人账户，分配方案全部公示，村务监督委员会全程监督。

"村干部权力可大可小，在征地补偿时，量地皮的尺子松一松，苗木补偿的数量和标准变一变，这些都是权力，报给上面多发了补偿款村民谁也不知道。可是现在不行了，村干部做什么都要与村民代表开会商议，还要向村民公示，个人无权决定。"有规矩才能成方圆，"36条"就是要把村干部的权力用制度约束起来。

5. "36条"是贴近民心的设计

王×根是下桥村的村务监督委员会主任，"36条"实行以来，村里的大小事项，他都会认真看一遍。"我们老百姓只希望决策公平、透明，'36条'是贴近民心的设计，我也要履行好自己的职责。"王×根说。

在他看来，"36条"的实施把村干部的权力限制住了。"以前村里招商引资请客吃饭，买烟买酒，村长书记都是打白条，年底再结。现在不行了，做接待前，相关人员要向镇里打报告申请备案，吃饭也得去镇政府食堂。如果打了白条，只能自掏腰包。"他说，连买支笔都得开发票。

这是褚×良想达到的效果。他说，村级组织权力虽小，但直接面对群众、关系民生，是人民群众感受最深刻、关注最迫切的权力。在"36条"权力清单面前，每个村干部都清楚自己该干什么、不能干什么、职责是什么。他还说，权力清单像交通规则一样明了，村干部的权力被约束在一定的空间里，很难再走暗箱操作的老路、谋取私利的歪路。对群众来说，村里的一包烟、一卷手纸都能在眼皮底下运行，一批群众最关心、最直接、最现实的利益问题得到有效解决，一批棘手的矛盾得到及时化解，是他们最盼望的事情。

如今，"36条"已经走过了多年，在实施过程中也有一些不太令人满意的地方，比如运行成本增加、环节增多等。但所有人都知道这条路没有错：基层治理要向着阳光、按制度走。

（四）宁海小微权力清单"36条"的经验和启示

1. 请群众来监督，"让群众明白，还干部清白"

只有把权力运行的知情权、参与权、监督权交给群众，才能真正使权力在阳光下运行。怎样让"36条"深入人心？一方面，对村干部进行系统培训，一个也不放过；培训结束，还要进行严格的过关考试。要把条令向群众解释明白，村干部首先自己得烂熟于心。县里给村干部不停地"念紧箍咒"，县电视台派出摄制组暗访，在田间地头随时对村干部进行抽查考试，并进行现场直播。

另一方面，对村民进行广泛宣传动员。每个村的主干道或人流比较集中的地方，都贴出了"36条"漫画版，用深入浅出的方式向老百姓宣讲。宁海县要求村干部责任到户，争取不漏掉一个人。对于制度的落实，县里更是不含糊。除了年中全面检查、年底全面考核外，县纪委还开设了村务监督论坛，干部落实"36条"到不到位，让老百姓去评判。如此，村务监督便由以前的事后监督变为事前、事中、事后全程监督。

宁海县"36条"实现了权力从暗箱操作到阳光运行，构筑了基层不能腐、不敢腐的体制机制，压缩了村干部以权谋私的寻租空间，铲除了村干部滋生腐败的土壤，从根本上改变了农村基层政治生态。据统计，全县反映村干部廉洁自律问题的初信初访量2014年同比2013年大幅下降84%，2015年同比下降17%，2016年同比下降12%，2017年同比下降9.1%，呈逐年下降趋势。2014年以来，在"36条"的保驾护航下，全县美丽乡村建设等520余个村级重点项目基本实现规范有序推进。2015年，浙江省委十三届七次全会将建立健全村级事务权力清单列入《关于全面加强基层党组织和基层政权建设的决定》；中央组织部专门印发《浙江省农村基层党建工作经验做法》，将宁海首创的建立村级事务小微权力清单列入其中。2017年，《宁海县村务工作权力清单36条》送达中央全面深化改革领导小组，其后被列入改革情况交流通报。2018年，中央一号文件聚焦乡村振兴战略，其中专门提到推行宁海县首创的村级小微权力清单制度。这充分说明了"36条"的可复制性和制度生命力。

2. 良法与良俗相结合，用清单做到"有法可依"

"36条"在广泛征求意见的基础上，梳理形成涵盖19项村级公共权力事项和17项便民服务事项的36条村级权力清单，基本实现村级权力全覆盖，明确"清单之外再无权力"，使村干部做事有法可依、有章可循，被老百姓称为农村的"法"。同时，它在制定和执行过程中充分考虑了农村实际，把"法理"的内核，用农村的"情理"和"道理"呈现出来。

2017年起，在一年试点的基础上，全面推行集"36条"、法治宣传、矛盾调解、村民服务等功能于一体的"村民e点通"App，着力打造村民依法自治的升级版和智能版。现在宁海村村"出门见法"，人人"掌上有法"，为建设法治乡村打下了扎实基础。

3. 监督与管理相结合，用制度倒逼"依法办事"

推行"合法性审核前置"。在率先推行"五议决策法"的基础上，今年探索把"法议"作为村民代表会议决议前的必经程序，确保村级事务决议内容合法合规。

推行"阳光化村务公开"。投资200余万元建成"阳光村务网"和数字电视公开平台，在线提供农村集体"三资"管理、农村财务审计及村务、党务公开等信息，真正实现"让群众安心，还干部清白"。

推行"全过程立体监督"。建立健全农村巡查、村级重大事项报备、农村法律顾问等17项保障机制，在宁波率先构建起县、乡、村三级巡查和农村巡查三年全覆盖制度，着力打造事前、事中、事后监督"一条链"，织密上级监督、村监会监督、群众监督"一张网"。

推行"不称职责任追究"。制定村干部违法违纪"责任追究办法"，详细界定56项具体行为和责任追究标准，对违法犯罪村干部坚决交司法机关处置。

4. 熟人与专家相结合，用情理引导"靠法止争"

一是"老何说和"。主要由群众威信高、人文地缘熟、法律政策懂、协调能力强的退休老党员、老干部组成，在全县18个乡镇街道以及交通、医疗、劳动、校园、物业等9个重点行业建立"老何说和"专职人民调解室，共调处各类矛盾纠纷32 160件，调处成功率达99.4%，被推选为宁波市社会管理创新十大样本之一。

二是"法律顾问"。主要由法律工作者组成，实现"法律顾问"村村全覆盖，并定期定点组织"法律坐诊"活动，提供纠纷调处、文书代写、法律咨询等服务。目前已累计提供法律服务4万余人次，办理援助案件近1 700件，挽回经济损失2 500余万元。

三是"阳光义警"。主要由本地志愿者组成，2016年在岔路镇试点创建，一年来化解矛盾纠纷100多起、参与普法宣传2万余人次、义务夜巡1.5万人次，200名义警全部吸纳为公益会员，纳入意外保险，还能根据公益服务累积时间在子女就学、银行存贷等方面享受优先优惠，极大鼓舞了群众参与法治乡村建设的热情。

5. 线上与线下相结合，用服务推动"送法进村"

线上，创设"智法达人"平台，建立政府购买服务、社会参与、公益赞助和市场运作相结合的社会普法教育运作机制，实行群众点单、平台宣传。

线下，政府层面结合三治融合村、民主法治示范村创建，开展"百名执法干部讲百堂法治课""乡村法律课堂"等普法活动，组织执法干部、专业律师、讲师团成员、人民调解员进村入户开展普法教育；同时发动社会力量，引导建立未成年人教育等9家社会普法工作室，根据自身专长服务不同普法对象，全民普法守法的社会风尚日益浓厚。

（五）制定宁海微小权利清单"36 条"的意义

"法定职责必须为、法无授权不可为"。宁海县村级"36 条"权力清单改革试验正是在国家治理现代化转型，政府职能转变，反腐制度化建设这一宏观背景下，在群众路线和依法治国依法行政的政策指导下展开的一个地方乡村治理改革与治理现代化的探索与尝试。宁海村级"36 条"权力清单的改革，贯彻落实"转职能、转方式、转作风"要求，突出监督方式的转变，更加注重源头预防和制度建设，紧紧抓住了村干部这一权力主体，抓住了规范村干部权力运行这一核心，梳理了村级组织和村干部权力事项，细化规范了小微权力的运行程序，做到了"定位准确、边界清晰"，找准了监督的关键点和着力点，使权力监督真正起到了标本兼治的作用。

实践表明，村级权力清单打开了权力运行的暗箱，通过运行过程的程序信息透明、公开和可问责，实现了让权力在阳光下运行和把权力关在笼子里，消除了对政策信息的垄断和村民民主参与的制度性障碍，在制度上落实和保障了村民民主选举后的民主决策、民主监督和民主管理的参政议政民主权利。特别是村务监督委员会由事后监管转到事前监督、全程监督，解决了长期未能实现的对于村干部权力缺乏有效监督约束的问题，有效限制了村级权力行使中的专权、乱权，避免了权力寻租、以权谋私和政策的选择性执行，改变了基层政治生态结构，实现了从选举民主到治理民主的制度转变。通过规范权力及确权、限权等举措，为基层治理找到了一条依法治村和可操作民主的方法途径，对于实现基层治理现代化具有典范性的价值和意义。

宁海的村级治理改革实践才刚刚起步，其效果还未完全显现，需要在下一步工作中不断完善，确保村级权力行使更为细致、精准、有效，运行成本更低，实施更简便，更可持续。但总体看，已呈现出十分可喜的变化，这种改变是基于制度规则的内在改变，其从制度规则上彻底改变了原有体制的弊端，消解了权力寻租空间和腐败土壤。村级权力清单改革实践，对于治理和改革当前村级治理结构和制度，完善村民自治制度和基层治理与政策衔接，具有很强的示范性和可复制性，操作易学简便，是实现依法治村和基层治理现代化的一个可贵探索与实践。但改革永远不是一蹴而就和一劳永逸的，还需要我们在实践中不断改革、完善和发展，并建立一整套与之相适应的基层治理体系。从这一点来说，村级权力清单改革只是迈出了基层治理现代化改革的第一步，农村基层治理现代化仍然十分艰巨，任重道远。

（六）宁海小微权力清单"36 条"能否被借鉴

宁海县小微权力清单治理微腐败机制有效运行的上述条件，给其他地区农村基层廉政建设带来重要启示。这样一个农村廉政建设的地方性方案、一个县级基层实践对于全国来说是不是具有普遍意义？从目前的情况来看，这种可能性无疑是存在的。

首先，宁海县小微权力清单治理微腐败机制得到了推广，也引来了其他地区的考察与学习。就在"36 条"出台仅大半年的 2014 年 11 月，就已经在宁波市全市推广，引来全国 10 多个省市取经。到 2018 年 9 月，已有全国 300 多个县（市、区）单位到宁海县考察学习。其次，宁海县小微权力清单治理微腐败机制得到了广泛的认可。最为典型的表现有四点：2015 年 8 月，中央组织部印发了关于《浙江省农村基层党建工作经验做法》的文件，宁海县在全国首创的农村小微权力清单制度被单列成为第 15

条；2018 年 2 月，中共中央、国务院印发的《关于实施乡村振兴战略的意见》中提到，推行村级小微权力清单制度，加大基层小微权力腐败惩处力度，宁海县小微权力清单治理微腐败机制精神写入中央一号文件、上升到全国推行的高度；2018 年 7 月，宁海县首创村级小微权力清单制度、大力推进基层社会治理的"宁海经验"写入《中共浙江省委关于推进清廉浙江建设的决定》，并将得到全面推行；2019 年 6 月，中央农办、农业农村部征集评选的全国首批乡村治理典型案例中，宁海县小微权力清单治理微腐败机制成为入选的 20 个案例之一。再次，宁海县小微权力清单治理微腐败机制也得到了学界的赞誉。在一则提及"36 条"列入民政部委托研究课题的清单中，有专家就明确表示，宁海县的实践"改变了基层政治文化生态，极大地促进了体制改革，在全国具有典范性意义"。此外，中共中央党校也曾开发过相关专题课程。

1. 坚持以人民为中心的基层治理理念

人民是治理有效的动力、主体、目的和尺度。在中国特色社会主义新时代，贯彻以人民为中心的有效治理，在政策实践中就应对村级公共权力进行规制。宁海"36 条"，是践行以人民为中心的有效治理的实践创新，实现人民精细精准治理，既是乡村振兴的根本和目的，也是人民有效治理的核心和要求。首先，人民立场是推动有效治理的基点。人民群众是历史发展的动力，人民是党的根基和力量。坚定农民立场，扎牢农民根基，发掘农民力量，是宁海"36 条"根本。其次，人民主体是推动有效治理的基础。发挥人民群众积极性、主动性、创造性是推动发展的根本。"坚持农民主体地位。充分尊重农民意愿，切实发挥农民在乡村振兴中的主体作用，调动亿万农民的积极性、主动性、创造性"是宁海"36 条"的基石。再次，人民利益是实施有效治理的归宿。人民是发展的目的，发展为了人民，不断增进人民福祉，促进人的全面发展，是发展的根本目标。拓宽农民增收渠道，缩小城乡居民生活水平差距，实现农民全面发展，是宁海"36 条"的根本目的。最后，人民至上是实施有效治理的内在尺度。人民是发展的标准和尺度，维护好、发展好、实现好最广大人民群众的根本利益，是一切工作的出发点和落脚点。"把维护农民群众根本利益作为出发点和落脚点，不断提升农民的获得感、幸福感、安全感"，是宁海"36 条"的基本标准。以人民为中心是宁海"36 条"实践创新的根本，是乡村有效治理的核心，是推进农村基层治理现代化的基点。

2. 坚持勇于担当、敢于担当的改革精神

习近平总书记指出全面社会改革，推进有效治理"就是要脚踏实地、真抓实干，敢于担当责任，勇于直面矛盾，善于解决问题，努力创造经得起实践、人民、历史检验的实绩"。宁海"36 条"改革，就是宁海广大党员干部勇于担当、敢于担当，直面问题、直视矛盾的生动实践。宁海"36 条"的产生、形成、发展、深化，每一次推进发展，都是改革担当精神的生动体现和有效治理创新的生动结合。勇于担当、敢于担当的改革精神，是宁海乡村有效治理发展的推动力和精气神，是宁海"36 条"实践精神动力和发展灵魂。首先，敢于担当是宁海党员干部权力自我规制的"试金石"。人们看一个干部合不合格，首先看其在难题面前敢不敢抓，在矛盾面前敢不敢管，在手中权力滥用面前敢不敢套上笼头，如果瞻前顾后，缩手缩脚，患得患失，不敢负责，前怕狼，后怕虎，就不可能成为合格的干部，只会碌碌无为，一事无成。各级干部都要在深化改革中勇于负责、敢于负责、善于负责，咬定青山不放松，遇到困难不回避，

关键时刻敢出面，处理问题能决断。再次，敢于担当是宁海乡村有效治理的一种"精气神"。宁海"36条"的本质就是农村公共权力的自我规制，是村干部权力的自我限制，如果村干部没有担当精神，不能担当，不愿担当，不善担当，就不能用好、用活手中的权力，为村民解难事，办实事，做好事，就会权力滥用、以权谋私、权力腐败，就不可能推动乡村有效治理和推进乡村振兴。最后，敢于担当是宁海"36条"有效治理"正能量"。推进村级权力规制和乡村有效治理改革目标，就要有"万折必东不回头"的志气，有"赴百仞之谷而不惧"的勇气，有"滴水石穿而不悔"的韧劲。敢于担当，不管困难再大、任务再重、矛盾再多，都要坚定必胜信心和决心，知难而进不言难，迎难而上不畏难，攻坚克难解难题，不做表面文章、不急功近利、不沽名钓誉，努力创造出经得起实践、人民和历史检验的业绩，为全面深化改革、推动科学发展凝聚强大的力量。

3. 坚持制度治理的科学方式

习近平总书记在党的十九大报告中明确强调："必须坚持和完善中国特色社会主义制度，不断推进国家治理体系和治理能力现代化，坚决破除一切不合时宜的思想观念和体制机制弊端，突破利益固化的藩篱，吸收人类文明有益成果，构建系统完备、科学规范、运行有效的制度体系，充分发挥我国社会主义制度优越性。"这充分表明制度是治理的根本，是推动治理现代化的基石。宁海"36条"有效治理实践成功的根本，就是通过梳理农村公共权力，建立起了小微权力清单制度，给村级公共权力套上治理笼子，实现确权勘界和明权定责，夯实农村有效治理的基石。既要加强顶层设计，又要坚持摸着石头过河。宁海"36条"有效治理的建立，一方面是加强对村级权力制度规制的顶层设计，另一方面是坚持在实践中摸索创新。习近平总书记指出，"要把改革推向前进，必须加强顶层设计"。宁海"36条"的制度创新首先采取的就是在战略全局上进行的顶层设计和统筹规划，特别注重在改革创新中加强各项制度设计的系统性、整体性、协同性，并在宏观和战略的层面上制定出清单制度改革实施、推进、深化的"路线图"和"时间表"。宁海"36条"在强化顶层设计的同时，也采取"摸着石头过河"的渐进式推进。习近平总书记指出："摸着石头过河，是富有中国特色、符合中国国情的改革方法。"推进小微权力清单制度创新，经过了制度顶层设计，实践具体探索，总结提升深化，再实践提档升级，不断推进制度完善和治理有效发展。

思考题

1. 面对"小官巨贪"案件，相关政府采取了哪些处置措施？效果如何？

2. 全国各地贪污案件年年有，为何浙江宁海小微权力清单"36条"能够有效抑制这种现象？

3. 如果你是地方政府官员，将会采取何种措施杜绝腐败现象的滋生和泛滥？

附录

【材料一】

关于全面落实基层"小微权力"规范运行工作的实施方案

为进一步推进村（居）小微权力规范运行，坚持把小微权力规范运行作为落实全面从严治党向基层延伸的政治任务和推进基层党风廉政建设的重要举措来抓，建立完善村（居）"小微权力"清单，全面落实基层"小微权力"规范运行工作，结合实际，制定如下实施方案。

一、指导思想

以党的十九大精神和习近平新时代中国特色社会主义思想为指导，以规范村级事务管理为重点，以优化服务群众机制为落脚点，厘清小微权力清单，建立规范运行流程，加强对村级事务事前、事中、事后的全过程监管，从源头上遏制群众身边不正之风和腐败问题，为推动全面从严治党向基层延伸，把党风廉政建设和反腐败斗争引向深入，打通落实全面从严治党的"最后一公里"，实现全区农村经济社会持续健康发展提供有力保障。

二、工作目标

通过推行村（居）级"小微权力"清单制度，对村（居）干部依法依规承担的党务、村（居）务、财务管理等重要事项进行梳理，以清单式、流程化的形式固定，规范村（居）级组织运行和干部履职用权行为，用制度和机制堵塞漏洞，不断提升基层治理制度化、法制化、现代化，为村（居）改革发展和振兴夯实坚实基础。

三、主要任务和实施步骤

（一）编制"小微权力"清单。结合村级工作实际情况，相关区直单位按照单位职能全面梳理现有的涉农行政职权和服务事项，乡镇梳理出村民自治事项。各行政职权、服务事项及村民自治事项，通过梳理、归纳、审核等程序，确保各项权力和事项有其法律来源和事实上的合理性，并提请审议，予以确认。清单要坚持问题导向，重点涉及群众切身利益、容易发生权力寻租和信访较为集中的权力事项，与村级事务准入制度做好对接。

（二）制定"小微权力"运行流程。依据编制的村（居）级"小微权力"清单和相应规章制度，明确事项范围界定、办理主体、办理方式、时间要求、纪律规定等一些具体要求，绘制村（居）级"小微权力"运行流程图，"小微权力"运行流程要符合"四议两公开"的规定。

（三）实行"小微权力"透明公开。建立健全真实、及时、简明的权力透明公开制度。公开内容上要做到权力清单内容、规章制度、运行程序、运行过程、运行结果的"五公开"，村（居）级所有收支、债权债务、合同履约等逐项逐笔明细公开，对反映权力运行过程的原始单据同时公开。各镇、街道在充分运用公开栏、明白卡（册）

公开的基础上，探索利用网络平台进行公开。

（四）动态管理"小微权力"清单。建立健全清单的动态调整和长效管理机制，依据法律法规和相关制度废、改、立、释等情况，及时对"小微权力"清单进行动态调整。

四、职责分工

（一）村（居）职责。村（居）级是规范"小微权力"工作的实施主体，各村（居）要充分规范行使"小微权力"，负责"小微权力"清单中涉及党务、村（居）务、财务、便民服务等事项的贯彻落实工作，负责对所属人员行使权力的教育管理，落实主体责任；村（居）纪检委员和村（居）务监督委员会负责"小微权力"监督工作，收集整理"小微权力"公开材料，发现问题及时督促整改，遇有重要情况，须及时向各镇（街道）纪（工）委报告。

（二）各镇（街道）职责。各镇（街道）是推进"小微权力"规范运行的责任主体，党政"一把手"是第一责任人，要负总责、抓推动，及时协调解决相关问题和矛盾，同时要督促村（居）严格落实"小微权力"运行流程。涉及的"小微权力"公开材料，由所属单位按照职能分工收集汇总，各镇（街道）纪（工）委跟踪督导，并及时查处"小微权力"规范运行工作中存在的违纪违规问题。

（三）部门职责。区直相关职能部门根据单位职责，梳理完善并动态调整清单内容，编制权力运行流程图，加强对权力运行程序和各项配套制度制定的对口指导，同时开展经常性的专项督查或联合督查，切实强化村（居）及村（居）干部规范用权意识；区纪委监委重点加强对推进"小微权力"规范运行工作的组织协调和监督检查，严肃查处违反"小微权力"侵害群众利益的违法违纪行为。

五、工作要求

（一）提高政治站位。要充分认识制定小微权力清单的重要意义，切实把村级小微权力规范运行作为政治任务，各镇（街道）和相关区直单位要增强大局意识和责任意识，强化责任自觉，按照方案分工安排，确保建立和完善小微权力清单制度全面落实。

（二）明确重点任务。结合实际全面做好推进农村小微权力清单制定各项工作。各镇（街道）、区直相关部门要准确把握推行农村小微权力清单制定的关键环节，摸清权力底数，建立完善好小微权力清单相关内容，确保其科学、合理、便捷、实用。

（三）强化责任担当。全面落实农村小微权力清单制定规范运行工作要求。各镇（街道）和区直相关单位要层层压实责任，形成合力，狠抓落实，协同推进。要聚焦突出问题，把漏洞补起来，让小微权力"亮起来"，让制度笼子"密起来"。进一步实现村级事务的有效公开，完善民主监督的外部环境，积极维护群众正当权利。

参考文献

[1] 俞海涛. 小微权力清单：法治社会建设的村治经验 [J]. 湖北社会科学，2020（7）：37-44.

[2] 黄晓. 小微权力清单：乡村有效治理制度研究：基于升级宁海"36条"实践的分析 [J]. 中共宁波市委党校学报，2019，41（3）：98-106.

[3] 卢琦. 农村基层小微权力规范运行研究 [D]. 舟山：浙江海洋大学，2019.

［4］王木森．构建乡村有效治理体系的成功实践：对宁海实施村级小微权力清单"36条"的解读［J］.宁波经济（三江论坛），2018（8）：34-37，45.

［5］孙琼欢．小微权力清单：从弱规则向强规则转型的村庄治理：浙江省 N 县村级小微权力清单制度调查［J］.河南社会科学，2017，25（10）：58-62.

［6］冉昊．农村小微权力清单的社会治理之维：基层自治组织权力制衡的探索［J］.教学与研究，2017（9）：38-45.

二、教学手册

（一）课前准备

1. 准备多张大白纸（或者白板）、粗号笔（白板笔）、胶带若干，用于书写讨论意见，并便于课堂展示。

2. 提前认真阅读《浙江宁海小微权力清单"36条"深入人心》案例，准备案例后的思考题。

3. 准备浙江宁海微小权利清单相关资料，使学生在课堂中充分了解"36条"的特点、问题，政策体系的构建、实施过程。

（二）适用范围

《农村公共管理》《农业政策学》《产业经济学》《区域发展规划学》

（三）教学目标

通过教学，本案例有以下几个目标。

第一个目标：学生明白习近平总书记曾经说过，各级领导干部要带头执行准则、条例，把握用权"方向盘"，系好廉洁"安全带"，激浊扬清，扶正去邪。一方面，要加强干部内部监督。抓住民主生活会、组织生活会契机，让"红脸""出汗"成为常态，加强警示教育、以案明纪的作用。定期给党员干部上党课，开座谈会，自觉对标对表、反思反省、总结自我，时刻用党章、党纪规范自己的行为、约束言语，克己奉公，争做清廉表率。另一方面，要擦亮派驻巡察机关"探头"，及时处理群众来访信息，不放过任何一条有价值的问题线索，认真调查取证，分析研判案情，维护好社会公平正义，并及时将结果反馈给群众，做好"回头看"工作。

第二个目标：让学生深入思考民心是最大的政治。得道者多助，失道者寡助。党员干部特别是基层一线干部，要真正走进群众家里，走进群众心坎里，增强群众的信赖度，紧紧团结在人民群众周围，让群众明白，我们的队伍是可以依靠、值得依靠的。要真正俯下身子，切身帮助解决群众的难点、堵点、痛点，努力打造出一批忠诚、干净、担当的新时代干部队伍，真正为群众办好事做实事。从疏通一次下水道、铺设一条马路、送一次慰问物品、打扫一次卫生、落实危房改造补助款、帮助申请困难补贴、办理慢性卡等关系群众切身利益的事情做起，将手中的权力与为民服务结合起来，打通便民服务的最后一公里。

（四）要点分析

本案例反映了很多值得深思和探讨的问题，但是不可能在有限的课堂里讨论所有的问题，教师选择的讲授重点取决于教师的教学目标和学生的学习目标。本案例只能讨论的问题要点有：

1. 面对"小官巨贪"案件，相关政府采取了哪些处置措施？效果如何？

2. 全国各地贪污案件年年有，为何浙江宁海小微权力清单"36条"能够有效抑制这种现象？

3. 如果你是地方政府官员，将会采取何种措施杜绝腐败现象的滋生和泛滥？

（五）课堂安排

1. 案例教学课时安排（90~120分钟）

本案例可以按照如下的课堂计划进行分析和讨论，仅供参考：可根据授课具体情况调整课时时间安排，整个案例的课堂时间尽量控制在90~120分钟。

2. 教学内容

课前准备：教师提前一周发放案例的预习资料，引导学员在课前去提前阅读案例资料，进行初步思考。

讨论问题1：分组讨论10~15分钟，每组学员由一个或者两个代表发表本组观点，教师进行点评和升华。

讨论问题2：分组讨论15~20分钟，每组学员由一个或者两个代表发表本组观点，教师进行点评和升华。

讨论问题3：分组讨论15~20分钟，每组学员由一个或者两个代表发表本组观点，教师进行点评和升华。

3. 讨论方式

本案例拟采用小组式的讨论方式（分组讨论和组际辩论）。

4. 课堂讨论总结

课堂案例讨论总结可分为两个阶段：第一个阶段是每个小组代表发完言或者学员个人针对案例的相关思考问题进行回答之后，教师应该对其观点进行总结归纳并进行升华，针对相应问题发表自己的看法，引导学员多角度、全方位地对案例进行分析和思考；第二个阶段是当所有的案例问题都已经讨论结束，教师要对整个案例发展脉络进行梳理，引导学员关注案例的后续发展，并在课后继续跟踪最新进展。

（六）其他教学支持

在具备多媒体设备的教室播放相关宣传片。

案例五

"国家级卫生乡镇"创建成功后的维持

——自贡市新店镇的做法

一、案例主体

摘要： 本案例详细叙述了发生在 2019 年 11 月的"新店镇成功创建全国卫生乡镇"事件，以创建成功为切入点，描述了整个创建过程的开展情况、创建所采取的措施、创建成功后存在的问题、后期整改的全过程。重点阐述了新店镇政府在创建过程中的措施经验；创建成功后需不需要维持与如何维持的问题；创建成功的措施经验以及后期存在的问题和解决措施。并在此基础上，挖掘事件背后隐藏的更深层次的问题：政府应如何维持所取得的成果？如何制定政策解决维持过程中可能面对的问题？政府应通过哪些方面提升公民卫生意识？

关键词： 新店镇；农村卫生环境；创建；维持

（一）引言

国家卫生乡镇是一个地区文明程度的标志，创建国家卫生乡镇，对于提升全镇对外形象、改善投资环境和公共卫生环境、促进社会经济可持续健康发展具有非常重要的意义。新店镇成功创建国家级卫生乡镇以来，严格按照"政府组织，部门协调，干群联动，科学治理，社会监督"的原则，全力推进创建工作，以"脏、乱、差"治理为突破口，突出抓好环境综合治理、食品安全等工作，吹响创建国家级卫生乡镇攻坚号角。2019 年新店镇成功创建"国家级卫生乡镇"，全镇卫生环境焕然一新，居民生活环境得到了极大改善，生活幸福度飙升，基础设施条件不断完善，群众公共卫生意识不断增强，镇村人居环境不断改善，群众满意度不断提高。在成功创建后，政府应该怎么维持这一成果呢？如何通过政策制定解决在维持中存在的问题值得我们思考。

（二）新店镇的基本情况

新店镇位于自贡市大安区东南部，距大安区政府驻地 29 千米。东与大安区牛佛镇接壤，南与沿滩区瓦市镇相通，西与沿滩区仙市镇毗邻，北与大安区何市镇相接。镇政府驻地新店铺，镇域辖区面积22.9平方千米，下辖9个行政村，1个社区，123个村民小组，1个居民小组，总人数约2万人。农业户数4 803户，耕地面积14 213亩。镇境内地处浅丘，岩层倾角小，全镇东北方地势较低，属缓坡浅丘地貌；西南方地势高，属缓坡丘陵地貌。整个地形由西南方向东北方逐渐倾斜，最高海拔346米，平均海拔为310米，山丘由黑棕色页泥岩组成，多成馒头状，丘陵间多为浅凹地。新店镇有小二型水库四座，分别是大冲水库、三八水库、黑沟水库和三伏水库，这些水库是全镇农田灌溉，人畜用水的主要水源。

2018年新店镇人均可支配收入1.67万元。全镇有自贡创新农业有限公司、四川皓禾生态农业有限公司、自贡市大安区新店镇何院集体资产经营管理有限公司、四川皓禾种养殖合作社等。全镇以粮食生产为主，水果、蔬菜、肉兔产业齐头并进，是大安区优质高粱、鲜食玉米、优质油菜、无公害甜橙等生产基地。

新店镇地理位置优越，先后获得"四川省级卫生乡镇""自贡市爱心血库单位"等荣誉称号。近年来，新店镇主抓全镇脱贫攻坚、经济建设，在环境卫生整治方面存在一定的短板，难以形成环境卫生整治的长效机制，导致每次进行环境卫生综合治理都必须要投入大量的人力、物力、财力，造成了很大的财政赤字，这对新店镇的环境卫生整治造成不小的压力。尽管投入巨大，全镇在环境卫生整治方面仍然存在村镇规划不合理、建筑材料乱堆乱放、宣传不到位、村民环保意识差等诸多问题。这些问题直接导致了2018年新店镇创建全国卫生乡镇失败，2019年新店镇重新部署，在2019年11月受国家爱卫会委托，省爱卫会组成的专家组一行10人，对大安区新店镇创建国家卫生镇工作开展技术考察评估。考察组通过听汇报，看资料，实地走访等认真考评，认为新店镇创建国家卫生乡镇技术评估顺利通过，并上报国家爱卫会。

（三）新店镇迫切需要改造升级

新店镇的卫生基础建设越来越跟不上经济发展的步伐。镇区部分道路年久失修，道路、人行道板都有不同程度的破损，遇上下雨天就变水坑；还有些道路没有路灯或亮灯率较低。全镇多个垃圾桶出现不同程度陈旧破损的情况；街边店招店牌大小不一，参差不齐，部分已经陈旧损坏；镇上有个农贸市场，最老的农贸市场已使用余年，活禽区与主场区未隔离，规划设计已不符合目前卫生标准；个别公厕分布不合理，且多为二类以下公厕，缺乏专人管理。健康素养宣传氛围欠缺，新老居民小区、主要街道等的健康教育宣传设施较少，且内容更新不及时。

通过对新店镇居住在不同位置的100户居民进行调查得知，人们对环境卫生质量的要求越来越高，大部分居民对当前的环境很不满意，住在新店镇不同地区的人对新店镇环境的满意程度区别较大。

目前脱贫攻坚任务已经完成，完善巩固脱贫攻坚成果与乡村振兴正在进行中。随着经济社会的持续发展，人民对提升环境卫生质量的呼声日益增长。创建国家卫生乡镇，最显著的成效是以改善人居环境为手段，达到预防和消除疾病，促进人民群众的身心健康为目的。这种行之有效的途径，对提高群众的公共卫生意识，提倡文明健康的生活方式，改善生活质量起到了积极的、举足轻重的作用。换句话说，广大居民就是迫切需要清新的空气，需要洁净的水源，需要安全的食品，需要充分享受经济社会发展带来的实惠。创建国家卫生镇，就是要从本质上改善城镇的公共卫生质量，营造一个让居民满意和放心的生活环境。

（四）"焕然一新"的新店镇

在创建全国卫生乡镇以前，新店镇一点儿也不"新"。新店镇村庄布局规划不合理，整体布局散乱，没有综合考虑排水、排污、绿化、杂物堆放、家畜饲养等乡镇实际问题，存在抢占、乱占现象给全镇环境卫生综合整治工作带来很大难度。新店镇属于亚热带季风气候，夏季降水丰沛，雨量大，集中，镇区、村落排水压力很大。排水、排污规划不合理，养护不到位，导致房屋、道路受损，使新店镇存在较大的安全隐患。新店镇乱堆乱放现象普遍存在。新店镇地势以丘陵山地为主，农村人口分散，导致部分农户取暖仍然需要最初级的碳和柴火，而且多数在家农民的收入来源依靠种地，所以在乡镇村落房前屋后乱堆乱放现象比较突出。且由于受到农村地域限制和传统思维影响，村中还不同程度存在乱倒建筑废弃物、生活垃圾现象，十分影响村镇环境卫生。由于全镇境内包含两条乡道，23 条农村道路，总人数达两万人，车流量、人流量过大，渣土车等重型卡车来往频繁，对道路周边环境卫生造成了很大的破坏，难以持续维持道路周边环境卫生。加之近年来，全镇实现村村通公路，但由于村级道路标准低，修建条件受限，大多数农民没有保护意识，部分村民在公路两侧开垦土地，造成水土流失，有的甚至路边取土，导致村级道路养护难、管理难。新店镇多数村的主干道虽然有硬化，但是村内小巷道大多没有硬化，且排水、排污设施不完备，存在垃圾、污水乱倒乱泼，残垣断壁较多、牲畜粪便随处乱堆等现象。卫生管理设备短缺，垃圾箱、垃圾桶丢失频繁发生，垃圾运输车全镇仅有一辆，且只能维持镇区内部垃圾运输、倾倒。

天更蓝，水更绿，空气变好了，道路整洁了，这是新店镇创建全国卫生乡镇以来的真实写照。新店镇通过近几年借助创建全国卫生乡镇为契机，对新店镇环境卫生做出了改善。道路两侧的宣传牌、标语等一改以往刻板、生硬的风格，让人眼前一亮，一幅人和村庄美的优美画卷展现在大家面前。"我们村民会自觉地把生活垃圾丢进垃圾池内，很少看到有人乱扔来垃圾了。"环卫阿姨说。整个小镇也因此变得更加干净、整洁。新店镇以创卫为契机，加快了基础设施建设的脚步，主要做了以下几项工作：一是加快对基础设施的改造升级。对镇区主要道路进行维护修补，对老旧小区进行路面修复及下水道改造，建成下水道管网覆盖率达 93%。路灯亮灯率达 99%。二是加强对镇区交通基础设施的维护。通过统一调整和新建设施，共规划停车位 1 000 余个。三是做好绿化养护工作。创建区域绿化覆盖率达 31%。

新店镇以加快推进镇区清扫保洁全覆盖为主要任务。创卫以来，镇政府投入资金用于各项环卫工作，镇区垃圾密闭清运率、垃圾容器化覆盖率、粪便无害化处理率、生活垃圾无害化处理率全部达到 100%，镇区环境保洁能力持续强化。一是全面推进市场化保洁，做到生活垃圾日产日清，成立环卫督查组，对市场化保洁路面和河道进行督查。二是加大基础设施投入，对镇区的公厕进行改造，改造镇区垃圾房、村级垃圾房，新增垃圾压缩车、冲洗车、扫路车等专业保洁车辆。三是大力推进生活垃圾分类管理，认真做好试点工作，以减量化、资源化以及无害化为目标，在部分小区、单位、学校设置垃圾分类收集点，开展生活垃圾以物换物活动，取得了较好的社会效益。

新店镇在创建国家卫生乡镇的过程中，严格按照国家卫生乡镇的标准执行，细化任务，政府领导，全民参与，取得良好成效。

在爱国卫生组织管理方面，新店镇政府认真贯彻落实国家关于爱国卫生工作的法规政策，把爱国卫生工作纳入政府议事日程，实行目标管理，主要领导担任爱卫会主任，重视爱国卫生工作和卫生创建活动。爱卫会组织健全，在爱国卫生工作和创建活动中发挥组织协调作用，各委员单位分工明确，责任落实。爱国卫生工作有计划，有经费，有部署，有检查，有总结，档案管理规范。卫生创建工作纳入乡镇发展规划，创建工作实施方案，建立长效管理机制，以乡镇带村，整体发展。充分发动群众参与爱国卫生运动，经常开展形式多样、内容丰富的卫生创建活动。设立卫生问题建议与投诉平台，健全群众监督机制，对群众反映的问题认真核查和整改，群众对卫生状况满意率≥90%。

在健康教育方面，新店镇乡镇卫生院及防保机构有健康教育专兼职人员，能承担起健康教育业务技术指导的职责；社区、学校、卫生室等健康教育网络能够积极发挥作用。中小学校按照教育部《中小学健康教育指导纲要》要求，通过学科教学和专题讲座等多种形式开展健康教育，培养学生养成良好的卫生行为。学校健康教育开展率达100%，学生健康知识知晓率≥90%，学生健康生活方式与行为形成率≥80%，14岁以下儿童蛔虫感染率≤5%。医院、卫生院、卫生室（所）设置有健康教育宣传栏，采取多种形式，有针对性地向病人及其亲属开展健康教育，住院病人及其陪护家属相关健康知识知晓率≥80%。各类公共场所和各类传播媒体设立健康教育宣传平台，能紧密结合卫生防病工作和广大群众普遍关心的卫生热点问题，开展形式多样的卫生知识宣传和健康教育，倡导健康生活方式，对卫生创建活动进行正确的舆论引导。积极开展控烟工作，无烟草广告，公共场所设有禁烟标志并监督落实。

在环境卫生方面，新店镇要求排水设施完好、畅通，污水暗管（沟）排放，乡镇下水道管网覆盖率≥60%。公共厕所、垃圾桶（废物箱）、垃圾收集站（点）、垃圾转运站等环卫设施符合《城镇环境卫生设施设置标准》要求，布局合理、数量足够，管理规范、清洁卫生，建成区无旱厕。清扫保洁垃圾收集运输有专门队伍，主要街道保洁乡镇不低于8小时。乡镇建成区内垃圾容器化覆盖率≥80%，垃圾日产日清，密闭储存清运，密闭清运率达到100%。县城生活垃圾、粪便无害化处理场建设、管理和污染防治符合国家有关法律、法规及标准要求，生活垃圾和粪便无害化处理率≥80%，污水处理厂污泥得到妥善处理，不产生二次污染。卫生责任制落实，镇容美观有序，无乱搭乱建、乱贴乱画、乱摆摊点现象。集贸市场卫生设施完善，功能分区合理，活禽售卖、宰杀设置相对独立的区域，管理良好。河道、湖泊等水体的水面清洁，无漂浮垃圾。岸坡整洁，无垃圾杂物。

在环境保护方面，新店镇建立环境保护工作机制，按照国家有关规定编制了环境规划并经县级人大或政府批准后实施，完成上级政府下达的主要污染物减排任务。认真贯彻执行环境保护政策和法律法规，根据《国家突发环境事件应急预案》，近3年内未发生较大（Ⅲ级）以上级别环境污染事件。水环境质量、空气环境质量、声环境质量达到环境功能区或环境规划要求。集中式饮用水水源地水质达标率100%。重点工业污染源废水、废气达标排放率 100%。因地制宜，采取集中和分散相结合的方式开展生活污水处理，东、中、西部乡镇建成区生活污水处理率要分别达到 80%、75%、70% 以上。位于水源源头、中式饮用水水源保护区等需特殊保护地区和易发生水体富营养化的集平原河网地区的乡镇，生活污水处理须采取有效的脱氮除磷工艺。在社区卫生方面，新店镇卫生院、村卫生室和社区卫生服务机构建设达到国家或省级有关要求，设置符合国家有关规定，并能充分发挥作用。环境整洁，绿化、美化，车辆摆放整齐，楼道内不堆放杂物，无违章搭建，无非法小广告。环卫设施完善，垃圾收集和公共厕所管理符合卫生要求，无乱排乱倒现象。

（六）创建成功，是否需要巩固提升？

全国各地高度重视卫生城镇创建工作，在获得国家卫生城镇荣誉称号后，持续推进卫生创建工作全面深入开展，健全城市卫生长效管理机制，努力解决影响群众健康的突出问题，不断加强城镇社会卫生综合治理，巩固和发展国家卫生城镇创建成果，发挥典型示范作用。但个别城镇在取得荣誉称号后，对卫生创建成果的巩固提升工作重视不够，工作有所滑坡，特别是一些旧城区、背街小巷、城中村、城乡接合部等基础设施建设薄弱，日常卫生监管不到位，群众反响比较强烈，整体卫生水平与国家卫生城镇标准存在一定差距。国家卫生乡镇是一张城市的名片，这张名片逐渐成为体现城市差异化和影响力的无形资产，成为城市竞争力的核心之一；反映了这座城市的观念与眼光，反映了这座城市的实力与活力，反映了这座城市的潜力与魅力。量身定制城市名片已经日益得到政府重视，已经被提升到加速城镇化建设的层面。怎样发挥城镇的自身优势，快速提高城镇的影响力，关键是精准地选取并运用好自身的"载体"。政府为了得到这张名片动用了大量人力、物力、财力，绝不只是试一试，而是必须要拿下。政府下了命令、给了资源，职能部门当作政治任务绝对要完成。政府不管过程有多么曲折，克服了多少困难，就看你事情办成与否。因为执行就是要结果，有结果才有价值。但就是这种只重结果不重过程的行动逻辑，造成了政府创建卫生乡镇行为的误区。茶余饭后，新店镇居民围坐在一起唠嗑。

"你看，这成功创建了啥卫生乡镇，就在创建那几天整的有模有样，大喇叭天天放，垃圾每天清理，灰尘都没得。现在，创建过了，还不是和以前一样，灰尘满天，垃圾堆满了都没得人来打扫……"

"还不就是哄人的，我看啊和我一点关系都没得，我该咋样还是咋样。你看那街上好多人乱丢垃圾，一点都不卫生。"

"政府就那个样子，应付检查有一套，其他啥都不管。"

新店镇创建全国卫生乡镇的成果主要体现在以下方面：新店镇定期开展道德文明宣讲活动，发挥宣传栏、版面、墙画的宣传渠道作用，在镇区主要道路和重点村设立永久性宣传标语、医疗机构设立卫生知识专栏、公共场所有明显禁烟标志、镇区无烟草广告等，截至目前，共设立永久性宣传标语 34 幅、宣传栏 24 期，为全镇创建"国家卫生乡镇"营造良好氛围，通过以上方法潜移默化地影响着村民，培养村民卫生意识。

按照创建"国家卫生乡镇"的目标，新店镇加强各项基础设施建设，基本实现国家卫生乡镇创建的各项指标。2018 年全镇在原有基础上新购置环卫车辆 2 台，垃圾箱

56 个，垃圾桶 160 个。截至目前，全镇生活垃圾处理率为 100%、饮用水和水质优良率达 100%、生活污水集中处理率为 75%；近三年无食品安全事故及甲、乙类传染病暴发疫情；群众对卫生状况满意程度为 98% 以上。完善基础设施建设，能够极大程度地提高村民的幸福感。强化食品安全。食品餐饮卫生安全是关系群众日常生活的大事，也是创卫的一项重点工作。新店镇精心组织、整体推进，开展食品安全整治"百日会战"大行动，将镇周边餐饮、学校等集体食堂作为重点，点面结合，做到整体区域全面排查到位。规范现做现卖小作坊经营环境，安排食品安全专员进行日常检查督促。针对餐饮单位环境卫生状况、从业人员健康状况、食品加工过程卫生状况等，特别要求定点采购食品原辅料，并做好索证索票、验收登记工作。突出重点，全力推进小餐饮、小作坊等整治，确保食品生产经营单位全面达到国家卫生镇标准。民以食为天，强化食品安全，保障村民健康。强化督促检查。全镇按照各村区划推行"属地管理原则"，严格落实责任，建立督查问责制度，由镇创建国家卫生乡镇领导小组办公室对创建工作各项任务的落实情况开展定期或不定期督查，对工作不力的实行督查通报、整改问责机制，有效推进了创建工作的落实开展。

2018 年新店镇创建国家卫生乡镇并没有成功，但新店镇并没有放弃，而是从中吸取经验教训，完善做得不好的地方，通过建立领导小组负责指挥、统筹、协调、督办、争取支持，确保创卫工作扎实有效；实行包片责任，划分 3 大片区，20 个点位路段，落实人头，确保精准指导到位，问题解决到位。

对新店镇 100 户居民对成功创建全国卫生乡镇的满意度与不满意的进行调研。调研结果如表 5-1 所示。每周五 40 余名机关党支部、村社区党支部党员，到镇村进行创卫宣传，清扫垃圾，整治卫生死角等，凝聚群众共识和认可，提高群众参与度。全镇开展党员创卫活动日 30 余次，发放宣传单 3 000 余份，清理卫生死角 200 余处，为成功创卫打下了坚实基础。新店镇创建全国卫生乡镇的成果来之不易，且不是一劳永逸的。成果需要继续巩固提升，建立健全长效管理机制。成功创建以来，尽管政府已经下决心改善情况，但是工作不能一蹴而就，创卫也不是一锤子买卖，改善基础设施，从量变到质变，需要一段很长的时间。

表 5-1　新店镇居民对创建全国卫生乡镇的满意程度

调研内容	新店镇居民	
	满意/%	不满意/%
新店镇环境卫生	95	5
绿化美化	90	10
公共厕所卫生	80	20
餐饮行业	85	15
垃圾处理	90	10
基础设施（如路灯、道路）	90	10

（七）新店镇成功创建全国卫生乡镇后将面临的问题有哪些？

新店镇创建"国家级卫生乡镇"以来，投入了较大的财力。虽然成功创建，但是后期维持困难，发现主要存在的问题可以概括为以下几点：

一是后期维护成本高。在创建全国卫生乡镇的过程中，投入了较多基础设施建设，如2018年全镇在原有基础上新购置环卫车辆2台，垃圾箱56个，垃圾桶160个。但是后期需要有人员和资金来维护，给乡镇财政带来了极大的压力。

二是门前垃圾桶垃圾溢出，影响镇容镇貌。调查对象中，只有不到一半的居民认为有必要进行垃圾分类，有一半以上的居民认为没有必要实施垃圾分类，居民垃圾分类回收意识淡薄，在说到垃圾桶上有具体提示时，只有较少的居民表示会按照提示进行垃圾分类，居民对垃圾分类这一做法大多觉得麻烦。创建全国卫生乡镇期间，由于有人员督促，人们会自觉将垃圾倾倒进垃圾池中，缺乏人员督促时，垃圾不进池的现象依然发生。

三是农贸市场空置，门前摊贩堵路。新店镇在农历尾号"三、七、九"赶集，每逢赶集日，商户都喜欢在农贸市场入口摆摊，经常出现"冒店经营"（经营范围凸出自有经营区域）和"占道经营"，将农贸市场入口堵得水泄不通。入口人山人海，里面空空荡荡，井然有序不复存在。

四是个别村附近卫生环境堪忧。由于村道垃圾要垃圾车转运，个别村距离场镇较远，经常出现垃圾清运不及时，垃圾桶周围异味阵阵。创建全国卫生乡镇以后，政府为了减少开支，停运了一部分垃圾车，垃圾车减少了，垃圾运转不及时，脏乱差的环境随之而来。

五是卫生宣传不够深入。在创卫期间，由于"大喇叭小喇叭，大广播小广播"轮番轰炸，居民意识空前提高，但是创建成功后，宣传方式减少，宣传力度减弱，居民的爱卫意识又下降了。街上随处可见乱扔垃圾的行为，垃圾也没有分类了，垃圾分类对于新店镇居民的影响不大。

（八）新店镇巩固提升创建成果的措施

一是建立健全卫生长效管理机制，强化卫生基础设施建设。对于卫生镇的创建对策，首先要注意的就是建立一个健全的卫生长效管理机制，主要指的是环境卫生，如主要街道保洁、环境卫生基础设施设置、卫生责任制落实等。通过改造升级卫生基础设施，为卫生镇的创建提供最基本的保证。已有的研究表明，各地创建卫生镇前后的卫生状况区别非常大，卫生基础设施建设以及卫生制度落实情况都明显好于创建前。街道的清洁度显著上升，卫生责任落实到具体人员能够提升卫生的改善效果。长效机制的建立能够保证创建卫生镇的持续性和发展的可能性，促进卫生镇在检查前后不断地发展和优化，做得越来越好。

对垃圾填埋场周边地区，一定要建造垃圾中转站，配备专业车辆把生活垃圾运到垃圾场集中填埋，生活垃圾要落实日产日清。各镇要建设相应的生活垃圾填埋场，遏制偷倒垃圾等不文明现象。各镇要在组建保洁队伍以及制定卫生保洁制度的基础上，依照城镇化标准在主次干道两边增设果壳箱，在镇村居民区合理放置垃圾桶，实现生活垃圾按时收集，密闭中转，专车运送，规范填埋。

要建立健全卫生长效管理机制，必须要强化组织领导。乡镇创建卫生镇工作执行属地分级管理，上级政府对下属镇的创卫工作进行协调和监督，成立工作组，依照全国工作目标，深入任务的每个环节，结合本地区实情，制订卫生镇创建计划，并严密组织、全面实施。各职能部门要加强组织协调，联合指导创建卫生镇的工作。各镇、村要成立对应的工作小组，主要领导统筹负责，量化目标责任，严把任务落实关。工商、宣传、卫生、城管、环保、水利等部门要提高认识、各司其职，联手创卫，促成"齐抓共管，条保块管"的良好工作局面。

二是提升居民健康素养，倡导良好的卫生习惯和健康的生活方式。居民的健康素养对于卫生城镇的创建工作有着重要的推动作用，居民的生活方式和卫生习惯也是卫生城镇创建工作过程中的一个难点。为此必须加强居民健康素养的宣传与培养工作。健康素养的宣传工作可以把宣传阵地设在社区，把社区居民作为主要宣传对象，把促进居民健康作为主要目标，开展工作时做到精通健康理论、注重交流互动。积极探索新方式新途径，开展形式新颖、通俗易懂的健康教育以及促进活动，增强居民的健康意识，摒弃不良的卫生习惯，引导居民培养健康文明的生活方式，促进身心健康和对国家卫生镇创建工作的认识，具体的可以通过如下几种方法来实现：首先，必须建立健全组织机构。健全的组织机构能够保证健康教育活动顺利开展，能够保证健康教育工作者明确岗位职责，保障健康教育工作巩固发展。以社区健康教育为例，社区以居委会为骨干，健康教育工作小组为节点，积极举办多种大众喜爱的健教活动，同时分发各种健教小礼品，倡导社区居民的健康风尚，取得了很好的效果。其次，必须加快建设固定的健康教育宣传阵地。加快建设固定的健康教育宣传阵地，对协调社区各部门的工作，对提高社区资源利用率起到重要的作用。社区可以联合本社区的卫生服务站，设置专用的健康教育场所，摆放宣传册、健康处方和各类健康知识；配合季节变化开展预防疾病和戒烟控烟等活动，动员社区居民共同参加健教活动，提高社区居民的健康理念。最后，还必须按时开展各类活动，提高居民的健康意识。要提升广大居民的健康素养，就必须普及居民的健康意识。开展新颖的、居民爱看爱听的教育宣传活动，引导社区居民逐渐确立良好的健康意识。如邀请专家学者讲授热门的健康教育知识、举办免费体检、举行健康知识活动等。

居民健康素养教育是国家卫生镇创建工作中不可忽视的内容，对人民大众有关健康的行为与生活方式进行全方位干预，其深度与广度涉及个人、家庭与群体的身心健康。通过居民健康素养教育，增强居民的健康素养，为居民创造健康的生活环境，提升卫生镇创建效率和创建成效。

三是加强领导，促进垃圾分类。垃圾分类工作与广大人民群众的日常生活紧密相关。各村居书记为垃圾分类工作主要牵头人，同时落实专人负责垃圾分类管理工作。要按照生活垃圾分类处置工作要求，积极发挥"属地管理"职能，切实做好垃圾分类收集的指导、协调、推广、实施工作，切实化解居民的顾虑，协调居民矛盾。做好小区物业管理工作，把后期维护工作做实做细，把资金、维护人员落实好，做到分类亭干净整洁，形成干部、居民、物业齐抓共管的工作格局。

垃圾的收集与处理需要全社会的动员与参与，应加强宣传教育，提高保护环境意识，认清垃圾带来的危害，让全社区居民都来关心和支持垃圾的收集与处理工作。与垃圾分类志愿者、热心居民定期召开会议，布置垃圾分类的宣传计划。策划宣传活动，举办各类垃圾分类知识活动，帮助居民树立垃圾分类的观念和意识。

垃圾分类减量化处理工作完成情况将列入村居主要干部年度考核，表彰和奖励在推进垃圾分类工作中成绩显著的先进单位和个人，按照各村区划推行"属地管理原则",严格落实责任,建立督查问责制度,由镇政府对工作各项任务的落实情况开展定期或不定期督查,对工作不力的实行督查通报、整改问责机制,有效推进了创建工作的后期维持。

思考题

1. 新店镇政府在开展改善农村卫生环境工作中,做出了哪些部署,成效如何?

2. 新店镇成功创建全国卫生乡镇以来,哪些地方变化最大?

3. 如果你是新店镇负责人,将会如何做好新店镇创国家卫生乡镇后期维持,破解当前卫生状况维持难的困境?

附录

【材料一】

国家卫生乡镇(县城)标准

一、爱国卫生组织管理

(一)乡镇政府认真贯彻落实国家关于爱国卫生工作的法规政策,把爱国卫生工作纳入政府议事日程,实行目标管理,主要领导担任爱卫会主任,重视爱国卫生工作和卫生创建活动。爱卫会组织健全,在爱国卫生工作和创建活动中发挥组织协调作用,各委员单位分工明确,责任落实。

(二)爱国卫生工作有计划,有经费,有部署,有检查,有总结,档案管理规范。卫生创建工作纳入乡镇(县城)发展规划,有创建工作实施方案,建立长效管理机制,以乡镇带村,整体发展。

(三)充分发动群众参与爱国卫生运动,经常开展形式多样、内容丰富的卫生创建活动。

(四)创建国家卫生县城的县爱卫会办公室具备与所承担工作任务相适应的编制、人员、经费和工作条件,所辖居委会、行政村等基层单位有专兼职爱国卫生工作人员。

(五)设立卫生问题建议与投诉平台,健全群众监督机制,对群众反映的问题认真核查和整改,群众对卫生状况满意率≥90%。

二、健康教育

(一)健康教育机构、网络健全,相关人员和经费足额及时落实。乡镇卫生院及防保机构有健康教育专兼职人员,能承担起健康教育业务技术指导的职责;社区、学校、卫生室等健康教育网络能够积极发挥作用。

(二)中小学校按照教育部《中小学健康教育指导纲要》要求,通过学科教学和专题讲座等多种形式开展健康教育,培养学生养成良好的卫生行为。学校健康教育开展率达100%,学生健康知识知晓率≥90%,学生健康生活方式与行为形成率≥80%,

14 岁以下儿童蛔虫感染率≤5%。

（三）医院、卫生院、卫生室（所）设置有健康教育宣传栏，采取多种形式，有针对性地向病人及其亲属开展健康教育，住院病人及其陪护家属相关健康知识知晓率≥80%。

（四）乡镇、社区（村）、卫生院（室）以《中国公民健康素养——基本知识与技能》为主要内容，按照《亿万农民健康促进行动规划》开展多种形式的健康教育活动，举办卫生知识讲座，向社区居民传播健康知识。居民健康基本知识知晓率≥80%，健康生活方式与行为形成率≥70%，基本技能掌握率≥70%。

（五）各行业结合单位特点开展有关职业病防治、疾病预防、卫生保健、控烟、心理健康和伤害预防等方面的健康教育活动，职工相关卫生知识知晓率≥80%。

（六）各类公共场所和各传播媒体设立健康教育宣传平台，能紧密结合卫生防病工作和广大群众普遍关心的卫生热点问题，开展形式多样的卫生知识宣传和健康教育，倡导健康生活方式，对卫生创建活动进行正确的舆论引导。

（七）积极开展控烟工作，无烟草广告，公共场所设有禁烟标志并监督落实。

三、环境卫生

（一）各项建设符合规划实施要求，路网体系完善，道路路面平整完好。排水设施完好、畅通，污水暗管（沟）排放，县城下水道管网覆盖率≥80%，乡镇下水道管网覆盖率≥60%。

（二）公共厕所、垃圾桶（废物箱）、垃圾收集站（点）、垃圾转运站等环卫设施符合《城镇环境卫生设施设置标准》要求，布局合理、数量足够，管理规范、清洁卫生，建成区无旱厕。

（三）清扫保洁垃圾收集运输有专门队伍，主要街道保洁县城不低于 12 小时、乡镇不低于 8 小时。乡镇建成区内垃圾容器化覆盖率≥80%，垃圾日产日清，密闭储存清运，密闭清运率达到 100%。

（四）县城生活垃圾、粪便无害化处理场建设、管理和污染防治符合国家有关法律、法规及标准要求，生活垃圾和粪便无害化处理率≥80%，污水处理厂污泥得到妥善处理，不产生二次污染。

（五）卫生责任制落实，镇容美观有序，无乱搭乱建、乱贴乱画、乱摆摊点现象。集贸市场卫生设施完善，功能分区合理，活禽售卖、宰杀设置相对独立的区域，管理良好。

（六）建筑工地管理符合《建筑施工现场环境与卫生标准》要求，建筑物料、施工泥土不得影响道路通畅和环境卫生，工地噪声不影响居民日常生活。

（七）河道、湖泊等水体的水面清洁，无漂浮垃圾。岸坡整洁，无垃圾杂物。

（八）建成区绿化符合要求，公共绿地养护良好，绿化覆盖率≥30%，路灯亮灯率≥95%。

（九）建成区内禁止放养家禽家畜，饲养宠物符合有关规定，不得影响镇容环境卫生和周围居民正常生活。

四、环境保护

（一）建立了环境保护工作机制，按照国家有关规定编制了环境规划并经县级人大或政府批准后实施，完成上级政府下达的主要污染物减排任务。认真贯彻执行环境保护政策和法律法规，根据《国家突发环境事件应急预案》，近3年内未发生较大（Ⅲ级）以上级别环境污染事件。

（二）水环境质量、空气环境质量、声环境质量达到环境功能区或环境规划要求。集中式饮用水水源地水质达标率100%。

（三）重点工业污染源废水、废气达标排放率100%。因地制宜，采取集中和分散相结合的方式开展生活污水处理，其中县城要建设集中污水处理设施，东、中、西部乡镇建成区生活污水处理率要分别达到80%、75%、70%以上。位于水源源头、集中式饮用水水源保护区等需特殊保护地区和易发生水体富营养化的平原河网地区的乡镇，生活污水处理须采取有效的脱氮除磷工艺。

（四）医疗、危险废弃物按照国家有关规定实现安全贮存和处理，医源性污水排放符合国家标准。

五、病媒生物防制

（一）认真贯彻落实《病媒生物预防控制管理规定》，坚持以环境治理为主的综合防制方针，防制人员、经费落实，防制措施符合国家有关标准和规范要求，防鼠防蝇设施完善，孳生地得到有效治理。

（二）在化学防制中，注重科学合理用药，不使用国家禁用的药物。

（三）县城积极开展病媒生物监测工作，监测方法规范，数据可靠，能够基本反映病媒生物危害的现状。

（四）通过综合防制，鼠、蚊、蝇、蟑螂等病媒生物得到有效控制。其中，鼠密度达到国家规定的标准，蚊、蝇、蟑螂密度至少有一项达到国家规定的标准，其他项不超过标准的3倍。

六、食品安全、生活饮用水及公共场所卫生

（一）认真贯彻《中华人民共和国食品安全法》《中华人民共和国职业病防治法》《公共场所卫生管理条例》等法律法规，监督监测与技术指导规范、资料齐全。连续3年内未发生重大食品安全事故、饮用水污染事故、职业危害事故。

（二）食品生产经营单位、集中供水单位及公共场所经营单位具有有效许可证，卫生安全管理制度健全，生产经营条件、操作过程符合相应法规规范要求。从业人员持有效健康证、具备相应岗位的基本卫生知识并掌握卫生安全操作规程。

（三）食品生产单位不采购和使用不符合食品安全标准的食品原料、食品添加剂、食品相关产品，在生产过程中按照规定使用食品添加剂，无违法添加非食用物质的现象。

食品销售单位无变质、腐败、假冒伪劣食品及其他不符合食品安全标准要求的食品，销售的定型包装食品和散装食品符合食品安全法律的规定要求。

各类餐饮服务单位、集体食堂防尘、防蝇、防鼠及上下水设施和冷藏设备齐全，有餐具消毒、保洁设施并运转良好，食品原料和制售过程符合食品安全要求，无交叉污染。县城餐饮服务单位实行食品安全量化分级管理覆盖率≥90%。

（四）集中式供水和二次供水单位管理规范，自身检测和卫生监督机构监督、监测资料齐全。集中式供水出厂水、管网末梢水和二次供水的水质符合《生活饮用水卫生标准》。

（五）旅馆、美容美发厅、歌舞厅、公共浴室、网吧等场所内外环境整洁，公共用品的清洗、消毒设施齐备，工作人员操作符合卫生规范要求。县城影剧院、图书馆、展览馆、商场等场所应当有良好通风采光条件，合理配备垃圾箱和卫生公厕。

（六）企业职业卫生符合国家规定要求。乡镇区内的新建、改建、扩建项目和技术改造、技术引进项目可能产生职业病危害的依法进行职业卫生审查，企业对劳动者开展职业健康监护工作。

（七）全面实行生猪定点屠宰、集中检疫制度（农村地区个人自宰自食的除外），无注水猪肉和病死猪肉上市。集中生猪屠宰点符合《生猪屠宰管理条例》要求，无对生猪或者生猪产品注水或者注入其他物质的现象。

（八）县城普通中小学设卫生室，按学生人数 600∶1 的比例配备专职卫生技术人员。学校教学建筑、环境噪声、教学采光照明以及黑板、课桌椅的设置符合国家有关标准。学校食堂符合食品安全要求，饮用水水质符合《生活饮用水卫生标准》。

七、传染病防治

（一）认真贯彻《中华人民共和国传染病防治法》，有规划、有制度、有措施，有关资料齐全。疾病预防控制机构建设达到国家规定要求，重大疾病控制按期完成国家规划要求，近 3 年无因防控措施不力导致的甲、乙类传染病暴发流行。

（二）医疗机构贯彻落实《医院感染管理办法》，有健全的医院感染控制、疫情登记报告制度，对传染病、医院感染暴发事件、突发公共卫生事件规范报告和处理。医院设立传染病预检分诊点和专科门诊，二级以上综合医院开设感染科。

（三）免费实行国家免疫规划项目的预防接种，儿童国家免疫规划疫苗全程接种率≥95%；有流动人口免疫规划管理办法，居住期限 3 个月以上的儿童建卡建证率≥95%；预防接种规范，安全接种率 100%，幼托机构、学校按照《疫苗流通和预防接种管理条例》规定开展入托、入学儿童预防接种证查验工作。

（四）临床用血 100% 来自无偿献血，其中自愿无偿献血≥90%。依法打击非法行医和非法采供血，医疗服务秩序良好。

八、社区卫生

（一）乡镇卫生院、村卫生室和社区卫生服务机构建设达到国家或省级有关要求，设置符合国家有关规定，并能充分发挥作用。

（二）有健全的卫生管理制度，坚持定期开展检查评比活动。积极开展创建卫生社区、卫生楼（院）活动。

（三）环境整洁，绿化、美化，车辆摆放整齐，楼道内不堆放杂物，无违章搭建，无非法小广告。

（四）环卫设施完善，垃圾收集和公共厕所管理符合卫生要求，无乱排乱倒现象。

九、乡镇辖村卫生

（一）参加新型农村合作医疗的参合率高于所在省（区、市）平均水平。

（二）建有符合国家相关要求的村卫生室（所），配置医疗用房、设备和人员，村医取得合法执业资格。

（三）30% 以上村庄建成省级卫生村。

（四）自来水普及率≥90%，其中学校自来水普及率≥95%，定期开展农村生活饮用水水质卫生监测。无害化卫生厕所普及率≥70%，其中学校无害化卫生厕所普及率≥80%。

（五）村庄主干路硬化，支路平整。村容整洁，村内垃圾密闭存放，定期清理，柴草、杂物堆放整齐。无蚊蝇滋生的污水坑、粪坑。

（六）积极开展创建卫生户活动，农户居室内外整洁，村民卫生习惯良好。

（七）村内家禽牲畜实行圈养，无散放牲畜、家禽。

【材料二】

国内外有关卫生乡镇的研究

在国外，1985—1986年，世界卫生组织欧洲办事处把"人人享有卫生保健"的原则运用到"健康城市"建设中，并首先在加拿大的多伦多市开展。"健康城市"建设迅速在欧洲、美洲、澳洲和亚洲发展，已经发展成为有数千个城市参加的国际性运动。世界卫生组织对健康城市的界定是：健康城市是指一个由健康人群、健康环境和健康社会有机结合发展的整体，健康城市建设应该能改善城市环境，拓展城市发展的资源，促进城市相互支撑体系，发挥城市最大潜能。健康城市应具有清洁美丽、居住安全的城市环境，稳定的、可持续发展的生态系统，能为所有城市居民提供食物、饮用水、住房等生活必需品等特征。健康城市的概念在发展过程中不断进化，从最初强调健康逐渐演变为既注重卫生体系，又强调与非卫生体系的结合，强调市民、地方政府、社会机构合作，形成有效的环境支持和健康服务体系，从而改善环境和健康状况。所以，健康城市是以人为本，以健康为终极目标，围绕人的生命全过程，努力营造由健康人群、健康环境、健康社会有机组成并协调发展的整体。

在国内，吴玉珍对国家卫生城镇考核评价方法进行研究，并建议应出台一个综合评价方法，以量化结果和科学、简便的方式，评价一个城镇的综合卫生水平；随后，吴玉珍等采用德尔菲法（Delphi）对指标进行筛选，然后以此为基础，采用主成分分析、聚类分析、变异系数法、相关系数法等其他数学方法进行验证或下一步的筛选，可先采用因子分析浓缩数据，运用主成分分析法提取公因子，再利用这些因子代替原来的观测变量进行聚类分析，最后建立数学模型。这样可以建立起更为客观的综合评价方法。并采用该综合评价方法对申报卫生城市进行调研、考核，并与现行国家卫生城市考核检查办法比较，认为采用卫生城市综合评价方法，不仅能科学、快速和全面地评价卫生城市综合水平，而且可产生巨大的经济与社会效益。谢剑峰结合苏州实际，对设立健康城市指标体系以及评估健康城市建设的成效开展了相关研究。黄敬亨结合苏州市健康城市的实践提出城市场景评估的方法，邢育健等结合苏州市健康城市的实际对场景评估法的具体操作和遇到的问题进行了介绍。黄敬亨在2011年对国际健康联盟采用的SPIRIT框架进行介绍，建议按照框架推荐的场所手段、可持续性、政治承诺、政策、社区参与、信息、创新意识、资源、研究、基础建设、跨部门合作和培训等12个方面作开展健康教育评价。

参考文献

［1］SIMOS J, SPANSWICK L, PALMER N, CHRISTIE D. The role of health impact assessment in phase v of the healthy cities european network. Health Promot Int ［J］. 2015, 30（1）：171-185.

［2］谢剑峰. 苏州市健康城市指标体系研究 ［D］. 苏州：苏州大学，2005.

［3］黄敬亨，邢育健，胡锦华. 关于我国健康城市建设中若干理念问题的商榷 ［J］. 中国健康教育. 2008，24（5）：389-391.

［4］邢育健，朱章利. 健康城市场景评估方法的感悟和思考 ［J］. 江苏卫生保健. 2007，9（4）：25-26.

［5］黄敬亨，邢育健，乔磊，等. 健康城市运行机制的评估：SPIRIT 框架 ［J］. 中国健康教育，2011（1）：66-68，75.

二、教学手册

（一）课前准备

1. 准备多张大白纸（或者白板）、粗号笔（白板笔）、胶带若干，用于书写讨论意见，并便于课堂展示。

2. 按照相关利益主体分配角色，一部分扮演新店镇政府、一部分扮演居民、一部分扮演检查组。

3. 提前认真阅读《"国家级卫生乡镇"创建成功后的维持》案例，准备案例后的思考题。

4. 准备自贡市地图一份，使学生在课堂中充分了解事件发生的行政区划及地理特点。

5. 准备新店镇创建国家卫生乡镇宣传视频。

（二）适用对象

本案例可以用于公共管理、农村发展、社会管理、行政管理等相关课程的教学活动。适用对象包括公共管理学术型研究生、农村发展专业研究生、MPA 学生以及从事相关管理工作的人员。本案例还可适用于具备一定公共管理基本知识并对公共危机管理、公共政策有兴趣的非专业人士、学生和实际操作者学习使用。

（三）教学目标

通过教学，本案例有以下目标：

1. 使学生关注一个事情成功后遗留的问题，提高学生的观察能力和思考能力，提高认知社会的敏锐度。案例通过对新店镇创建国家卫生乡镇后的维持分析，来帮助学生应用和掌握已学过的管理理论和概念，提高对特定理论、概念、方法的认知、理解、鉴别和准确运用的能力。在本案例中，创建国家卫生乡镇的各项部署，获得荣誉过程中的各部门紧密协调，都为其他乡镇创建国家卫生乡镇提供了经验。

2. 使学生了解公共管理问题，如环境卫生、农村管理、社会治安等都需要团结协作，多方共同管理。新店镇作为行政区划镇，其居民、人居环境、公共事务、土地归属、集体资产、国有资产等都需要公共管理，需要各级政府、各部门的积极响应，统一指挥相互协调。

（四）要点分析

首先，新店镇"全国卫生乡镇"创建成功，可以将创建成功的经验分享并将成功的经验进行推广，为其他乡镇创建留下指导意见。

其次，在创建成功后，各项问题接踵暴露出来，为什么居民的环境意识下降？农贸市场入口人员拥挤？这些问题启发学生思考公共管理的有效性、农村环境的治理等。

最后提出思考，如果您是当地政府管理者，你将如何开展问题的解决措施？通过这种带入场景式的问题，引导学生独立思考。

（五）课堂安排

1. 10 分钟案例介绍。主要介绍新店镇的基本情况及该案例的发生。

2. 15 分钟课堂讨论。通过交流发言、课堂讨论，运用头脑风暴法，积极思考，集思广益。

3. 15 分钟辩论。课堂成员分为正反两方，一方为"农村卫生环境维持更重要"，另一方为"农村卫生环境管理更重要"。

（六）其他教学支持

播放新店镇创建全国卫生乡镇宣传视频。

案例六

农村环境治理
——广西壮族自治区红岩村的做法

一、案例主体

摘要： 本案例详细叙述了广西壮族自治区恭城瑶族自治县莲花镇红岩村的环境治理从脏乱差到广西第一示范村的过程。这个村脏乱差问题突出，其特点是农村环境基础设施建设滞后，周围企业环境污染问题，当地农民群众对环境整治的呼声高、反应强烈。本文就以生态环境引发的一系列问题为切入点，描述了整个事件起因、治理、改善、变好的全过程。重点阐述了相关政府在面对这一严重环境事件时的应急处置措施；事件背景快速扩大导致产生环境恶化的原因；以及政府通过各种环境政策加以改变。并在此基础上，挖掘事件背后隐藏的更深层次的问题：面对人们赖以生存的环境遭到破坏的问题，政府应如何制定快速的解决政策？如何积极应对已经发生的环境问题？如何制定政策才能使产业发展与环境保护共赢？

关键词： 红岩村；环境污染；政府政策；环境政策；环境治理

（一）引言

2014 年 2 月 24 日，在第二届中国美丽乡村·万峰林峰会——美丽乡村建设国际研讨会上，农业部科技教育司发布中国"美丽乡村"十大创建模式。十大创建模式为：产业发展型、生态保护型、城郊集约型、社会综治型、文化传承型、渔业开发型、草原牧场型、环境整治型、休闲旅游型、高效农业型。其中环境整治型模式主要代表为广西壮族自治区恭城瑶族自治县莲花镇红岩村。自 2004 年以来，连续十二个中央一号文件高度集中"三农"领域，各项强农惠农政策密集出台，农村经济取得长足发展。2019 年中央一号文件中提出农村环境建设是一项重要内容。改善农村人居环境，建设美丽宜居乡村，是实施乡村振兴战略的一项重要任务，事关全面建成小康社会、广大农民根本福祉和农村社会文明和谐。习近平总书记做出重要指示："要结合实施农村人居环境整治三年行动计划和乡村振兴战略，进一步推广浙江好的经验做法，建设好生态宜居的美丽乡村。"乡村振兴,生态宜居是关键,生态宜居是实施乡村振兴战略的重大任务。然而,农村环境保护严重滞后于经济发展,我国政府出台了大量政策来解决农村环境问题。本文结合对红岩村环境问题进行分析,对红岩村环境治理进行思考,探究政府所制定的环境政策在环境改善和治理中的作用。将农村环境政策的发展脉络完整地呈现,为未来环境治理,环境政策改进的重点和方向提供决策参考。只有党和政府的高度重视,积极制定相关的政策法规,才能让红岩村走出环境污染的困境,警醒人们要保护环境,紧跟党和政府的政策脚步,避免再走环境污染这条老路。

(二) 背景分析

红岩村位于恭城瑶族自治县南面的莲花镇,距县城14千米,距莲花集镇2千米,全村现有农户95户,人口390人。以前的老村硬件设施不完善,村民文明意识不强,污水、垃圾随意排放,吸引很多苍蝇蚊虫,村民生活环境很差,环境卫生不好。近几年,随着新农村建设工程的开展,红岩村脏乱差问题得到极大改善。村内环境卫生得到改善的基础上,红岩村围绕新农村建设"二十字"方针,大力发展休闲生态农业旅游,成效显著。红岩村积极启动生活污水处理系统建设工程,现已成为广西第一个进行生活污水处理的自然村,使村里生态旅游业有了新的发展。改革开放以来,红岩村坚持走"养殖-沼气-种植"三位一体的生态农业发展路子,积极实施"富裕生态家园"建设,大力发展"农家乐"特色旅游,成功走出了一条"生态富村、文明建村、旅游强村、民主理村"的科学发展路子,先后荣获自治区"生态富民示范村""全区农业系统十佳生态富民样板村"等荣誉称号,被喻为"广西第一村"。2006年2月,红岩村以其优美的自然风光和舒适的人居环境,被国家旅游局评为"全国农业旅游示范点";2006年11月,该村又荣获中央电视台"全国十大魅力乡村"的荣誉称号;红岩村的休闲文化旅游模式被自治区文化厅定为文化致富工程五种模式之一。

(三) 红岩村城镇化快速发展产生环境污染

红岩村环境污染不可避免的是城市化和工业化快速发展产生的影响,再加上农业生产和农民生活本身产生的污染。随着农业产业化的不断加快,农村和农业污染物排放量在逐渐增加,表现为部分地区农业污染加剧,畜禽养殖污染严重,工业和城市污染向农村转移。加之长期以来农村建设没有具体规划,生产生活缺乏秩序,基础设施不健全,农村生活垃圾处理率低,几乎全部露天堆放。同时,务农人口老龄化,不易接受新技术、新观念,缺乏环保意识,对于化肥、农药的依赖程度较高。长期大量使用农药和化肥等化学物质,导致全国约1.5亿亩耕地受到不同程度的污染,农村居民生活污水、乡镇企业污染排放、城市工业污染转移等直接威胁农村居民的饮水安全,农村3亿多人喝不上干净的水。部分企业进行的是"先污染,后治理"的处理态度,即使有污水处理设备,也只在环境监管部门检查时运行,导致了环境污染越来越严重。根据相关资料得知,广西恭城瑶族自治县城镇化率逐年上升,上升速度快,上升空间很大。快速发展的城镇化同时也带来了严重的环境污染。

红岩村经济发展与环境保护之间相互制约,使得农业政策与环保政策面临取舍矛盾。经济增长与当地各种政策密切相关,但与此同时,在农业政策制定过程中仅仅或者主要顾及农业自身的发展而没有或较少考虑农业政策实施后对环境可能造成的负面影响，导致产业政策和环境政策相脱节，出现"政策真空"。

我国过去施行的一系列农村环境补贴政策，短期内可以显著提高农民的生产积极性和农业生产效率，但长期来看，不合理的要素价格必将会导致不合理的资源利用，最终导致生态破坏和环境污染。化肥、农药补贴的施行，可以有效降低农民的生产成本，同时也刺激农民使用更多的化学品投入，造成环境污染；畜禽养殖总量不断上升，禽粪便有效处理率极低，成为困扰养殖业健康发展的重大瓶颈和影响农村环境的突出问题。此外，企业迅速发展造成严重的农村工业污染；农村生活打破了过去的"循环经济"。

资金投入不足、监管机制不健全等问题极大地影响了红岩村环境政策的执行效果。环境基础设施建设严重滞后。农村环境基础设施建设及维护都需要财政资金大力投入，当时更没有采取外部市场解决的举措来治理农村环境问题。此外，我国农村环境政策执行大多依赖于行政手段，在监管方面，我国针对农村环保问题由农业部门和环保部门交叉治理。我国出台了多部农村环境政策，然而具体到农村层面，实际执行率却不尽如人意，部分领导干部环保意识较为薄弱，导致很多农业环境政策在执行过程中违背了法律法规的强制性和稳定性，执行效果大打折扣。

环境保护政策体系不具有专业化、系统化、多元化。我国的农业环境政策早期多集中于水土保持、农业要素保护、乡镇企业污染防治几个方面，1992年之后逐步增加了控制农业面源污染和农村生活污染、生态农业建设、农村居住环境改善、农村饮用水安全建设、生态补偿机制等多方面内容。随着农业产业化的进程加快，农村的污染物排放量还将不断增加，这些污染既有从工业和城市转移而来的，也有农村自身产生的。在某些领域，农业已经成为超越工业的主要污染来源。农村环境的继续恶化，要求我国农村环境政策更加专业，更加系统，政策工具更加多元。

红岩村农村群众公共卫生意识淡薄。新农村建设开展后，对农民群众的生产生活特别是生活方式带来一定的冲击，但部分农村群众环境保护的意识仍然薄弱，传统的陋习仍然存在。在新农村建设中我们对传统旱厕进行了改造，在条件好的村，设了几所水冲式公厕。运行一段时间后，水阀不同程度受到损坏，便槽堵塞，基本不能使用；我们在村民习惯的垃圾堆放处建设了几处垃圾池，不久便出现农村群众根本不将垃圾丢入池中等。仅仅将基础设施按照城市标准建设，并不能唤起农村群众的公共卫生意识，主要的原因就是垃圾处理运行机制不健全、不顺畅。农村环境治理普遍存在人员、设备、资金、制度的欠缺，治理工作走上"边治理边污染"的恶性循环。一方面政府出资组织开展了垃圾清理；另一方面又不得不面对下一次的垃圾处理难题。如果仅以乡镇人民政府作为农村垃圾处理的主体，对农村环境卫生实行大包大揽，将会极大增加乡镇一级的财政负担。而按照现在大多采取"以各村自主投入为主，政府补贴为辅"的模式，在基层组织经济实力不强的条件下，在农村环境治理中，人员、设备、资金、制度不到位的情况比较普遍。常常出现垃圾满池无人理，建立的垃圾处理站没有运转的情况。制度仅仅停留在纸上，缺乏必要的经费投入，将无法正常运行。

（四）红岩村治理环境污染

红岩村是莲花镇竹山村所辖的自然村，主要经济来源是月柿种植及乡村旅游。2003年以来，竹山村以红岩新村为休闲农业与乡村旅游发展轴心，通过美丽宜居生态乡村建设和城乡风貌改造，改善农村人居环境和基础设施建设，按照交通便利化、村屯绿化美化、道路硬化、住宅舒适化、厨房标准化、厕所卫生化、饮水无害化、生活用能低碳化、养殖良种化、种植高效化"十化"标准建设红岩新村。新村建成后，村民们依托当地的环境和月柿种植产业，发展起生态乡村旅游产业。村里一栋栋独具特色的花园式小别墅，摇身一变成了农家乐餐馆。恭城举办的月柿节，使红岩村的生态旅游从此声名远播。红岩村成功打造"品瑶乡月柿、赏柿园风光、喝恭城油茶、住生态家园"的特色生态文化旅游品牌。如今的红岩村，果园变公园、农家变旅馆、农民变老板，旅游收入占了大头。

以前的老村硬件设施不完善，村民文明意识不强，污水、垃圾随意排放，引来很多苍蝇蚊虫，村民生活环境很差。环境卫生不好，就留不住游客。意识到这个问题的严重性后，红岩村专门建立了卫生管护制度，要求每家每户实行"门前三包"，并遵循"村收镇运县处理"原则，聘请专门的清运公司运送垃圾。在红岩村的滚水坝边，有一片绿油油的人工湿地，它既自成一景又与周边环境相辅相成。红岩村通过采取农村环境综合整治资金和县财政补助与村民自筹相结合的方式进行筹措资金，利用了采用曝气生物滤池+强化人工湿地处理工艺，建设成了2套总处理规模为80立方米的生活污水处理设施，共铺设管网4 600米，这也是广西第一批自然村屯集中式农村污水处理设施。

在农村人居环境整治工作中，红岩村集中清理取缔了村中垃圾台，围绕农村人居环境提升，积极探索农村生活垃圾定点清运模式，并提出了互监督、提觉悟、保长效的工作机制，切实解决环境卫生存在的问题，改善村庄面貌，提升人居环境。

走进红岩村，条条巷道干净整洁，家家户户门前垃圾桶摆放规范。村民潘×文说，过去垃圾扔得到处都是，夏季气味难闻，蚊蝇漫天飞的现象不见了。现在他每月只需缴纳10元钱的垃圾清运费，就有专人定时上门清运垃圾，方便了，也卫生了，生活环境质量也提升了。

红岩村三组的垃圾收运员刘×玉，负责三组400户村民的生活垃圾收运工作。两天一次，他都会驾驶电动小三轮，按着小喇叭，挨家挨户上门收运垃圾。

针对村民对环境认识不足问题，红岩村多次召开村民大会，广泛征求村民对生活垃圾清理处理意见，推进人居环境整治工作，从关键入手，集中清理取缔了村中垃圾台7处，购置垃圾桶780个，并与全村700余户群众签订了垃圾清运协议，收取垃圾清运费，用于7名垃圾收运员的劳务补贴。初步形成了红岩村户收集—村转运—定点清理填埋—全员监督通报—自觉维护环境的运行模式。自实施以来，红岩村村容村貌得到了大幅提升。

红岩村村委会副主任说："我村人居环境整治以来，村容村貌得到了大幅提升，垃圾集中清理转运方式得到村民的认可，下一步，我们将持之以恒，进一步提升红岩村垃圾集中清理转运工作，优化管理方式，提升服务质量，鼓励群众形成自觉维护、互相监督的长效机制，为群众营造干净、舒适的环境，全面推进我村环境整治工作。"

红岩村将继续巩固提升现有美丽宜居村庄建设的成果，抓好日常保洁工作的同时，要加大资金的投入，进一步完善村庄的基础设施建设，努力探索一条村庄行之有效的长效管理机制，实现村民对村庄环境的高度自治。另外，恭城还将结合改善农村人居环境，乡土建设示范，还有传统村落的保护和发展等各个方面的工作，在今后的美丽宜居村庄环境建设工作中，采用村民乐于接受的形式，在不大拆大建的基础上，坚持用生态的办法、本土的材料和传统的工艺来改造村庄环境，在积极向上争取项目资金扶持的同时，努力探索一条投入少、见效快、易推广的乡村建设模式。

（五）如何根据政策制定环境保护措施？

完善我国农村环境政策体系，实现农业环境政策一体化。目前，我国已经整体进入"以工促农，以城带乡"的新阶段，可以预计在未来较长时间内对农民直补、良种补贴、农机补贴等各项惠农政策不但不会取消，而且会加大力度。将惠农政策与农村环保挂钩，发挥政策间协同效益。农业环境政策一体化将是农业可持续发展的趋势，在制定农业政策时，必须评价其对农村环境的影响，同时可以实现党中央"工业反哺农业"和社会主义新农村建设的总方针。

加大资金投入力度，完善监管体系，重视农村环境政策的执行效果。利用多种手段来刺激农民环保的内在动力，具体表现在：充分运用公共财政政策，实施财政补贴，对农业进行低息贷款等经济手段，建立全国范围内的农业生态环境补偿机制，调动社会各方面的积极性参与到农业生态环境的保护。与此同时，通过多种渠道，继续大力推行"以奖代补"等手段，推动一系列农村生态示范建设工作的顺利开展。农业环境政策的有效实施，必须建立自上而下的垂直监管体系，专门负责环境执法机构。地方政府及其环保部门应在发展规划中明确相关部门的职能范围，对各级环保机构的设立、职能分配、隶属关系做出明确规定，统一监管、分工负责，避免权力交叉或者权力真空。加强农业环境政策执法，不断提高基层执法队伍的执法水平。

正确认识非政府公共组织在社会中的重要作用，树立和强化公民参与公共事务管理的责任和意识，提高非政府公共组织的社会地位。以农民群众为主体，建立符合农村实际情况的环境卫生管理机制。农民群众是农村环境卫生的参与者和受益者，是农村环境卫生管理的主体。要对农村环境卫生进行治理，就必须强化农民群众的主体地位，让他们成为环境卫生的管理者和实施者。当前农村环境卫生管理存在诸多问题，一个根本的问题就是农民群众参与热情不高，积极性不够，制度的设计以乡村两级为主，忽视农民群众的自觉作用。一方面，乡村两级出资，请保洁人员进行保洁清理；另一方面，农民群众不能自觉保洁。在乡村两级资金投入有限的情况下，农村环境卫生治理显然不可能取得令人满意的成效。要解决这一矛盾，就必须充分把作为主体的农民群众的积极性发挥起来。在制度的设计上，不能仅仅照搬城市卫生管理的方法，要充分结合农民群众自身的特点。可以在村庄内按照村民居住的特点，划分若干卫生区域，建立村民卫生管理组织，负责本区的卫生管理与各项工作；开展卫生评比，对卫生不合格的户和区域进行批评等。乡村两级组织需负责卫生死角及最后垃圾的清理，加强对农村居民的引导，让农村居民人人都参与到农村环境卫生治理中来，实现他们的自我作用和自我管理。

加强对农村群众的思想教育，让人们形成爱护环境卫生的意识。农民群众环境卫生意识较差，几千年来的生产和生活方式以及城乡二元结构的发展模式导致农民群众整体素质与城市居民素质存在较大差距。在农村经济社会发展普遍不及城市的前提下，农民群众的环境卫生意识不可能达到城市居民的水平。仅仅是通过宣传教育的手段，要想转变农民的卫生习惯，实在困难。加强农村环境卫生管理，作为主体的农民群众意识不转变，也会成为一句空话。城市环境卫生管理者可以通过加强城市基础设施建设，提高城市品位去促使城市居民提高环境卫生意识，约束自身行为，但这在农村却是行不通的。要转变农民群众的卫生习惯，必须从农民群众的自身特点出发，以群众诉求为基本出发点，通过事实才能引导群众。同样，要改变农民群众不良的卫生习惯，须要让这种不良的卫生习惯的危害深入人心，让农民群众自己意识到不能维持下去了，从而加以适当的引导。这也是现今农民群众的基本特点，农民群众主动诉求，政府或部门加以适当引导，往往能取得事半功倍的效果。因此，对农民群众进行环境卫生意识教育，不能只强调搞好环境卫生，改变陋习等能带来什么样的益处，而更应将宣传的重点放在农村"脏、乱、差"以及由此带来的种种弊病，并通过与整洁村容村貌的对比，对农民群众的思想观念形成冲击。在实际操作中，可以有选择地将治理的难点放大，任其发展，让农民群众自己去感受环境卫生持续恶化与进行环境卫生治理带来的不同效应。

（六）广西农村人居环境整治政策与效果

广西壮族自治区人民政府印发《广西壮族自治区农村人居环境整治三年行动实施方案（2018—2020 年）》，在今后 3 年，广西将开展"清洁乡村"巩固、"厕所革命"、污水治理、乡村风貌提升、规划管控、长效机制建设六大行动，建设一支整治农村人居环境的骨干力量、一支管理队伍、一个参与平台、一套村规民约、一批建筑工匠和一个服务团队，力争全面完成"美丽广西"乡村建设目标任务。三年行动将分"四步走"：一是 2018 年 8 月底前制定实施方案和任务清单；二是 2018 年 12 月底前完成 2 个全国示范县创建的相关工作；三是 2019 年 1 月至 2020 年 12 月在全区全面推进，所有项目如期完成；四是 2020 年 12 月底前完成总结评估验收。自治区计划筹措资金 197 亿元用于补助六大行动项目，各地将根据统一部署和下达的任务，通过财政专项资金、市场化投资、专项贷款和其他融资方式，做好整治资金筹措。据悉，农村人居环境整治已经列入中央环保督察的重要内容，自治区也将纳入绩效考评和政绩考评范围，把农村人居环境整治工作与自治区即将开展的乡村风貌提升三年行动、"美丽广西·幸福乡村"活动融合起来，全面提升农村人居环境质量，建设生态宜居的美丽乡村。

通过广西的三年行动规划，广西的农村人居环境整治已经取得不错的效果，部分指标高于全国平均水平（见图 6-1）。农村卫生厕所普及率达到 91.47%，高于全国平均水平 23.47 个百分点。农村生活垃圾收运处置体系覆盖行政村比例达 97%，高于全国平均水平 7 个百分点。建制镇污水处理设施覆盖率超过 77%，治理项目所在地村庄生活污水处理率达到 60%以上。全区畜禽粪污综合利用率为 88.49%，高于全国平均水平 13 个百分点。实现全区所有建制村通硬化路、通客车，超额完成目标任务。

全面完成厕所革命任务。三年行动计划改厕 102 万户，实际完成 115 万户；建成农村公共厕所 2 161 座；农村卫生厕所普及率达到 91.47%，高于全国平均水平 23.47 个百分点。探索形成"两次处理、两次利用、实现两化"的农村厕所粪污处理利用"三个两"模式和农村黑灰污水治理广西模式。

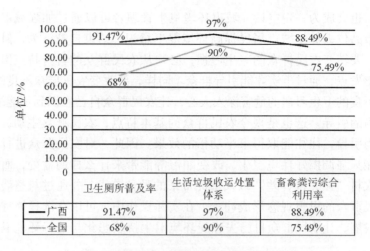

	卫生厕所普及率	生活垃圾收运处置体系	畜禽粪污综合利用率
广西	91.47%	97%	88.49%
全国	68%	90%	75.49%

图6-1　广西三年行动规划部分成果图

全面构建农村垃圾治理体系。深入开展"清洁乡村"巩固提升行动，构建了"村收镇运县处理"、边远乡镇"村收镇运片区处理"、边远乡村"村屯就近就地处理"体系。全区共建成乡镇垃圾中转站938座、村级垃圾处理设施1651处，完成非正规垃圾堆放点整治销号271个；农村生活垃圾收运处置体系覆盖行政村比例达97%，高于全国平均水平7个百分点。

梯次开展农村生活污水处理。全区累计建成镇级污水处理厂560座，镇级生活污水日处理能力约77万吨，建制镇污水处理设施覆盖率超过77%。完成村级农村生活污水治理项目建设980个，项目所在地村庄生活污水处理率达到60%以上。

持续推进乡村风貌提升。大力开展"三清三拆"环境整治和"三清一改"村庄清洁行动，开展村庄"三清三拆"环境整治9.6万个，实施村庄基本整治3.65万个，推动811个设施完善型村庄及175个精品示范型村庄整治改造。实现全区所有建制村通硬化路、通客车，超额完成目标任务。

村庄清洁行动成效显著。全区累计发动干部群众300多万人次，清理出农村生活垃圾400多万吨，清理残垣断壁10多万处。到2020年年底，全区畜禽粪污综合利用率为88.49%，高于全国平均水平13个百分点；95.46%的畜禽规模养殖场配套了粪污处理利用设施设备，全区秸秆综合利用率达84.86%。

村庄规划编制有序推进。稳妥有序推进"多规合一"实用性村庄规划编制，基本摸清三年内"有条件、有需求"开展村庄规划编制的行政村数量约3000个。全区14个设区市和71个县全部完成县域村庄布局专题研究，开展村庄规划编制约900个。

（七）政府在人居环境治理中应该发挥什么作用？

完善环境治理财税政策，合理运用财政资金。改革环境税费制度，要建立健全污染者付费制度，提高排污费征收率。重视加强征管体系的建设，严厉规范企业的排污缴纳制度，明确缴纳的标准，落实做到"谁污染谁治理，谁排污谁买单"，实现外部成本的内部化运作，使用经济手段来增强企业的规范排污意识。对于超出排放标准的高污染、高消耗的企业、工厂，可以适当提高它们应该缴纳的税额，通过这种手段，促使他们更新生产设备，提升生产工艺。对于那些在生产的设备改进和生产工艺提升上取得节能减排的相应成果的企业，可以适当减税，或进行相应的补贴。同时也要鼓励这些企业积极的申请专利，并把这些设备、技术进行大范围的推广。

建立事权与财权匹配的财税体制，提升环境公共物品的供给能力。我国之所以要进行财税制度改革，就是为了使财税管理体制能够和事权相适应。当前，中央政府所制订的环境治理政策必须由地方政府予以落实，但当前的财税政策却让地方政府无法贯彻落实国家的环境治理政策。因此，要有完善合理的环境财政制度，让中央制定的环境保护转移支付方式能在地方完美实施；再者，在环境事权上，也要对各级地方政府进行合理分配，使各个地方政府能获得相应的财权，从而使环境事权与财权相互配合，使地方政府在治理环境时，有充足的资金来源。在环境公共物品中引入市场机制，使其能够发挥有效作用。环境公共物品有一个特点就是收益较低，而成本突出，所以需要地方政府对其实施优惠补贴政策，允许私人和市场主体经营相关的环保公用设施。对于一些可以通过投资获益的环保事业单位，可以对它进行企业化改革，以便对市场私人资本进行吸收。地方政府也应该通过税收资金等项目对其提供支持，同时在环境公共物品市场准入机制上放宽条件，通过 PPP（Public-Private Partnership）等公私合营的模式，引进民间的资本，加强基础设施建设，尤其是环境领域的基础设施建设工作，对民营资本的投资经营设定一定的规则，从而实现公平公开竞争原则，打破部门利益垄断及地方保护主义。

提高政府合理运用财力的能力。财政收入、支出对环境治理绩效也有一定的影响，因此要注重提升政府运用财力的能力，也就是在要在环境治理的投资中做好科学的决策。财政管理就是发挥财政资金作用的过程，对民生和环境的改善效果可以通过投资水平体现出来。要加大环境治理的资金投入，同时对于财政也要进行具体细致的管理，使财政资金的效用得以最大化，从而评估财政支出绩效，加强资金的监管，更好地利用财政资金进行民生的改善，实现财政支出的最大化效果。提高财力运用能力的同时，也要提高民众对环境治理投资的监管意识。政府部门要充分调动群众监督管理的积极性，要为群众创造提供更多合理有效的监督管理途经。要在制度建设中更加完善，具体落实。例如，开展信访举报制度，不断完善信访举报制度的信息渠道，保证信息渠道畅通无阻。近几年，在新媒体迅速发展之下，随着网络移动终端的普及和应用，各个部门针对信访案件，都可以加快处理流程，线上线下相结合，从而使得上访群众所反映的情况能及时得到处理，并可以实时查询、追踪、监督、评估办理的动态信息，包括流程和结果，从而使得信访制度更加高效透明；加强人大代表和民众之间的互动，对于群众的呼声，新闻媒体和政府监管机构要及时了解和倾听，从而加强和民众的联系，使工作能更方便地开展，从而最大限度地发挥民主监督的作用，增强其监督效果。要遵循"民意的倾听—了解—改善民生"的机制，主动去发现和解决问题。同时也要注重以"以人为本、方便群众、立足现有、统筹考虑"的原则，及时处理公众反映较为强烈的环境污染问题，找出需要改进的地方，再思索怎样去优化环节，从而使环境污染问题得到有效解决，使资金得到合理使用，以获得更好的外部效益。

（八）农村环境政策解读

从 2003 年开始是以生态补偿和村镇综合整治为主的多元化阶段。2003 年到 2012 年，我国经济发展进入了工业反哺农业阶段，我国农业农村也进入新的发展阶段，主要特征是"以工补农、以城带乡",努力实现工业与农业、城市与农村的协调发展阶段。2003年,党的十六届三中全会提出科学发展观,强调"可持续的发展观"。2006年,我国政府推出了可谓农业改革壮举的农业政策"全面取消农业税",启动了适应我国农业经济发展水平的农业政策架构。这一阶段,中央提出"以人为本"的发展理念,我国政府从农业支持保护、农村社会保障、城乡协调发展角度对农村环境问题进行布局,农村环境政策的主要目标在于改善农村人居环境,提升农民生活质量。

2004年,《环境保护行政许可听证暂行办法》出台,标志着我国正式进入全民环保的新阶段。2006年,《国家农村小康环保行动计划》由国家环保总局正式发布,提出了"十一五"期间农业农村环境保护的新目标。2007年国务院颁布《关于开展生态补偿试点工作的指导意见》,要求落实"以奖促治",加快用财政手段解决农村环境问题的新方向。2008年我国召开首届农村环保会议,提出综合统筹城乡环境保护和经济发展,把农村环保放到更为重要的战略地位。2004年开始连续12年的中央一号文件高度集中于"三农"事业,农村环境保护工作也受到广泛关注和高度重视。2004年中央一号文件具体提出了"六小工程"、天然林保护工程和湿地保护工程等项目;2005年增加了测土配方施肥、农村饮用水安全和水土保持工程的相关内容;2006年新增了节约型农业、村庄规划和人居环境治理、生态补偿机制若干规定;2007年强调了节约集约用地、制止污染企业向农村扩散,并对农村饮水安全问题解决做出具体规定;2008年新增完善小城镇规划的内容;2009年提出了最严格的耕地保护制度以及集约用地制度,并将农村环境保护责任具体到各地方政府的职责内;2010年提出了防止城市工业污染向农村扩散的要求。2012年提出了把我国农村地区的环境整治作为环保工作的重点,并特别强调对农村面源污染的控制。这些政策的颁布和执行,有效控制了农村污染的进一步扩展,在部分地区取得了良好的效果。

2013年至今是以生态农业和农业可持续发展为主的综合治理阶段。2013年以来,我国农业环境问题凸显,农业资源要素更加紧缺,生态环境承载力接近极限,农业资源过度开发现象频频发生。党的十八大召开,把生态文明建设提到了前所未有的战略高度,并提出新型工业化、信息化、城镇化和农业现代化同步发展的新目标。优化农业发展布局,全面推进生态农业发展,成为此期间关注农村环境政策的重点。全面推进农村人居环境整治,有效促进农业循环经济健康有序发展,是这一阶段农业农村工作的重中之重。2013年,党的十八大报告中提出建设美丽中国的新目标,同年中央一号文件继续锁定"三农",相应的提出了建设美丽乡村的新目标,美丽乡村建设是建设生态文明的重要组成部分,更是建设美丽中国的重要组成部分。一号文件指出通过加强农村生态建设、环境保护和综合整治等途径来实现这一目标。2014年中央一号文件针对农业农村可持续发展的长效机制,提出八项重点工作。2015年1月1日,修订后的《环境保护法》正式实施,我国环境保护工作又有了新的标准和更严格的要求。2015年3月,国务院常务会议讨论通过了《全国农业可持续发展规划》,提出实施水土资源保护、农业农村环境治理等重大工程,把促进节约高效用水,防治农田和养殖污染,发展生态循环农业等作为主要工作目标。改革开放以后对于环境保护的法律条文见表6-1。

表 6-1 改革开放以后关于坏境保护的法律条义

时间	政策文件名称
1978 年	《环境保护工作汇报要点》
1979 年	《中华人民共和国环境保护法（试行）》
1982 年	《中华人民共和国宪法》
1989 年	《中华人民共和国环境保护法》
1993 年	《中华人民共和国农业法》
1998 年	《中共中央关于农业和农村工作若干重大问题的决定》
2001 年	《国家环境保护"十五"计划》
2004 年	《环境保护行政许可听证暂行办法》
2006 年	《国家农村小康环保行动计划》
2007 年	《关于开展生态补偿试点工作的指导意见》
2014 年	《中华人民共和国环境保护法》（修订）
2015 年	《全国农业可持续发展规划》

思考题

1. 在环境治理中，政府采取了哪些措施取得了什么样的效果？
2. 红岩村环境治理完成后将会带来什么样的好处？
3. 如果你是地方政府官员，将会如何处理环境保护与经济发展之间的矛盾？

附录

【材料一】

广西实施农村人居环境整治三年行动

2020 年，全区农村生活垃圾处理率和无害化卫生厕所普及率均保持在 90% 以上，人口规模较大的自然村内部主要道路基本实现硬化、绿化、亮化，基本实现镇镇建成生活污水处理设施……6 月 20 日，记者从自治区政府办公厅了解到，根据自治区政府第 8 次常务会审议通过的《广西壮族自治区农村人居环境整治三年行动实施方案（2018—2020 年）》，今后三年我区将通过开展实施"清洁乡村"巩固、"厕所革命"推进、污水治理推进、乡村特色提升、规划管控提升、长效机制提升"六大行动"，推动农村人居环境提档升级，全面完成"美丽广西"乡村建设目标任务。

"清洁乡村"巩固行动，以农村垃圾治理为重点，全面深化"清洁家园""清洁水源""清洁田园"专项活动，建设不少于 500 个村级收集转运处理设施项目，完成两个全国示范县和 14 个自治区试点镇创建工作，全面推进非正规垃圾堆放点整治工作，基本消除垃圾山、垃圾沟、工业污染"上山下乡"现象。

"厕所革命"推进行动，将推动农村新建住房全面配套无害化卫生厕所和农村户用厕所无害化改造，确保全区农村无害化卫生厕所普及率保持在 90% 以上，在行政村所在自然村或集中连片 300 户以上的自然村、集贸市场、中小学校、乡村旅游景区等人群聚集地区，建设或改造 2 000 座以上公共厕所。

污水治理推进行动，将继续推进镇级污水处理设施建设，再建成 150 个以上镇级污水处理设施，污水收集主管向周边农村延伸 500 千米以上，完成两个全国农村生活污水处理示范县和 3 个自治区示范县建设，完成 1 000 个行政村生活污水处理项目建设。

乡村特色提升行动，将着力实现全区具备条件的建制村全部通硬化道路，推广"微花园、微菜园、微果园"生态治理方法，实现村庄公共空间的硬化、净化、绿化、亮化、美化，力争完成 500 个乡土特色示范村和 200 个边境特色村寨建设。

规划管控提升行动，将加快推进乡村规划建设管理地方立法，进一步简化和规范农房规划建设许可的内容和程序，完善乡镇"四所合一"体制机制，赋予乡镇一级政府更大的规划建设管理权限。

长效机制提升行动，将完善"美丽广西"乡村建设监督管理机制，建立"有制度、有标准、有队伍、有经费、有督查"的"五有"长效机制。

作为实施乡村振兴战略的重要内容，我区农村人居环境整治三年行动将纳入"美丽广西"乡村建设活动统筹推进。此外，自治区将农村人居环境整治作为环保督查的重要内容，纳入各市、县和各责任单位年度绩效考评范围，并采用"红黑榜"通报制度，每个季度对各地督查检查和考核评估情况进行通报。

【材料二】

国内外有关农村环境问题治理的研究

国内外有关农村环境问题治理的研究主要集中于以下几个方面：一是农村环境问题成因。吴桂英在关于农村环境问题的研究中，比较了传统生存方式与现代生存方式的差异，并指出这种差异是当下乡村环境污染产生的根源。王晓毅则认为，"知识和权力的转移"是导致今日中国农村环境污染和生态恶化的重要原因，"随着农村知识权力的丧失，农村的决策权力也让位于外来的决策者，发展的结果是农村无法保护自己的环境，而只能依赖于外部的力量。"洪大用则从体制性角度找原因，认为造成农村环境问题相对城市环境问题更为严峻的重要原因是城乡控制体系的二元性。李楯等在《中国环境发展报告（2012）》阐明的农村环境恶化的原因则更为具体详尽：农业（种植业和养殖业）自身经营方式的改变，伴随着过量使用农药化肥农膜等；农村生活方式的改变，生活中大量日工业品的使用导致在缺乏配套垃圾处理的情况下，废弃塑料制品、废电池、废弃电器等所造成的污染更甚于城市；80 年代兴起的乡镇企业对农村污染严重；原先位于城市的污染型企业转移到农村；城市废弃物以至于国外的废弃物转运到农村等。以上关于农村环境成因的研究成果基本代表了国内学界对这一问题的各种认识。特别值得强调的是，国外学界对这一问题的看法已经被国内学界借鉴吸纳。之所以如此，乃是由于世界上率先完成工业化的国家对于环境问题的变化相比于国内往往关注得更加早一些，而中国作为一个后发国家，在相关问题的研究上具有"后发优势"，可以充分借鉴发达国家的研究成果。比如，日本的环境问题学者饭岛伸子提出的"生活者的致害化"命题随着其著作《环境社会学》的翻译，在 20 世纪末被我国学者引介到国内。饭岛伸子总结了日本环境问题的发展历史，并且深入研究了环境问题发生的机制，他发现，20 世纪 70 年代后期环境问题增加了新的发生源，一是生活者，"生活者的致害化"意在刻画消费者的消费方式变化对环境问题的影响。不难发现，"生活者的致害化"这一命题实际上就是强调生活方式变迁对环境的影响。二是农村环境抗争问题。这一问题可以细分为对农村环境抗争运动的影响因素的研究以及对农村环境抗争困境的探讨两部分。从影响因素来看，国内学者强调亲属关系、熟人关系以及地方性文化等的重要性。比如，童志锋对于福建省 P 县的一起大型农村村民反污染抗争事件的研究就表明，亲属关系、熟人关系网络是农村环境抗争运动的组织动员基础；景军对于西北农村的一个环境抗争事件的分析则阐释了地方性文化的独特意义。对于环境抗争运动，与童志锋、景军等强调关系网络和文化因素对环境抗争运动的影响不同，张玉林则强调地域的差异性以及污染分配的不平衡性，对于这一点，李德营则从城乡关系和邻避冲突的角度给出了具体化论证。三是农村环境治理模式。对于农村环境治理模式的研究，其实就是对于农村环境治理中政府、市场与社会三者之间关系的研究。由于市场力量介入农村环境治理的实例非常少，因此，对于农村环境治理中市场失灵的讨论往往止于理论探讨。更何况，由于农村环境是一种公共产品，农村环境治理是一项基本公共服务，市场力量在公共产品领域会"失灵"这早已是经济学理论中的常识。冯健运用经济学的分析方法从供给角度出发，论证了由于"市场失灵"和"政府失败"的存在必将导致农村环境污染及治理不足。相比较"市场失灵"而言，农村环境治理领域的关于"政府失败"的讨论则要丰富得多，这很大程度上得益于政府介入农村环境治理的不断深入。胡双发等指出，由于"信息不对称、行政管理的分割性、环境管理的行政色彩浓厚、地方政府的地方保护观念、环保机构的倒金字塔结构以及排斥公众参与决策监督"六大原因，政府主导型的环境管理模式与我国农村环境保护存在着明显的不兼容性，因而对治理我国农村的面源环境污染的作用非常有限，以至完全失灵。针对"政府失败"，既有研究提出的对策主要体现为两个思路：提高自主治理水平，强化法律对农村环境的保护。论证强化自组织力量在农村环境治理中的必要性，往往意味着一方面是论证政府力量的不足，另一方面论证自组织力量的优势。李颖明等结合农村环境污染的特点比较了以政府为主体的治理模式和以农民为主体的自主治理模式的优劣，指出农村污染具有污染源小而多、污染面广而散的特点，政府的大量投入相对于广大的农村来说实在有限，需要反思以完全信息为基本假设、以政府为主体的农村环境治理模式。郭桂玲认为要充分认识到农村非政府组织在农村环境治理中的独特优势，同时也要看到其发展中面临的现实困境，找到解决办法使其在农村环境污染治理中发挥重要作用。廖晓义等通过总结自己多年"乐和家园"的实践经验指出：乡村环保关键是社会建设，必须从社会治理的角度来看待农村环境治理。对于农村环境保护立法，孙佑海研究表明需要加快农村环境立法工作，解决立法滞后问题。蔡守秋研究认为农村环境保护法规的内容主要包括：防治农村环境污染和生态破坏，发展生态农业和农村绿色能源，建设环境优美村镇、生态村镇，实行农村环境综合整治法律。

参考文献

[1] 吴桂英. 生存方式与乡村环境问题：对山东 L 村环境问题成因及治理的个案研究 [D]. 北京：中央民族大学，2013.

[2] 王晓毅. 沦为附庸的乡村与环境恶化 [J]. 学海. 2010（2）：60-62.

[3] 洪大用. 我国城乡二元控制体系与环境问题 [J]. 中国人民大学学报（社会科学版），2000（1）：62-66.

[4] 饭岛伸子. 环境社会学 [M]. 包智明，译. 北京：社会科学文献出版社，1999：24-29.

[5] 童志锋. 变动的环境组织模式与发展的环境运动网络：对福建省 P 县一起环境抗争运动的分析 [J]. 南京工业大学学报（社会科学版），2014（1）：86-93.

[6] 景军. 认知与自觉：一个西北乡村的环境抗争 [J]. 中国农业大学学报，2009（4）：5-14.

[7] 张玉林. 另一种不平等-环境战争与"灾难"分配 [J]. 绿叶，2009（4）：28-43.

[8] 李德营. 邻避冲突与中国的环境矛盾：基于对环境矛盾产生根源及城乡差异的分析 [J]. 南京农业大学学报（社会科学版），2015（1）：89-99.

[9] 冯健. 农村环境治理的经济学分析 [D]. 杭州：浙江大学，2005.

[10] 胡双发，王国平. 政府环境管理模式与农村环境保护的不兼容性分析 [J]. 贵州社会科学，2008（5）：91-94.

[11] 李颖明，宋建新等. 农村环境自主治理模式的研究路径分析 [J]. 中国人口·资源与环境，2011（1）：25.

[12] 郭桂玲. 农村非政府组织介入农村环境污染治理问题探析 [J]. 学习论坛，2015（12）：52-54.

[13] 廖晓义，刘芳. 乡村环境问题的社会治理视角：以地球村"乐和家园"建设为例 [J]. 绿叶，2014（6）：60-67.

[14] 孙佑海. 运用环境法治推动农村环境保护 [J]. 环境保护，2008（15）：11-13.

[15] 蔡守秋. 论农村环境保护法规制的主要领域 [J]. 中国地质大学学报（社会科学版），2008（6）：1-6.

二、教学手册

（一）课前准备

1. 准备多张大白纸（或者白板）、粗号笔（白板笔），胶带若干，用于书写讨论意见，并便于课堂展示。

2. 按照相关利益主体分配角色，一部分扮演广西壮族自治区工作人员，一部分扮演红岩村村民委员会委员、一部分扮演红岩村村民。

3. 提前认真阅读《广西壮族自治区红岩村环境治理政策思考》案例，准备案例后的思考题。

4. 准备广西壮族自治区恭城瑶族自治县莲花镇红岩村地形地势图一份，使学生在课堂中充分了解事件发生的行政区划及地理特点。

（二）适用对象

本案例可以用于农村公共管理、公共政策分析、公共危机管理等相关课程的教学活动。适用对象包括农村公共管理学术型研究生、从事相关管理工作的人员。本案例还可适用于具备一定公共管理基本知识并对公共危机管理、公共政策有兴趣的非专业人士、学生和实际操作者学习使用。

（三）教学目标

通过教学，本案例有以下几个目标：

第一个目标，是使学生明确农村环境治理的基本流程。案例通过对红岩村环境治理事件的描述，使学生了解农村环境治理的主要目标是提高村民的幸福感。在本案例中，红岩村环境变差的原因主要是城市和工业转移而来的污染；经济发展与环境保护之间相互制约，使得农业政策与环保政策面临取舍矛盾；资金投入不足、监管机制不健全等问题极大影响了红岩村环境政策的执行效果。在充分认识到上述原因后，红岩村通过采取规划先行建新村；环境治污村庄美；垃圾不落地，环境更美丽；巩固建设成果，加大资金投入等措施进行环境治理。

第二个目标，是要学生了解政府应如何根据政策制定环境保护措施，在人居环境治理中应该发挥什么作用。

（四）要点分析

1. 在农村环境治理中，如何有效地找到原因对症下药？
2. 政府应该发挥什么样的作用来促进环境治理？
3. 农村环境政策是什么？政府应当如何制定？

（五）课堂安排

1. 10 分钟案例介绍。教师可以请学生简单地谈谈自己对农村环境治理的所见所闻所想，时间大约5分钟。通过这种方式，学生可以分享看待农村环境治理的不同角度，然后介绍新店镇的基本情况及该案例的整个过程。

2.20分钟课堂讨论。针对案例的思考题，交流发言、课堂讨论，积极思考，集思广益。

3.15分钟角色扮演。根据课前准备分配的角色，进入角色扮演模拟教学环节，让大家对广西壮族自治区红岩村环境治理采取的措施进行充分的讨论。通过讨论，学生表达自己的态度以及提出自己的建议。

（六）其他教学支持

展示红岩村环境治理前的图片以及环境治理后的图片，更加直观地表现出红岩村环境治理的成果。

创新村民自治，建设"幸福村落"

——湖北秭归县的做法

一、案例主体

摘要： 本案例主要讲述了从 2012 年开始湖北省宜昌市秭归县创新村民自治形式，建设"幸福村落"的实际，以秭归县的行政村治理区域范围过大，村民委员会所需处理的事务重，村民难以参与村庄发展、干部难以为村庄发展做出成效、村民之间难以协调利益、基层民主治理画面难形成等问题为切入点，描述了秭归县建设"幸福村落"，创新基层治理模式的背景、经过、成效及其农村非营利性组织（村落理事会）参与村落自治的途径及成效，重点阐述了建设"幸福村落"实现村落自治的组织构成、实施的措施、实施的效果等，并在此基础上思考农村非营利组织在农村公共事务管理中存在的问题和困境。

关键词： 秭归县；农村非营利组织；村民自治；利益共同体

（一）引言

自 1982 年，我国提出"村民自治"的概念以来，我国农村基层群众自治已经运行了近 40 年，极大地促进了我国农村地区基层民主的发展。在实践的过程中，仍然有许多问题等待我们去发现，去解决。秭归县隶属湖北省宜昌市，位于湖北省西部，地处川鄂咽喉，是三峡工程坝上库首，是集老、少、边、穷、库、坝区于一体的山区农业大县。全县现下辖 12 个乡（镇）、186 个行政村、7 个居委会，总面积 2 427 平方千米，全县总人口 379 839 人，其中农业人口 312 531 人，非农业人口 67 308 人；乡村劳动力总资源 202 209 人，外出务工人员 85 162 人。秭归县与武陵山片区其他地区存在着共同点：①地大人稀，自然环境恶劣；②多处于贫困山区，经济发展水平低；③基础设施建设薄弱，与外界联系困难；④科教文卫等社会事业落后。以上种种原因，共同造成了一个恶性循环的局面。从 2012 年下半年开始，湖北省秭归县在全县开始开展以"十个得到"为主要内容的"幸福村落"建设，通过创新村民自治实践的形式，将大的建制村庄划分为若干个小的自然村落，在自然村落内建立党员小组，同时构建村落理事会作为自治平台，以"两长八员"作为中坚力量，强化村落自治制度保障，引领群众参与"幸福村落"建设，从而化解农村社会"神经末梢"治理失灵问题。秭归县是村民自治的先驱，全国治理创新的地方样本。基层组织探索经历了三个阶段：第一次探索是人民公社时期"三级所有"队为基础，找到了以生产小队为基本核算单位；第二次探索就是以小岗村为代表的"包产到户"，找到了以家庭为生产经营基本单位；第三探索就是在行政村以下，寻找村民自治的基本单元，秭归创建"幸福村落"是第三次探索的排头兵，为全国更好地落实村民自治提供了有力的范本。

湖北省秭归县的这一举措将人们带到了 2012 年年初的秭归县水田坝乡王家桥村。

（二）断头路引苦恼，村级治理出症状

湖北省宜昌市秭归县创新村民自治形式，建设"幸福村落"，开启自治新格局，起源于秭归县水田坝乡王家桥村。秭归县，位于湖北省地域范围的西部，长江西陵峡的两岸，三峡大坝的库区首部位置，地形地貌上属于长江三峡山地地貌，境内河谷交错，山丘起伏，在自然气候上属于亚热带大陆性季风气候，四季分明，年降雨量充沛，温暖湿润，且光照适宜，位于长江优势柑橘产业带的重要位置，秭归更是有着"脐橙之乡"的美誉。作为优势经济作物之一的柑橘，在秭归这片土地上是农民重要的收入来源之一，山川河谷，林间田地，放眼一望，农村中到处都种植着柑橘，每年到了冬天以后，秭归县整片山野都会挂满黄澄澄的果实，而这个被国家列入农村改革试验区的县，种植柑橘的面积达到了 31 万多亩。而位于秭归县水田坝乡的王家桥村拥有 4 000 多亩的山地，更是将几乎是能种柑橘的地方，都全部种上了各种各样的柑橘。由于山势高峻，地势陡峭，田地间不通道路，运输柑橘的机动车辆难以进来，成了制约柑橘产业发展的重要问题。当地农民种植柑橘最辛苦的便是运输和采摘，农户采摘运输一趟柑橘不仅需要好几个青壮年劳动，还得花费数个小时。王家桥村的老书记曾给这样的画面编了个顺口溜"背上柑子爬上坡，人老体弱耐不活，请工一天两百多，卖斤橙子少几角"，生动展示了柑橘采摘运输环节费用昂贵的问题。老支书说："采摘工人的工钱年年都在上涨，一年比一年贵，而到了今年就已经翻了好几番，从原来一亩 200 到 300 多元的采摘费，到现在，仅仅一亩橘园的人工采摘运输的费用就需要 1 000 多元。"当地百姓也希望这条路早日修成，早日通车以此来减轻种柑橘的成本。

2012 年年初，秭归县的精品果园试验示范区项目落户于秭归县水田坝乡王家桥村，其中要配套建设一条 2.4 千米的果园产业道路，道路由村党委和村民委员会牵头实施，而修建这条道路，则势必牵涉占用村民的部分土地。据村两委统计，此次修路一共涉及好几个村民小组共计 78 户人家，然而，对于政府基础设施建设项目落地到当地农村，村子里面有部分村民的第一反应不是如何投身于公路的修建中，让村民期盼的好事情落地，而是想着政府投资的项目来了，就像来了一只嗷嗷待宰的大肥羊一样，都等着政府发放占地的补偿款了。

"政府修路占了我家田地，砍了我家的果树，就必须得赔偿我，不赔偿不行，赔少了也不行，能补偿 5 万元的，我就必须向政府要 10 万元。"这是当时部分村民的真实心理活动。而修建这条小产业道路，也让当了 30 多年的村干部的老支书身心疲惫。"在这之前修路要征用村民的土地，按照占用的面积每亩补偿两万多元。但是给了补偿

款还闹矛盾，不是嫌赔款少了，就是嫌占我家的地太多了，问题处理不好，一言不合就要堵修路的施工机械，派村党委的副书记去处理矛盾，还得挨老百姓的骂，受老百姓的窝囊气，所以至今矛盾没解决，问题也没顺。"后来，村两委还专门委派了几位在当地有影响力的村民去协助化解施工矛盾，处理村民堵路的事情，但到最后，这条路磕磕绊绊也仅修通 1.7 千米，计划中的最后几百米不了了之，到果园的路也就成了断头路。

对涉及修路的 78 户人家进行走访调查得知，大部分村民对修建基础设施的意识不够，而是为了从中获取更多的利益，阻碍政府修建基础设施。

与水田坝乡王家桥村情况相似的还有茅坪镇陈家坝村，陈家坝村村内有一家规模不小的茶场，是当地老百姓的重要经济来源，由于山路陡峭，百姓上山采茶难，而采摘后运输茶叶下山更难。于是秭归县县财政部门决定投资 50 万元帮助村里修路，但却因为征用村民的土地环节遭遇困境，将近两千米的村道却被修成了断头路。在这方面，令当时陈家坝村书记老傅印象颇深："整个村子有 1 000 多户村民，他们散落居住在大山之中，而且村民的心聚不到一起，山上的村民，山下的村民，自己有自己的安排，自己有自己的小算盘，有的想把拨付的资金用来修路，有的想搞产业发展，众口难调。"

（三）基层治理现实困境

为什么对群众有利的基础设施投资难以实施？为什么造福村民的公益事业确难办成？为什么一条路修了一大半却始终没修通？为什么对王家桥村和陈家坝村有益的产业路修建起来却频频受阻？这些疑惑引起了前来调研的宜昌市市政府和秭归县县政府两级领导的深深思考。

秭归县山高路险，交通不便。当地曾流传一句顺口溜：三五个村干部，数十里大山场，干部辛苦跑断了腿，堵不住老百姓埋怨的嘴。

据秭归县负责民政事务的局长介绍，2000 年到 2001 年，秭归县开始实施税费改革，为了减轻农民的负担，节约公共财政支出，于是在全县范围内开始施行合村并组，秭归县的 467 个行政村庄，被合并至 186 个行政村，而村民小组则从原来的 3 000 多个，合并到了 1 152 个。合村并组，看似降低了乡村的行政运行成本，但是却也给行政村庄带来了治理范围偏大，管不过来的新问题。全县经过合村并组后的新的行政村庄，其治理的范围面积平均达到 13 平方千米。其中地域面积最大的屈原镇九岭头村则达到 40 多平方千米。每个村的平均人口达 1 700 多人，而管理人数最多的要数茅坪镇溪口坪村，其总人口数就达到了 4 280 人。要管理的范围越来越大，要服务的对象也越来越多，而一个村就只给配备了 3 至 5 名村干部，一方面村两委干部要忙于落实县里部门与乡镇分配下来的行政事务；另一方面还得听从上级安排不时在外开会、参观学习。干部的精力全都花在了"行政化"工作上，"自治性"事务完全顾不上，干部是越来越忙。

而在一个行政村庄里，一般有 10 多个自然村落，其地域分布呈现垂直分布，下可分布至江边、向上可至山顶，整个海拔的落差有 1 500 多米。而山上的人与山下的人，想的东西又不一样。有的村民都认为眼前的事情最重要，对村内的其他公共事务、基础设施建设，关注的力度、共识度低。"果园的排水沟政府不给挖到自家田地里，产业道路不修到我家门口，我就不参加。"这也是当时大多数村民的心态，从而村民的民心就也聚不到一起。

（四）建设"幸福村落"，创新村民自治

面对村内基层自治组织治理困境和农村经济社会发展所存在的现实困境，湖北省宜昌市秭归县从2012年下半年开始摸索建设"幸福村落"，创新村民自治形式，开拓村落自治新局面。自治实践的核心关键是通过将行政村这种大单元，按照一定的方式，通过合理划分，变自治大单元为自治小单元，创新基层治理架构，构建"双线融合"的新的治理模式。

村落具体是如何划分的呢？秭归县在考虑血缘、亲缘、利缘、地缘等关系的基础上，按照产业发展方向相同、利益共同分享、风向共担、规模上适度、群众内心自愿、地域上相近等原则，因地制宜。在总体方案中，秭归县按照50~80户左右，1~2平方千米地域面积的规模，将原有的一个个行政村、建制村划分成若干个小的自然村落；在具体的村落划分方案中，由村民代表大会讨论决定，因地制宜，不搞一刀切。新划分的村落，以原有的自然村落为基础，在规模上要比原来的村民小组小。从总体上来看，秭归县全县186个行政村，1 152个村民小组，被划分为了2 035个自然村落。茅坪镇的陈家冲村的原有的6个村民小组，也被划分成了10个自然村落。

在村级的组织结构等方面也重新安排，重新设计，在坚持党对村级组织、村级事务领导的基础上，实行了"村党组织—村落党小组—党员"和"村委会—村落理事会—农户"的融合运行的治理模式。自然村落内有党员3人及以上的，就在当地村落内同步组建党小组；村落内党员数量不满3人的，与邻近的自然村落联合组建党小组。全县2 035个自然村落，一共组建党小组1 643个，实现了党小组在村落内的全覆盖，让村民来共同分担利益，同时使村落理事会成为党和政府与农民群众联系的桥梁纽带。在村级组织架构设置上，各村在"双线运行，三级架构"总体架构的基础上，创新治理模式，如茅坪镇陈家坝村通过村落理事会，根据村落自身实际，组织党员群众民主协商制定村落的村规民约和"公益创投"，同时明确奖惩措施。对遵守村规民约的人给予奖励，违背村规民约的人施以惩罚。如对村落内村民遵守村规民约的情况进行检查，并进行按照实际情况量化评级，将遵守的情况分为8个级别，得分名次靠前的人给予一定物质奖励，而总的量化评级分低于39分以下，则不给予任何奖励。引导全村的村民加入村内成立的公益性社团，通过为村内公共事务服务来换取相应积分，从而让自治手段的更多样，方法更灵活，操作性更强，也充分发挥村落理事会这个农村非营利组织参与农村公共事务管理的优势。

在村落干部配置上，组织发扬民主精神，挑选优秀村落骨干力量，发挥能人带动效应。秭归县按照村落来召开村落群众会议，村民通过不记名投票的方式，民主选举村落"一长八员"（村落理事长，经济员、宣传员、帮扶员、环卫员、调解员、管护员、张罗员、监督员），其中村落理事会换届选取，每三年一届，将"一长八员"作为村落治理骨干推进村落自治；同时根据工作能力大小，一人可兼多职，提倡村落的党小组长兼任村落的理事长，推荐村落党小组的党员兼任村落"八员"。

秭归全县的2 035个村落，一共推选村落"一长八员"9 389人，其中党员数量2 908人，所占比超30%，在村中很多办事有效率、村内有影响力，参与有精力、服务

热情的农村党员、退休干部、退伍军人、产业大户、新乡贤等骨干被推选为"　长八员"参与村落治理，不仅解决了村委会服务范围半径过大、提供管理服务难等问题，同时也为乡村振兴储备了一批后备人才力量。在最近的一次换届选举中，就有 66 名村落"一长八员"被推荐进入了村"两委"班子。

与此同时，每个自然村落每季度评比一次环境卫生，并在所在行政村中予以公示。村民在产生矛盾纠纷时，先在村落内通过村落的党小组和村落理事会调解，调解不下来，处理不了的矛盾，再到村委会进行处理，内部解决问题，尽量降低上访率。在村落的公益项目建设上，让村民们自主决定，协商实施。

秭归县也发布了有关村落自治文件规章，如《村落理事会章程》《村落公益事业议决建管办法》《"幸福村落"考核标准》等 10 多个工作规范，引导村落群众有秩序、有规则开展村落自治。同时县委县政府还出台了相对应的激励机制，提升村民自我治理的思维，激发村落自治的内生力量。如一方面通过给予村落评定级别给予其在行政村内的名誉，每年通过组织民众选举评出一批"幸福村落""五星级党员""优秀一长八员"，并张榜公示，给予相应的经济、物质或是精神奖励。另一方面以奖代补给以集体资金，通过组织村落评比，以给予村落名誉和村落奖金的形式来鼓励村落积极参与建设美好村落。从 2015 年起，秭归县县财政部门每年为每个行政村预算安排 2 万元"幸福村落"建设资金，其中的 1 万元直接拨付到各行政村，用于村落工作经费和集体经济建设；另外的钱分配到乡镇，用于"幸福村落"建设的考核奖励。此外，县委县政府还研究出台了《村落项目建设管理办法》，以村落为单位，组织申报项目，来简化立项、审批、监管行政手续，对于 20 万元以下的资金申请，直接由村落组织实施。6年以来累计安排"一事一议"财政奖补资金近 1 亿多元，向上级部门争取到各类公共项目资金 10 亿多元，极大地调动了基层开展村落自治和村民干事创业的积极性。

县委县政府通过对秭归县茅坪镇建东村和陈家坝村两个村 260 户村民进行问卷调查，了解村民对"幸福村落"建设的情况。首先是对"幸福村落"的划分、推选理事、制定章程和规划是否征求了民意、是否得到满足的调查（见表 7-1）。

表 7-1　"幸福村落"规划是否征求民意统计

	频数	百分比/%
没有征求，完全不知道	44	20.37
征求了意见，但没有得到满足	92	42.59
征求了，并得到了满足	80	37.04
合计	216	100

注：调查共问卷调查 216 户且全部有效。

其次是了解村民是否参加了理事的推选，是否了解村落发展规划和章程。（见表 7-2）

表 7-2　村民是否了解与参加理事会推选

	频数	百分比/%
很忙，没有参加	40	17.24
参加了，但是不太了解章程和规划设置	100	43.10
参加了，充分了解，感觉选举客观公正	76	32.76
参加了，但是对选举不太满意	16	6.9
合计	232	100

注：调查共问卷调查 232 户且全部有效。

最后是了解村民在"幸福村落"建设过程中有无村民利益冲突，最终的解决方式是什么（见表 7-3）。

表 7-3　"幸福村落"建设是否有利益冲突

	频数	百分比/%
没有冲突	96	41.38
有冲突，满足村庄集体利益	32	13.79
有冲突，满足村民个人利益	92	39.66
有冲突，双方都有退让，协商和解	12	5.17
合计	232	100

注：调查共问卷调查 232 户且全部有效。

（五）村落理事会促进民主协商

一个院坝，一圈椅子。

夜幕降临，村民们三三两两到来，围着火盆而坐。

天气渐凉，地处山区的湖北省宜昌市秭归县杨林桥镇响水洞村第九村落却格外热闹。

这一晚，响水洞村党总支书记秦×尚组织召开"村落夜话"。预防猪瘟的消毒费用明细、土地流转合同签订的注意事项、脆红李种植发展规划……这些，都是大伙儿"夜话"的内容。

"过去，村里议事常常只有二三十个村民参加，做出的决定很难代表全村 2 000 多人的意见，想要实行就更难了，如今，大家一起商量拿主意，专业问题有法律顾问把关，干起事儿来劲头也更足了。"秦×尚说。

回顾过去，政府投资，征用村民土地，砍树先后要补偿村民 50 多万元，花费三年时间，最终却只能修一条长约 1.7 千米的断头路。秭归县茅坪镇陈家坝村，一条长 1.5 千米、宽 3.5 米的田间公路建成，没花费一分钱的征地补偿费用。"有了这路，大伙儿采茶、种庄稼方便了不少，来旅游度假的人也多了。"陈家坝村第一村落理事长黎×铭语气带着自豪。陈家坝村第一村落大量耕地在陡峭的山坡上，种地、施肥、采摘、运输全靠肩挑背扛，山坡上居住的村民出行也极为不便。修路，成了众望所归。

可是，修路合不合法？钱从哪里来？占地征地、毁损青苗补偿等怎么办？

为解决系列问题，黎×铭等人组织村民开起了"屋场会"。

"我们家地多，可以与被占地的人互换一些。"

"没被占地的每户拿出 500 元，用于补偿被占地及毁损青苗的农户。"

通过一次次"屋场会"，一次次访农户，一次次搞协调，最终，家家户户签字确认并兑现承诺。

占了六七十户农户土地的田间公路半年内顺利建成，是秭归县推进乡村治理带来的改变。

水田坝镇王家桥村如今在村落理事会、"一长八员"的带动下，在开启了"幸福村落"建设的探索后，不再存在征地补偿，村落与村落、村民与村民之间，通过村落理事会，实现占地互调、资金自筹、砍树互补、用工相互分摊、自发协调的新的思维模式。从 2013 年以来，同样是 3 年时间，王家桥村村民通过自筹的方式修建了 7 条共 12 千米的果园路。而今村干部也不再像以前那样劳心费神，干吃力不讨好的村庄事务了。过去王家桥村只有 6 个村干部（含 3 个社区负责人）忙于村庄公共事务，而现在有 17 个理事长、85 个理事共同管理村庄事务，有了村落理事会，村级公共事务发展得风生水起。

村落理事会等农村非营利性组织，让群众说服群众，使群众来带动群众，让群众教育群众，这是组建村落理事会的核心出发点之一，也是建设"幸福村落"，开启村落自治的新格局带来的重要成果。水田坝乡王家桥村的某村的村落理事长老王说："一个村落内都是相熟的人，多多少总会沾亲带故，互相之间也有一定的约束，所以理事会能制定一些土办法，做成以前村干部想做却做不到的事。"

而创新村民自治，建设"幸福村落"也并非一帆风顺，村落自治也并不是一团和气。例如，在商量自筹资金修果园路之初，村落理事长老王组织了 20 多户村民开了 10 多次村落会议，最后一个不愿意项目实施的村民终于同意签字，但未曾想到的是，第二天他又改变主意，不同意项目实施，不让道路修建占用他的土地，也不出资金和劳动力。"既然这户人不出钱不出力，我们现在修的这条路修好之后这家人也不能用，村落内的其他村民也赞成这种做法。"路照样修，但是路线变了，绕开这户不愿投工投劳的村民家的果园。这下这户村民就着急了，只好挨家挨户上门求大家原谅，把线路改变回来。

截止到 2016 年 7 月，秭归全县农民共自筹资金 6 200 多万元，新修公路 111 条共计 3 688 千米。新修水渠 53 062 千米，新建水池 9 291 口共计 123 万多立方米。通过乡村"一事一议"把事务公开，把产业道路修到果园来，柑橘采摘销售田间地头就能完成，不仅节约了人力、物力、财力，还为村庄发展打下了坚实的基础。这也是秭归县创新村民自治形式，发挥农村非营利组织——村落理事会参与农村公共事务管理的最好写照。

通过搜集整理数据得知，秭归县"幸福村落"创建以来，通过发挥理事会的带头作用，发动群众筹资筹劳，所完成的成果见表 7-4：

表 7-4　2012—2015 年秭归县"幸福村落"成果

1. 新建田间果园公路 656 条 1 009 千米；维修田间果园公路 2 048 条 7 098 千米
2. 维修水渠 743 234 千米；新修水渠 53 062 千米

表7-4（续）

3. 维修水池 1 966 口，169 683 立方；新建水池 9 291 口，1 559 518 立方
4. 修建水管 1 757.99 千米
5. 新发展茶叶 49 499.5 亩
6. 新发展柑橘 45 000 亩
7. 新发展核桃 77 441 亩
8. 发展其他农作物 3 480 亩
9. 帮扶困难群众 9 129 户，38 557 人，帮扶金额 728.11 万元

（六）创新村民自治有成效

秭归县全面推行村落自治新机制，开展"幸福村落"创建，取得明显成效。村落群众自我服务、自我发展的意识增强，村落产业发展、环境建设、矛盾化解、困难帮扶等方面有了明显的进步和改善。这一乡村治理方式创新的核心，是把治理重心下沉，划小自治单元，解决了建制村（行政村）村民自治虚化、弱化的问题。各地的建制村，都是由若干自然村落组成的，是一个大村庄。大村庄的村民，在很多事情上缺乏共同利益，也就没有参与自治的动力。村委会很难把没有资产、利益关联的村民统一起来达成一致行动。而在一个自然村落内，很多村民同宗同族，血缘关系、利益联系紧密。村落内群众协商，自己解决自己面临的问题，比乡村组织自上而下去推动效果要好得多。秭归划小村民自治单元的改革探索，适应了农村经济社会结构的深刻变化，有效化解了农村社会"神经末梢"管理缺位和失灵问题。在建制村以下开拓出村民自治的空间，让"十几公里外的事"变为"家门口的事"，让自治进入"微观"和"细化"的具体层面。秭归的"幸福村落"创建，以村落党小组和理事会为自治主体，让党领导下的村民自治落到了实处，让协商民主延伸到了农村基层，也夯实了基层党建工作底盘。

"幸福村落"建设的好处，恰如秭归县水田坝乡王家桥村党总支书记向富柱编的顺口溜所说，"加上村落理事会，减去干部苦和累，乘以八员服务队，出去困难一大堆，农民群众得实惠。"如今在"幸福村落"治理模式下，村落群众自己推选"当家人"，自主商量产业发展规划，家家户户积极投身到议定公益事业中来，充分调动了广大群众的积极性，从而体验到村落建设的实质就是居民自我管理、自我教育、自我服务、自我监督的过程，自治意识明显增强。

董×春是建东村第五村落理事长兼任五村落张罗员，2013 年 3 月经全村党员群众大会推选为 2012 年度建东村优秀村落理事长。董×春为本村落发展和建设而做出的努力得到了群众的肯定，他的行为也深深地影响着群众。董×春原籍秭归县水田坝乡，14 年前因三峡移民搬迁落户建东村。作为"外来户"，董×春没有感到，相反建东村淳朴的民风让他感到很亲切。董×春很热心，哪家有事需要帮忙，他总是随叫随到。他很爱钻研，种田技术，生猪养殖，打路砌墙等都有研究，现在他从兽医爱好者变成村里专业的兽医。正是董×春的热心、好学，让他深受村民的喜爱和信任，全票当选五村落理事长。被选为村落理事长之后，董×春压力很大，自我调侃说一辈子没有当过官，虽然只是一个芝麻小官，但也是民主推选出来的，一定不能辜负群众。为了更多地收集村落发展的意见，董×春利用农闲时间挨家挨户走访调查，耐心倾听村民的意见和建议，对于村民反映最多的路和环境问题，董×春快速做出反应，一边向村委会反映问题一边着手准备召开村落户长会，带领村落"八员"研究方案，最后在全村落群众筹资筹劳和村委会的支持下，两条长80米，宽2米的生产道建成了。环境卫生方面董×春别出心裁，根据农村生产生活实情，建议村委会统一配置小斗车转运垃圾，小斗车在斜坡和泥泞的道路上都能自如推动，比垃圾桶更灵活机动，更适合农村实情，为了更好有效利用小斗车转运垃圾，董×春动员村落有劳动能力的低保户管理小斗车。有钱出钱，有力出力，有困难大家一起帮，和谐的乡风蔚然成风。

过去"合村并组"后，村干部人数不断减少，村级管理服务范围扩大，村委干部都在忙于完成上级任务而忽视村内矛盾，严重影响社会稳定，还损害和疏远了干群关系。现在的"一长八员"都是有乡里乡亲公选的有威信、有能力的人，他们在解决问题、调解村民矛盾纠纷的时候，大家能信任、也信得过。"八员"包括农村经济大户、产业能人、返乡创业精英、退休教师等各种农村人才，在各种先进力量的凝聚下，大大推动了农村产业的发展。如今，村落群众在村落理事会的组织下，根据村落经济发展条件发展农村经济，在村里经济先进大户和产业能人的带领下，引进推广新的种植养殖技术和优良品种，促进多种形式的产业化经营，推动农民专业合作社的建设。

茅坪镇建东村第五村落属于二社区，位于桥岭嘴周立虎屋场至陆正家屋场，共37户，116人，家庭承包面积69.65亩，林地面积8.4亩。村落成员以蔬菜种植为主，家庭夫妻两人多采用一人在家种菜，一人新县城菜场摊位卖菜的模式，部分家庭卖菜年收入高达十万元。除蔬菜种植以外，经过建东村委会积极协调，产业结构调整，第五村落茶叶种植也初具规模。目前村落理事会在村委会指导下，广泛采纳村落成员意见，创新发展，在菜地空闲地方进行优质桂花树种植。既不影响菜地受益，又能将耕地利用率最大化。九畹溪界垭村第一村落理事长王明科为促进当地产业结构调整，他挨家挨户说服当地农户，将原本种植油菜的717亩土地改种优质茶苗；郭家坝镇庙垭村村落理事会广泛发动群众，利用本村资源优势，大力发展铁矿、煤矿、小水电、生猪养殖和旅游业。截止到2014年8月，全县新发展茶叶26 698亩，可创收入5 012.3万元；柑橘36 708亩，可创收入6 300万元；烟叶24 735亩，可创收入8 416万元；核桃55 884亩，可创收入5 234.3万元；发展其他农业作物41 020亩，可创收入530万元；新发展市场主体1 733个，培育个体工商户转型升级企业184家。

思考题

1. 面对实施税费改革"合村并组"后出现的问题，相关政府采取了哪些措施？有何成效？

2. 以村落理事会等为主的农村非营利组织在参与农村公共事务管理中有什么优势？

3. 如果你是基层政府官员，你会怎样利用农村非营利组织创新村落自治，建设美丽新村？

4. 如果你是村落理事会成员，你会采取什么措施巩固发挥村落理事会的作用？

附录

【材料一】

宜昌市秭归县《村落理事会章程》

第一章　总则

第一条　为巩固农村社区建设成果，创新农村社会管理，在更小自治单元范围推进农村政治、经济、文化、社会、生态文明建设，根据秭幸创领〔2012〕1号文件关于《秭归县"幸福村落"创建组织构架和工作职责》和秭办文〔2012〕148号文件县委办公室、县政府办公室关于《"幸福村落"创建工作实施方案》的通知精神，结合本村落实际，特制定本章程。

第二条　村落理事会在村党组织的领导和村委会、村"幸福村落"创建工作指导委员的指导下，在社区理事会的协助下开展工作，促进村落经济发展，推进村落民主建设，开展村落文明创建，优化村落综合环境，不断提高村落群众的生活质量和幸福指数。

第三条　村落理事会工作原则：遵守宪法、法律、法规和国家政策，遵循社会道德风尚，以无偿服务为基点，实现村民自治。

第四条　本章程是村落理事会全体成员的行为规范和工作准则，全体成员必须严格遵守。

第二章　村落理事会机构

第五条　村落理事会的设立。村落理事会由"一长八员"组成，由村落群众或户代表推选产生。

第六条　当选村落理事会成员的条件：坚持党的领导，坚持四项基本原则；作风正派，办事公道；有牵头和主持工作的能力；在群众中有一定威望，能起模范带头作用，有奉献精神，愿意为村民服务；身体健康；无不良记录。

第七条　村落理事会成员由本村落三分之二以上的村落群众或村落户代表采用无记名投票方式推选产生，以获得参加投票人数的过半数票始得当选。当选名额超过应选名额时，以得票多者当选；所选名额不足应选名额时，可就不足名额重新进行推选，也可作空额处理。

第八条　村落理事会成员每届任期三年，届满后在村党组织和村委会、村"幸福村落"创建工作指导委员会的指导下重新组织换届选举，可连选连任。

第九条　村落理事会成员在任职期内，不按本章程规定办事，不认真履行职责的，由本村落五分之一以上村落群众联名向指导委员会提出，可以对其进行罢免。有严重违法违纪行为的，移交司法机关处理。

第十条　村落理事会推选结束后，应及时召开理事会成员第一次会议，研究部署工作，制定工作制度、活动计划及活动内容。

第十一条　村落理事会成员的推选、变更、罢免结果，必须报村党组织、村"幸福村落"创建工作指导委员会备案。

第三章　村落理事会职责

第十二条　村落理事长职责：负责按照村和社区要求组织村落农户调整产业结构，规模化生产，集约化经营，统一产品销售，提高经济收入；教育引导村落群众遵纪守法、遵守村规民约、遵守社会公德、弘扬家庭美德和优秀民风民俗；充分发挥"八员"和党员的作用，更好地为村落群众服务；积极带头和带领村落群众投身"幸福村落"建设，每季度组织召开一次村落群众议事会，集中学习政策，及时了解和反映村落社情民意，积极为社区、村委会决策提出可行性参考意见；建立"幸福村落"创建工作台账，收集整理"幸福村落"创建相关资料。

第十三条　村落"八员"工作职责：

经济员：结合村落实际，引进推广新的种植养殖技术和优良品种，加快村落农业产业结构调整，发展多种形式的产业化经营，推动农民产业化合作；牵头联系农牧产品的销售渠道，实现统一销售交易，让农民合法权益得到保障，让村落群众的收入得到提高。

宣传员：向村落群众宣传党和政府在农村的各项方针政策、法律法规，宣传推广农村实用科学技术和致富信息，引导村民树立科学经营、科学种田、科学致富的理念；传承保护村落民风民俗、民间文艺文化。

帮扶员：向村落群众宣传各项救助扶贫政策，了解掌握并及时向上报告村落内困难家庭情况，动员村落群众力所能及地为困难村民解决一些实际困难和问题，确保村落内每一个困难村民都能等到帮扶。

调解员：密切关注家庭邻里关系，主动化解村落内家庭矛盾，调解邻里纠纷，不使矛盾纠纷激化，尽力大事化小，小事化了；面向家庭广泛开展传统美德、家庭道德、责任意识教育，传播和谐理念，促进村落群众和谐相处。

维权员：向村落群众宣传法律、法规，为村民提供维权咨询与服务，防范欺诈、坑蒙、拐骗、维护村落治安，保障村落内弱势群体的个人合法权益不受侵害；禁止假冒假劣农资产品及生活用品在本村落内销售，出现问题要及时帮助村民维权，为村民挽回经济损失。

管护员：落实村落内山、水、林、田、路、电等公共资源及设施的管护责任，发现基础设施有较大损毁的，及时提请村落理事长组织维修；引导村民提高安全防范意识，做好防火、防盗、防破坏工作，及时消除安全隐患。

环保员：向村落群众宣传环境保护法规，及时报告村落内发生的重大环境污染情况；带头和引导村民积极搞好家庭环境卫生、村落环境卫生整治，营造健康、卫生、整洁、舒适的村落生产生活环境。

张罗员：主动为村落群众红白喜事张罗组织，引导村落群众易风易俗，传承良好的传统民间习俗和发展村落文化；组织村落群众开展丰富多彩、健康有益的文化、体育、科普、娱乐等活动，并积极组织参加各级文艺调演及相关竞赛活动。

第四章　村落理事会会员

第十四条　村落18周岁以上享有公民权利的村民即可登记本村落会员。

第十五条　会员的权利：

（一）本会的选举权、被选举权和表决权；

（二）对本村落事务的知情权、参与权、表达权和监督权；

（三）取得本村落服务的优先权；

（四）贡献突出者享有被表彰和宣传的权利；

第十六条　会员应履行下列义务：

（一）遵守本会章程，执行本会决议：

（二）维护本会的合法权益；

（三）参加本会举办的活动，完成本会分配的任务；

（四）收集村落情况，向村落理事会提出合理建设，协助理事会工作。

第五章　村落理事会议事规则

第十七条　村落理事会会员大会是村落的最高议事机构。议事恳谈会是理事会的基本议事决策方式。村落会员大会必须有三分之二以上的会员或户代表参加，所做决定必须经到会人员的过半数通过有效。

第十八条　村落理事会议事必须以党的路线方针政策、国家的法律法规、上级党委政府政策规定及村党组织、村委会的总体安排部署为依据，以本村落大多数农户利益为准则。

第十九条　村落理事会所议事项必须及时向村党组织、村"幸福村落"创建工作指导委员会报告，重大事项表决前要书面请示村党组织、村委会、村指导委员会，在得到明确答复后才能实施。

第二十条　议事过程中，必须坚持民主集中制，广泛征求村落群众意见，不得包办代替，不得弄虚作假，不得违背村落群众意志、损害大多数人利益。

第六章　附则

第二十一条　本章程由村落群众大会或村落户代表会议讨论通过后实施。

第二十二条　本章程由村落理事会负责解释。

【材料二】

表7-5　"一长八员"职责一览表

理事长	村落理事长为本村落社会管理工作第一责任人；动员和组织村民支持参与村落内的项目建设，改善生产条件，提高村民生活水平；负责辖区内农业结构调整、矛盾纠纷化解、调解和普法教育等工作；对村落村民反映的意见和建议要及时归纳汇总，集中商议整改措施和实施办法；关心村落内的留守老人、妇女和儿童，号召村落内村民对困难群众进行帮扶；强化宣传教育工作，确保村落社会安全防治等；理事会交办的其他工作
经济员	结合村落实际，引进推广新的种植养殖技术和优良品种，加快村落农业产业结构调整，发展多种形式的产业化经营，推动农民产业化合作；牵头联系农牧产品的销售渠道，实现统一销售交易，让农民合法权益得到保障，让村落群众的收入得到提高
宣传员	向村落群众宣传党和政府在农村的各项方针政策、法律法规，宣传推广农村实用科学技术和致富信息，引导村民树立科学经营、科学种田、科学致富的理念；传承保护村落民风民俗、民间文艺文化

表7-5（续）

帮扶员	向村落群众宣传各项救助扶贫政策，了解掌握并及时向上报告村落内困难家庭情况，动员村落群众力所能及地为困难村民解决一些实际困难和问题，确保村落内每一个困难村民都能等到帮扶
调解员	密切关注家庭邻里关系，主动化解村落内家庭矛盾，调解邻里纠纷，不使矛盾纠纷激化，尽力大事化小，小事化了；面向家庭广泛开展传统美德、家庭道德、责任意识教育，传播和谐理念，促进村落群众和谐相处
维权员	向村落群众宣传法律、法规，为村民提供维权咨询与服务，防范欺诈、坑蒙、拐骗、维护村落治安，保障村落内弱势群体的个人合法权益不受侵害；禁止假冒假劣农资产品及生活用品在本村落内销售，出现问题要及时帮助村民维权，为村民挽回经济损失
管护员	落实村落内山、水、林、田、路、电等公共资源及设施的管护责任，发现基础设施有较大损毁的，及时提请村落理事长组织维修；引导村民提高安全防范意识，做好防火、防盗、防破坏工作，及时消除安全隐患
环保员	向村落群众宣传环境保护法规，及时报告村落内发生的重大环境污染情况；带头和引导村民积极搞好家庭环境卫生、村落环境卫生整治，营造健康、卫生、整洁、舒适的村落生产生活环境
张罗员	主动为村落群众红白喜事张罗组织，引导村落群众易风易俗，传承良好的传统民间习俗和发展村落文化；组织村落群众开展丰富多彩、健康有益的文化、体育、科普、娱乐等活动，并积极组织参加各级文艺调演及相关竞赛活动

【材料三】

国内外有关乡村治理的研究

近代在国内从事乡村治理研究的学者颇多，其中最为著名的代表人物有梁漱溟、晏阳初和费孝通。梁漱溟，他由于受当时"泰州学派"的影响，曾经在国内发起过乡村建设运动，并出版著作《乡村建设理论》，该书是梁漱溟先生社会政治思想的代表作之一。全书分为认识问题和解决问题两部分：在认识问题部分，他通过观察、分析中国社会结构及文化传统的性质，为乡村建设理论寻求依据；在解决问题部分，提倡以教育为手段，通过对社会组织的重建和现代科学生产及生活知识的灌输，解决中国当时存在的政治问题，从而促使中国农业经济的复苏与农业的振兴。该书以乡村建设实践为基础，系统全面地总结了有关中国社会改造与乡村教育的基本原则，深刻地揭示了中国乡村社会与传统文化的内在联系，为致力于从事教育改革和社会改造的进步人士提供了认识与解决中国问题的新建议。晏阳初不但是当时的平民教育家，同时也是当时著名的乡村建设家，著有《农村运动的使命》一书，他提倡通过对当时的农民进行平民教育，提升农民的素质，达到为乡村的基层治理提供便利与可能的目的，与此同时晏阳初先生先后对农村社会、农村人口、农村工业、农村概况等进行了实地调查，为乡村建设的开展做出了充分的准备。在乡村建设领域另一位泰斗是费孝通，他著有《江村经济》《乡土中国》，为打开当时中国农村大门提供了一把"钥匙"，这些书也是研究中国经济、社会和文化的必读之书。近些年来，乡村治理研究领域人才辈出，成果颇丰：如徐勇的《中国农村村民自治》，从理论上对中国村民民主自治的发展进程、制度体系、组织形式、活动内容、运作模式、影响因素、运作难度、未来走向分别进行了综合论述，该研究是在扎实的实地调查的基础上进行的理论综述，是研究中国农村村民自治较为系统的研究专著；彭勃的乡村治理：国家介入与体制选择以研究国家在乡村社会发展中的地位和真实意图为核心，充分分析了国家和乡村地方社会力量是如何相互作用的。该研究提出了国家介入和地方治理的观念，并在地方治理的框架中研究国家推动的乡村民主，从农村治理结构和国家地方关系的角度加深对村民自治的进一步认识；贺雪峰的《乡村治理的社会基础》对村民自治进行了全面的研究，该书以农村社会结构为基础，从农村实际出发，探索乡村治理的有效路径；仝志辉、贺雪峰的村庄权力结构的三层分析——兼论选举后村级权力的合法性主要是围绕权力的结构，通过对体制精英、非体制精英、普通村民这三方权力主体的分析，阐释了权力在乡村治理过程中存在的问题；曹海林的村庄公共权力：村治研究的切入视角及其解说模式认为应以乡村公共权力为村民自治研究的切入点，摆脱传统的国家与社会的关系架构的研究思路，吸收治理理论等相关理论成果来推进乡村治理的深入研究。外国学者对中国乡村治理的研究应该追溯到对近代中国农村的研究，美国社会学家葛学溥是最早以田野调查法为方法，以社会学、人类学为视角对中国村落进行研究的外国学者。1918—1919年，在上海沪江大学任教的他带领学生对广东凤凰村进行较为彻底的家庭社会学调查，并出版了英文著作《华南的乡村生活——家族主义社会学》。他认为，要真正了解中国农村，不能仅仅依靠抽象的资料，而是要深入农村去研究这一群体或地区，这样才能深入群体，揭示中国农村的功能、过程和趋势。杜赞奇在其著作《文化、权力与国家——1900—1942的华北农村中》，以1900—1942年的华北农村为背景，描述了20世纪前半期国家对农村社会的极度控制，以及国家权力扩张背景下对华北乡村社会权力结构的影响。"国家政权建设"和"权力的文化网络"是两个核心概念。杜赞奇认为清末以来的国家政权建设导致"国家政权内卷化"，破坏了原有的文化网络，导致乡村领袖从"保护型经纪"向"赢利型经纪"转变。

参考文献

[1] 梁漱溟. 乡村建设理论 [M]. 上海：上海世纪出版集团，2005.

[2] 晏阳初. 农村运动的使命 [M]. 北京：京城印书局，1935.

[3] 费孝通. 乡土中国 [M]. 上海：上海人民出版社，2006.

[4] 费孝通. 江村经济 [M]. 北京：商务印书馆，2001.

[5] 徐勇. 中国农村村民自治 [M]. 武汉：华中师范大学出版社，1997.

[6] 贺雪峰. 乡村治理的社会基础 [M]. 北京：中国社会科学出版社，2003.

[7] 仝志辉，贺雪峰. 村庄权力结构的三层分析：兼论选举后村级权力的合法 [J]. 中国社会科学，2002（1）：45-50.

[8] 曹海林. 村治研究的切入视角及其解说模式 [J]. 社会科学，2006，52（12）：4-8.

[9] 葛学溥. 华南的乡村生活 [M]. 周大鸣，译. 北京：知识产权出版社，2012.

[10] 杜赞奇. 文化、权力与国家：1900—1942的华北农村 [M]. 王福明，译. 南京：江苏人民出版社，2002.

二、教学手册

（一）课前准备

1. 准备多张大白纸（或者白板）、粗号笔（白板笔），胶带若干，用于书写讨论意见，并便于课堂展示。

2. 按照相关利益主体分配角色，一部分扮演村落理事会，一部分扮演村民。

3. 提前认真阅读《湖北秭归县创新村民自治，建设"幸福村落"》案例，准备案例后的思考题。

4. 准备湖北秭归县地形地势图一份，使学生在课堂中充分了解事件发生的行政区划及地理特点。

（二）适用对象

本案例可以用于农村公共管理、公共政策分析、公共危机管理等相关课程的教学活动。适用对象包括农村公共管理学术型研究生、从事相关管理工作的人员。本案例还可适用于具备一定公共管理基本知识并对公共危机管理、公共政策有兴趣的非专业人士、学生和实际操作者学习使用。

（三）教学目标

通过教学，本案例有以下几个目标：

第一个目标是使学生明确如何进行农村村民自治。案例通过对湖北省宜昌市秭归县创新村民自治形式，建设"幸福村落"的实践描述，使学生了解，基层治理需要进行创新。在本案例中，以秭归县的行政村治理区域范围过大，村民委员会所需处理的事务重，村民难以参与村庄发展、干部难以为村庄发展做出成效、村民之间难以协调利益、基层民主治理画面难形成等问题为切入点，描述了秭归县建设"幸福村落"，创新基层治理模式的背景、经过、成效及其农村非营利性组织（村落理事会）参与村落自治的途径及成效，重点阐述了建设"幸福村落"实现村落自治的组织构成、实施的措施、实施的效果等，并在此基础上思考农村非营利组织在农村公共事务管理中存在的问题和困境。

第二个目标是要学生了解如何协调村民之间的利益，创新村民自治，充分发挥基层治理的作用。

（四）要点分析

1. 村民自治如何根据不同的情况进行创新？
2. 如何因地制宜创新村民自治的形式？
3. 通过村落理事会等农村非营利性组织进行村民自治有什么弊端？

（五）课堂安排

1. 10 分钟案例介绍。教师可以请学生简单地谈谈自己对农村村民自治的所见所闻所想，时间大约 5 分钟。通过这种方式，学生可以分享看待农村村民自治的不同角度。然后介绍秭归县的基本情况及该案例的整个过程。

2. 20 分钟课堂讨论。针对案例的思考题，交流发言、课堂讨论，积极思考，集思广益。

3. 15 分钟角色扮演。根据课前准备分配的角色，进入角色扮演模拟教学环节，让大家对湖北秭归县创新村民自治采取的措施进行充分的讨论。通过讨论，学生说明自己的态度以及提出自己的建议。

（六）其他教学支持

展示湖北秭归县创新村民自治的成果图片对比，更加直观地表现出创新村民自治的成果。

农村规划

——邢台县西黄村镇 A 村的问题

一、案例主体

摘要： 本文以新型城镇化为背景，以邢台县西黄村镇 A 村农村规划乱象为例，描述了农村规划乱象的发生、经过、原因、解决方法。重点描述了为什么会出现农村规划乱象；这一事件出现的影响；如何有效解决这一问题。在此基础上，针对存在的问题尝试找到更好的解决办法：如何完善规划体系、促进农村宅基地的管理与利用；如何因地制宜地优化村镇管理。

关键词： 新型城镇化；村镇规划；宅基地

（一）引言

加强新型城镇化建设，大力提升县城公共设施和服务能力，以适应农民日益增加的到县城就业安家需求。深入推进新型城镇化。发挥中心城市和城市群综合带动作用，培育产业、增加就业。坚持房子是用来住的，不是用来炒的定位，因城施策，促进房地产市场平稳健康发展。完善便民设施，让城市更加宜业宜居。"土地平旷，屋舍俨然，有良田美池桑竹之属。阡陌交通，鸡犬相闻。"这是陶渊明《桃花源记》中所描述的"世外桃源"。当世外桃源的土地被破坏，周遭美景变成泛黄玉米秸秆，一幅昔日耕地变成宅基地的乱象便呈现在眼前。村外是越来越多的耕地被滥用成宅基地，村内却是由诸多危房构成的空心村，在邢台县西黄村镇 A 村，这样的一幕愈演愈烈。A 村所呈现的无序乱象在我国农村并非孤例，它背后所凸显的是农村规划的缺失和当地监管机构的失灵。

（二）"麦子圈地"成了各家宅基地

从邢台县西黄村镇政府向北 500 米左右，便是 A 村。秋后的山村略显寒冷，泛黄的玉米秸秆七扭八歪地在地里顽强地站立着，不时可以看到绿油油的大白菜。只是这些在大多农村村外常见的景象，在这里，变得不再单纯。因为透过稀落的农作物，看到的便是宽敞明亮的大宅院。确切一点讲，许多零星或成规模的农家院就坐落在庄稼地里。在该村村南，耕地上杂乱无章地盖起了几十座民宅和门市。这些建筑看上去都很新，有的正在装修，有的还在建。新建的民宅横七竖八，大小不一，大的占地将近两亩，小的也多在一亩以上，没有统一的规划。"不光村南有，四周都是这样。"当地村民们这样描述道。从一处民宅的户主那得知，以前这地方都是水浇地，是好地，后来就从村里搬出来，在这里盖起了新院落。"跟他人置换的，添个钱就行，都这样。"新盖民宅着实宽敞气派。许多新住宅还都盖了车库，房顶上装有热水器，院落内贴着地砖。这一处，那一处，即便紧邻，也各自为阵。

令人痛惜的是，这些宅基地的前身都是当地农民的口粮田。

该村老人说，A 村原本是一个三面环河、一面靠山的美丽村庄，村四周的水浇地被外人称为麦子圈地，夏季麦浪滚滚，秋季玉米盖地，这些农作物养育了一代又一代 A 村人。如今，这丰收的景象渐渐被一座座横七竖八、前凸后凹的违法建筑吞没了。"短短几年时间，全村已有 90 多户在耕地上私建了房屋，占地近百亩。"有村民统计道。为什么农家院会出现在庄稼地里？为什么村民盖房从村里搬出村外？为什么村里没人管理制止这一现象？这一系列的问题值得我们思考。

（三）村民为了盖新房，私改乱建近乎失控

村民们说，过去村民们都住在老村里。但自 2000 年开始，村里就没有发放过宅基地。随着村里的孩子们逐渐长大，盖新房子的需求越来越多。村民就在承包地里盖新房，我的地盘我做主，想盖多大就盖多大；有的村民拿自家的果园兑换别人的承包地建私房；有的花钱买别人的承包地做宅基地，价钱多少，双方商量。

当地村委会在 2012 年曾出具过一份《西黄村 A 村关于乱占耕地建私房的说明》，其中有如此叙述：从 20 世纪 90 年代起，占用耕地建私房已有 70 余户。其中大约 30 多户是占用水浇地，也就是麦子圈地，还有 30 来户是占用距村较远的扩浇地，只有少数几户是占用荒山野坡等非耕地来盖私房，当时也曾提出占地补地，但盖的户多了，自然也就难落实了。

而这 70 多户建房户中又分为以下四种情况。

一是有地户。这些户从土地承包到户后，分到村边好水地，逐渐脱离了集体的制约，于是就在自己承包地上建房。

二是没有水浇地的户。他们想方设法用自己的承包地跟自己说得来的或亲朋好友兑换，"换得多就多盖，换得少就少盖"。

三是在扩浇地上盖房。村周围的好地被占了，实在没有办法，就拿自己的承包地换距离较远的扩浇地。

最后一种是自己没有地可跟别人兑换的。他们就不惜重金买别人的土地来盖房子。

"口子一经打开，便难以收拾。"在村民们看来，他家可以盖，我家为什么不可以？竞相效仿下，当地的私盖乱建之风近乎失控。

A 村共有 320 户，1 100 口人，耕地 1 200 亩。如果这种情况继续恶化下去，"A 村的基本农田就被占光了，以后就喝西北风吧。"除了这种担心，还有粮食直补照领不误的监管盲区。

另外一个不能忽视的后果则是农村宅基地严重闲置浪费。伴随大量青壮年劳动力的外迁，村庄内除了孤寡老人，便是大量的空心房。在村庄内走访时发现，许多石头砌的老房屋或大门紧锁，或栅栏老化，有的则只有孤零零的老人独守空房。曾经的村中心，除了几位老人在打牌外，颇显冷清。

对村外"新村"建房占用土地情况进行调研，调研情况及统计结果如图8-1：

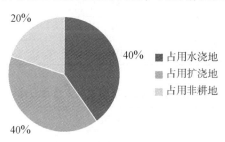

图8-1　A村占用土地建房类型统计

（四）宅基地管理混乱，空心村现象明显

A村老村里一片冷清，留存的老房子大门紧锁，有的已经年久失修，屋门口长满了青苔，看样子已经很久没有人住过了。村里石凳上坐着几位老人在闲聊，颇显冷清。村里青壮年外出务工，一年中回到村里的时间很少，大部分时间都在城里挣钱。年轻人挣到钱回村后，纷纷选择在村外的好土地上修建新房子。老村出现了空心村现象。什么是空心村呢？空心村就是在农民新建住宅的过程中，由于村庄规划严重滞后等原因，农村居民点用地往往不能合理、有效地利用。新建住宅大部分都集中在村庄外围，而村庄内却存在大量的空闲宅基地和闲置土地，形成了内空外延的用地状况，即所谓的"空心村"。在经济上，空心村是指随着我国城市化和工业化进程，大量的农村青壮年都涌入城市打工，除去过年的十几天，其他的时间均工作在城市，生活在城市。因此，留在农村的人口都是老弱病残的现象。因其农村常住人口有如大树之空心，故名之空心村。

对A村"空心村"现象进行调查得知，A村年龄结构不合理，人口结构呈现倒三角形，老年人较多，青年人较少，老龄化的现象不容乐观，留守人员的文化教育水平普遍不高。调研情况见表8-1、表8-2、表8-3。

表8-1　A村人口性别比

性别	人数/人	比例/%
男	594	54
女	506	46
合计	1 100	100

表8-2　A村相关年龄段及百分比例

年龄段	数量/人	比例/%
<15 岁	79	7.2

表8-2(续)

年龄段	数量/人	比例/%
15~30 岁	91	8.2
30~50 岁	150	13.6
50~70 岁	390	35.5
>70 岁	390	35.5
合计	1 100	100

表 8-3　A 村相关学历段及人数百分比

学历段	人数/人	占比/%
小学及以下	300	27.0
初中	600	54.5
高中及中专	105	10.0
大专及以上	95	8.5
合计	1 100	100

　　为什么村民会选择在村外建房？因为在村民们看来，选择在村外的耕地上建住宅，最主要的原因是便利，如果选择荒山野坡，通水通电都要成本。A 村地处山区丘陵过渡带，地势崎岖，起伏大，是进入山区的重要地方，因此基础设施建设较为落后，基础设施建设的成本大。村外耕地上建房，地势好，交通较为便利，加上在自家耕地上想占地多大就占地多大等条件，村民都选择在村外建房。

　　占用耕地没人发现吗？村里不管理、不制止的吗？这就是另一个主要的原因。因为 A 村住房建设规划的不完善和监管乏力也是导致当前乱象的诱因。这不仅是 A 村的问题，在全国范围内也是这样。目前，市县建设部门在新农村建设中的地位尴尬。市规划局、市建设局担负的职责是技术指导服务，不负责村镇规划的审批和管理；县建设局（规划局）也只是负责组织各乡镇政府开展规划编制和审批工作。村镇规划建设工作面广量大，主体和关键应是乡镇政府和农民自身。村镇规划建设管理执法主体在县建设局，而县建设局工作重点在县城和乡镇，执法力度无暇顾及面广量大的乡村，乡镇建管所现状不佳，日常管理更为薄弱和困难。在具体的村镇管理中，专业技术人员匮乏，人手不足；机构制度不健全，对于违法建设工程管理力度不够、不到位等现象屡见不鲜。例如，很多村镇出现一个机构承担多个部门的职能；少数乡镇管理人员素质较低，在村镇层级基本上没有专业技术人员。许多村庄规划和管理力度差，不少村干部对村庄规划建设认识不够，村庄建设管理无序；乡镇出现了许多违法建设工程，如未批先建、少批多建等现象。这就导致了在耕地上修建新房的热潮。

　　在耕地上修建新房的热潮一经打开，迅速蔓延在 A 村中。老村破败，冷清，早已经失去往日的繁华。青壮年劳动力外出务工，孤寡老人留守老村。村外耕地上建立起各式各样的新房，或许违规，或许批准，七零八落地立在往日的耕地上。空心村现象越来越严重，只见新房，不见新村该如何解决呢？空心村的出现是在多种原因的作用下出现的，一方面是农村宅基地管理出了问题；另一方面是农村规划管理出了问题，且青壮年不留在农村。

（五）为什么宅基地管理困难？

在对宅基地的管理中，农户只有使用权，不得买卖、出租和非法转让。农户对宅基地上的附着物享有所有权，有买卖和租赁的权利，不受他人侵犯。在耕地上是禁止修建房屋的，只能在自己的宅基地上修建房屋或者向村里通过合法程序申请。A村却是另外一番景象，由于管理缺失，村民的口粮田变成了宅基地，导致了在耕地上修建房屋，耕地减少，不少村民都在担心，"A村的基本农田就被占光了，以后就喝西北风吧"。

首先是相关法律法规不完善，主干法陈旧，部分标准规范缺失。当前，我国的城乡规划法律法规体系正处于转型探索阶段，各类法律法规更新较慢，且存在概念、标准不统一等问题。《中华人民共和国城乡规划法》作为当前城乡规划管理部门的基本管理依据，其尚未对村镇规划具体的法定形式及强制性内容做出明确规定，导致城乡规划管理部门在对乡村地区各类建设行为提出管控要求的过程中缺乏足够的法律依据。此外，我国乡村规划还存在规范标准缺失、部分主干法规内容陈旧、现行多项法规存在冲突、实施管理方面内容薄弱等问题。特别是现行的《村庄和集镇规划建设管理条例》，其早于《中华人民共和国城乡规划法》出台15年，早已不适应现行法律和现实发展的需求（见图8-2）。

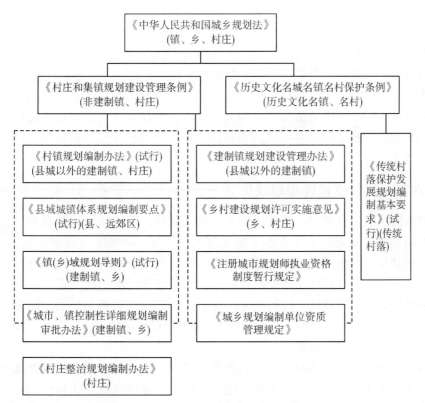

图8-2　我国现行村镇规划的相关法律法规体系

其次是村镇规划管理人才匮乏，管理力量薄弱。乡镇政府下属规划管理部门一般为村镇规划管理科，需要对接县规划局、住房和城乡建设局、交通局等多个管理机构的日常工作。即使在配备有专职城乡规划建设管理工作人员的乡镇，由于相对较低的报酬和艰苦的工作生活条件，往往难以吸引专业规划技术人才就职。相比乡村地区巨大的规划管理需求，村镇规划管理力量薄弱的问题非常突出。

财力投入不足也是一个重要原因。乡村规划的编制和管理全覆盖，需要大量的人力物力和技术设备支撑和充分的地方财力作为保障。而长期以来，受城乡二元分割影响，乡村的经济基础一般比较薄弱，农村集体土地规划管理尚未得到足够重视，与城市规划管理体制日趋完善相比，村镇规划经费短缺，村镇规划覆盖不足，或是仅为完成覆盖任务的规划，编制质量低下、科学性不强或深度不够，远远无法满足农村规划管理实际需要。农村规划管理历史欠账较多，规划管理从业人员专业素质不高，基层组织对集体土地规划管理力不从心。同时，在农业相关税费取消后，村庄基础设施和生产设施建设缺乏持续稳定的资金来源，村庄基础配套设施和环境不能得到有效持续性改善，客观上也限制了规划对宅基地适度集中的引导作用。由于农村规划投入少、进展缓慢、不能合理确定农村居民点数量和布局，农民随意建房，相应的占用耕地外扩，村内老宅基地闲置。宅基地零散无序，又造成土地利用效率低，农村住宅出现了"只见新房，不见新村"的景象。

最后一个重要的原因是当前自上而下的村镇规划管理模式，难以契合乡村基层民主自治体系。我国传统的乡村社会是以家族制为基础的士绅自治，乡村社会结构是以血缘关系维系的熟人社会，乡村内部事务习惯以协商的方式加以解决。新中国成立以后，《中华人民共和国宪法》明确规定，村民委员会是基层群众自治性组织。然而，当前乡村规划管理中往往存在过度行政化倾向。《中华人民共和国村民委员会组织法》规定，乡镇政府与村民委员会是指导与被指导的关系，不是科层制意义上的上下级关系。但在现实生活中，县、乡镇政府习惯于把村民委员会看作自己的下级机构，习惯于采取行政命令的方式对村民委员会的管理进行干涉，不仅难以契合乡村基层民主自治体系，不能充分发挥基层组织和村民的积极性，且不被乡村基层人员接受，导致规划和管理无法落实。

（六）A村村镇管理规划缺失

A村新房虽然一直在建，但是出现了"只见新房，不见新村"的现象。村镇规划的主导权不明确，规划的主导者不了解规划地的情况，再加上村镇规划意识的淡薄，导致了上述情况的产生。A村所呈现出来的乱象在大多农村均不同程度存在。山区与平原的不同在于，山区的可用耕地本来就少，如果任其泛滥，则几近无地可种。村庄规划由乡镇编制，县里审批。按照规定，每个乡村都应该有相关规划。该分局一位负责人向调查人员介绍说，"但在实际操作中，由于规划编制的主体是乡镇一级，受财力所限，不能保证每个村庄都有"。

在村镇管理中，发挥各村特色，结合各村情况，因地制宜制定村镇管理政策。首先应该完善法律法规，推进村镇规划、建设、运营和管理的系统化和法制化。国家层面加快制定《乡村建设法》，明晰农民建房管理、乡村公共服务设施和基础设施管理维护等一系列和乡村建设相关的责任职责，乡村地区的学校、幼儿园、卫生院、敬老院等公共设施纳入基本建设程序并实施监督管理；由农民自建的房屋，农民作为建设责任主体，各级政府及相关业务主管部门应提供质量安全指导和技术服务。恢复农村建筑工匠资质许可制度，加强农村建筑从业人员培训和管理。加大历史文化名村和传统村落保护力度，完善保护制度。加强乡村建设技术支撑体系的建设，如传统建筑保护和修缮技术、绿色建筑技术、环境整治技术等。

以县为单位统筹构建乡村规划编制体系。编制县域乡村建设规划，加强中观层面的村镇规划综合指导作用，完善村镇规划的中观、微观规划编制体系，以专项规划等形式与现行城乡规划编制体系对接，统筹协调与保障村镇规划之间，村镇规划与城市规划、国土规划、其他专项规划之间的有效衔接，为统筹县域乡村建设发展、指导"三农"资金整合提供中观层面规划指引。以县域乡村建设规划为依据，编制乡镇总体规划，侧重乡镇域内的村镇空间布局研究，包括各类村镇用地布局、乡村各项重要公共服务设施与基础设施项目的选型、共享与布局；村镇危房统计与保障房建设安排、村镇重要道路交通规划、村镇重要生态环境空间管制等。

每个村根据现实情况，合理安排定位村内各项公共服务设施与基础设施，细化村庄各项改造要求。以县域乡村建设规划和乡镇总体规划为依据，编制村庄规划，合理安排定位村内各项公共服务设施和基础设施，并根据村民意愿与实际地形、地貌及村庄建设情况做出相应调整。提出村庄重要环境空间改造方案，细化村庄建筑风貌、文化景观、绿色建筑、防灾减灾的各项改造要求。

以乡村治理有效为基础，创新规划编制与管理方式。明确村民是村庄规划的执行主体，创新"助村规划师"等新的规划编制委托方式，加强对农民自主设计和自建农房的专业指导，鼓励设计师下乡，在乡村规划编制中突出乡村设计内容。在农房建造方法上探索新乡土建筑创作，传承和创新传统建造工艺，推广地方材料并提升其物理性能和结构性能，发展适合现代生活的新乡土建筑和乡村绿色建筑技术。

以新技术手段，提高村镇规划管理效率。利用航拍遥感、互联网等新技术手段，监管村镇各项建设行为，缓解村镇规划管理的人力资源配置压力，推动多部门联合监控、联合执法，提高村镇规划管理效率。

（七）如何破解宅基地管理难的问题？

在现行集体土地制度背景下，宅基地规划管理制度必须以现实困境和目标任务为导向，从法律、制度、机制和规划理论进行系统性变革和重构，以将宅基地建房活动纳入规划控制，重新将其引向规范有序，真正实现生产发展、生活宽裕、乡风文明、村容整洁、管理民主的社会主义新农村。

适应并优化现行宅基地管理政策，促进"两规"融合，实现审批协调。村规划应主动衔接集体土地管理政策，既要利用土地整理、流转政策，又要兼顾农业规模化、工业化经营趋势和农民生活、生产便利性。在保障集体经济组织、成员土地权益基础上，规划通过建设用地指标"增减挂钩"和置换调剂方式，打破村组和不同产权土地使用界限，化条块建设为整体建设以利集中连片配套。

同时，规划需明确强制性和弹性内容，适时采取"定量不定性"或"定量不定位"手段以及用地、建筑规模指标差异化调控措施，既鼓励农房建设适度集中，又兼顾宅基地零散建设的包容机制。此外，宅基地规划管理应扫清村规划和土地利用规划矛盾障碍，将基本农田和生态用地保护作为"两规"共同基本目标，优先保障规划居民集中点用地，统一基础地理空间平台，统一用地分类标准，建立"两规"同编、同报、同批的"三同时"协调机制，以确保规划合一。

完善乡村规划编制和管理两个全覆盖。根据村镇经济现状，通过市、县两级财政统筹，切实加大农村规划经费投入，推进乡村规划编制全覆盖，确保按先规划后建设的原则，做到有建设需求之地必有规划覆盖。落实规划管理工作经费和人员待遇，保障规划管理设备和工作条件。由规划部门统一派驻乡村规划师，充实乡村规划管理队伍，通过引进和培训机制逐步提高规划人员专业水平。结合卫星、航片巡查，以及地理空间数据分析等信息化手段，提升规划管理效率和成效。

加强农村规划理论研究，提高规划的科学性和操作性。变革和更新原有规划理念，规划编制必须加强现场调研，充分尊重农村自然、生态、社会人文特征。规划方法必须紧跟时代，结合实际，加强多学科融合和系统性研究，特别要与农村产业结构调整相结合，适应农民生产生活便利性需求，探索宅基地弹性空间和生产空间规划分开供给模式。延伸规划研究内容，增加经济性研究，善于统筹整合涉农经济政策，分析资金来源结构，合理制订分期建设计划，促进规划可操作性。规划必须树立因地制宜理念，尊重传统村落文化和村民固有的故乡情怀，从交通、景观、工艺材料、可识别性、交往空间、活动场地、社区安全感等方面深入研究，使"望得见山，看得见水，记得住乡愁"的期盼落到实处。

增强农民参与规划的意识，提高规划实施主体积极性。完善规划立法，将公众参与的具体方式、程序、权限等法定化，保障农民参与规划的权利。发挥基层政府组织联系作用，充分听取农民和集体组织意见，在规划中应尽量综合平衡各方利益。改善规划成果宣传方式，采用通俗易懂形式和群众语言进行解读，如利用模型和图片等搭建沟通平台，或通过派驻乡村规划师"到群众中去、从群众中来"，搭建沟通桥梁和联系纽带，将专业的规划管理过程，通过群众语言的转化与宣传，以增进农民对规划法律法规的理解和支持。

厘清规划职能，健全规划制度，强化规划刚性。按照"规划一盘棋、管理一支笔"的原则，进一步厘清规划管理各方主体责任，构建统筹规划、协同管理、全域监督的规划管理制度。即宅基地规划管理均由规划主管部门牵头负责，采用部门联席会审等形式合并用地、规划和建设审批，精简程序，保障宅基地规划管理全面向法治并轨。

借鉴国有土地规划审批放验线、基础竣工、工程竣工核实等跟踪管理机制，完善宅基地建设全过程、全方位监管制度。重点强化镇乡（街道）和村（社区）一级责任，建立健全防控、发现、制止、查处、拆除全过程网格化监管体系，做到发现在一线、制止在一线、查处在一线。依法从重查处"双违行为"，对严重违反土地利用规划或村规划的违法建筑一律拆除，坚决杜绝以罚代拆，形成违法建筑零容忍的压倒性态势。

坚持规划先行，强化宅基地规划管理的原则。规划是龙头，是搞好农村宅基地管理的基础。地方政府要高度重视镇村规划的编制工作，拨出资金加快推进。按照先城乡接合部村庄，后边远山村的原则，城乡接合部村庄的建设规划要和"三旧"改造相结合，边远山村的规划要和"空心村"整治相结合。规划完成后，政府出资设计几套图纸，免费提供给农民使用，缩短规划审批期限，免费报建和验收。但是如此大规模的建设要在短时间内推进规划全覆盖，无论政府部门，还是有限的规划设计力量，均难以认真深入研究具体的细节问题，加上前面所谈的基层规划意识不到位、编制经费不到位等原因，直接导致大量的规划方案存在千篇一律、缺乏特色、简单克隆、粗枝大叶等问题。村级集体经济收入增长严重乏力，目前广大农村的公共性投资"线长面广量大"，单纯依靠上级政府财政支持或村民自筹难以承受；省级财政能够转移用于村庄建设的补贴有限，分配到行政村一级时已是杯水车薪；市县两级财政更多侧重于中心城市和县城，村庄建设得到的补贴少之又少，农村基础设施和公共事业建设主要靠乡镇财政有限的力量和来自上级条线部门的专项经费，缺乏稳定的财政保障和投入机制，改变落后的现状绝非易事。对各级政府的财政而言，国家全面免除农业税费和实行农村教育的"两免一补"、农村基础设施的建设、农村养老和合作医疗等公共服务体系的建设，需要财政承担大量的支出，收支难以平衡。特别是对乡镇政府而言，由于上级考核的压力和权责机制的不对称，导致乡镇政府和村级组织承担了大量的超出自身财力和能力的公共建设和社会管理任务，从而造成很多乡镇政府和基层组织机构庞大且负债严重。市场化条件下，投资者不愿意把资本投向收益率极低、风险较大的农村建设市场。农村各种基础设施和公共服务体系建成以后的运营、管理、维护费用没有着落，造成乡村债务问题日益严重。由于行政体制的原因，财政性支农资金的投入存在着归口管理、分散使用的现象，导致基层政府不仅在资金管理上需要投入很大的精力，而且难以发挥整合资金、优化投资结构、提高配置效益的积极性和主动性，从而使得支农资金的整体使用效益低下。此外，传统城市规划工作的重点在城市规划区，侧重于扩大城市规模，造成现阶段城市总体规划内容"重城轻镇，重镇轻村"。现有的规划设计和研究体现出"两不、两少"，即对农村地区的议题不关注，对乡村问题和农民不了解；对村镇地区研究少，研究乡村课题的学者少。在连云港市传统的城镇体系规划中，镇往往以一个点位来表达，一笔带过，村庄体系难以深入，使得城、镇、村规划缺乏整体性。在新一轮的农村规划设计中，也出现了调研不足、千篇一律等现象，造成了村镇规划特色不明确，尤其是连云港市所辖三县的资源特色、经济基础等各不相同，但大部分小城镇发展方向、产业结构、平面布局甚至农房的建筑设计都单调雷同。在另外一个层面上，为确保农村宅基地治理工作的有序性，必须严格实施土地利用总体规划和集镇、村庄建设用地规划。村民建住宅，应当合理利用和集约利用土地，严格按土地利用总体规划，村庄和集镇规划用地，并不得超用地面积标准，村内有空闲地可以利用的，不得占用耕地建住宅；不得超过土地利用总体规划确定的村庄、集镇用地规模；不得改变土地利用总体规划确定的土地用途。"如果规划有了，大家各司其职，守土有责。在此基础上，再加大执法力度，相信会在一定程度上避免上述乱象再次发生。"

思考题

1. 面对村镇规划编制与管理的问题，相关人员采取了哪些措施？效果如何？

2. 村镇规划编制与管理混乱随处可见，为什么政府没有采取有效措施积极应对？

3. 如果你是地方规划部门的官员，将会如何处理村镇规划编制与管理的问题？

附录

【材料一】

河北省农村宅基地管理规定

第一条 为加强农村宅基地管理，严格控制农村居民建住宅占用耕地，根据《中华人民共和国土地管理法》和《河北省土地管理条例》的有关规定，结合本省实际情况，制定本规定。

第二条 本规定适用于本省农村居民的宅基地管理。

第三条 本规定所称农村宅基地，是指农村居民个人经依法批准，用于建造住宅（包括住房、厨房、畜禽圈舍、厕所和庭院等）的用地。

第四条 宅基地属于集体所有，农村居民只有使用权。宅基地使用权受法律保护，任何单位和个人不得侵占、买卖或者以其他形式非法转让。

第五条 农村新旧宅基地均应由县级人民政府土地管理部门登记造册，由县级人民政府发给《集体土地建设用地使用证》，并按国家规定缴纳土地使用登记费，确认使用权。

农村居民因买卖、交换、继承、赠予房屋，以及因规划等原因调整宅基地，发生宅基地使用权变更的，必须在三十日内向县级人民政府土地管理部门办理变更登记手续。换发《集体土地建设用地使用证》。

第六条 村镇建设必须制定规划，按照审批权限经批准后方可实施。规划应贯彻合理利用土地，切实保护耕地的原则。规划的宅基用地标准应符合《河北省土地管理条例》第十三条的规定。

第七条 农村居民新建住宅，应充分利用原有宅基地和村内空闲地。原有宅基地和村内空闲地未安排完之前，不得占用耕地和其他土地。

农村居民建住宅不得占用基本农田保护区的土地。鼓励有条件的农村居民建造楼房。

村民委员会可根据村镇规划调整村内空闲地，但必须经乡（镇）人民政府批准。村民应服从统一安排，不得干扰和阻挠。

第八条 农村居民不得在自留地、承包地上建造住宅。农村居民承包开发荒废土地从事农、林、牧、渔业生产的，经县级人民政府批准，可建造用于存放生产工具和看守的房屋。县级人民政府可根据开发土地的数量和实际需要具体规定建房面积。承包合同期满不再续订时，可将房屋作价转让给集体或新的承包人，或自行拆除，原承包人不得继续使用。

第九条 农村居民建住宅用地实行计划指标管理。各级土地管理部门应按照用地计划指标从严掌握；不得突破。县级人民政府土地管理部门在分配使用年度用地计划指标时，可根据本地实际情况，按照《河北省土地管理条例》第三十五条规定的用地标准分解为年度建住宅户数下达到乡（镇），由乡（镇）落实到村，并公布于众。

山区、坝上农村居民经县级人民政府批准利用无土层的荒山、荒坡建住宅的，可不占宅基地用地指标。

农村因建住宅或村镇规划新增街道，按公共设施用地占用集体建设用地计划指标。

第十条　农村居民凡符合《河北省土地管理条例》第三十六条所列条件的，允许申请宅基地。国家干部、职工的直系亲属是农村户口，干部、职工本人长期与其一起居住的，可随其直系亲属申请宅基地。

农村居民凡具有《河北省土地管理条例》第三十七条规定的情形之一和将住宅改为经营场所的，不得批给宅基地。

第十一条　坝上地区农村居民建立的与宅基地相连的高效益园田，不计入宅基地面积。

第十二条　农村居民需要宅基地，应向村民委员会提出书面申请，村民委员会应将申请宅基地户主名单、占地面积、位置等张榜公布，听取群众意见，经审核同意后再张榜公布上报户主名单。由申请人填写《农村宅基地申请表》后报乡（镇）人民政府审核，并按以下规定报批：

（一）使用村内空闲地和曾用于农村居民建住宅但使用权已被收回的宅基地，由乡（镇）人民政府批准，并向县级人民政府土地管理部门备案。农村居民在依法取得使用权的宅基地上原地翻新拆建并确认符合村镇建设规划的，不再办理宅基地申请报批手续。翻新拆建需扩占土地的除外。

（二）使用耕地和其他土地建住宅的，由乡（镇）人民政府报县级人民政府土地管理部门审核，经县级人民政府批准。经批准占用耕地建住宅的，应按该耕地前三年平均年产值的二至三倍向集体支付一次性土地使用费，并按规定缴纳耕地占用税。

第十三条　宅基地申请经依法批准后，由村民委员会张榜公布，并向乡（镇）人民政府或县级人民政府土地管理部门领取《宅基用地许可证》。

住宅竣工后，建住宅的农村居民应向乡（镇）人民政府申请验收。经验收合格，由县级人民政府发给《集体土地建设用地使用证》，并交纳五元工本费。

第十四条　超过用地面积限额的，应限期退回。逾期不退的，由县级人民政府土地管理部门按每年每平方米二至四元征收土地使用费，直至退出超占的土地。

征收的土地使用费按预算外资金实行财政专户储存，主要用于土地开发和农村生产建设。其他部门和个人一律不得提取和挪用。

第十五条　购买住宅的农村居民必须符合申请宅基地条件，并经乡（镇）人民政府批准。同时，依照本规定第五条第二款规定，到县级人民政府土地管理部门办理土地使用权变更登记手续。

第十六条　农村居民有下列情形之一的，报经县级人民政府批准，可吊销其《宅基用地使用证》，由村民委员会收回宅基地使用权：

（一）自发给《宅基用地许可证》之日起满二年未建房使用的；

（二）买卖或者以其他形式非法转让宅基地的；

（三）新批宅基地时村委会与建房户在签订的协议中明确建新交旧而不交的；

（四）农村五保户、外迁户等腾出的宅基地。

第十七条　农村居民未经批准或骗取批准非法占地建住宅的，限期拆除或者没收在非法占地上新建的房屋，责令退还非法占用的土地。

第十八条　买卖或者以其他形式非法转让宅基地的，其协议或合同无效，没收非法所得，对在该土地上新建的住宅限期拆除或者没收，并对买卖或非法转让宅基地的双方当事人按非法所得百分之五十以下金额处以罚款。

第十九条　无权批准、越权批准或超过标准多批的宅基地，其批准文件无效。对依据无效文件占用的宅基地和新建的住宅，比照本规定第十七条的规定处理。农村居民所受到的经济损失，由越权批准或无权批准者负责部分或全部赔偿，并对主要责任者给予行政处分。

第二十条　依法调整宅基地，应当交回原宅基地而不交的，比照本规定第十四条规定办理。

第二十一条　农村居民改变宅基地使用权，未在三十日内办理使用权变更登记、换发证书的，比照本规定第十八条的规定处理。

第二十二条　违反本规定第七条第三款规定，不服从村民委员会收回和调整村内空闲地的，比照本规定第十四条规定处理。

第二十三条　按照本规定第八条规定，农村居民承包开发荒废土地，经依法批准建造的用于存放工具和看守的房屋，承包合同期满不再续订、仍继续使用的，比照本规定第十七条规定办理。

第二十四条　非法占用土地建住宅的农村居民，受到限期拆除处罚的，必须立即停止施工并拆除；对继续施工的，作出处罚决定的机关有权对施工设备、建筑材料予以查封。拒绝、阻碍土地管理人员依法执行职务的，由公安机关依照《中华人民共和国治安管理处罚条例》的有关规定处罚。

第二十五条　土地管理人员必须认真履行职责，不得借故刁难，不得以权谋私。对弄虚作假、索贿受贿、滥用职权的，应给予行政处分。构成犯罪的，由司法机关依法追究刑事责任。

第二十六条　本规定的各项行政处罚，涉及农村居民非法占地建住宅的，由乡（镇）人民政府决定；其他的由县级以上人民政府土地管理部门决定。

对有关责任人员的行政处分由县级人民政府土地管理部门提出意见，按照干部管理权限交有关部门处理。

第二十七条　当事人对行政处罚不服的，可在接到处罚决定通知之日起十五日内，向做出处罚决定的上一级行政机关申请复议，也可直接向人民法院起诉。期满不申请复议也不起诉又不履行的，由做出处罚决定的机关申请人民法院强制执行。

第二十八条　本规定由河北省土地管理局负责解释。

第二十九条　国有农场代管的乡村参照本规定执行。

第三十条　本规定自发布之日起施行。

【材料二】

国内外有关"空心村"问题的研究

国内关于"空心村"问题的研究，主要出发点，有乡村群落的空心化，农村人口的空心化、农村宅基地的空心化等许多单独而孤立的角度，并不是用综合性的、联系的、发展的、观点来看待空心化这个问题，侧重点在空心村外化的东西，比如对农村宅基地闲荒及其演化的描述。正因为角度单一，所以学者研究的出发点不同，对空心村的认识自然而然也会有不同理解。例如，薛力从城市化背景角度来定义，张昭从土地利用的角度定义，还有学者从聚落空间形态、人口流动、空心村形成原因等方面定义空心村，具体可见表8-4。各类学者的多角度思考，相互影响，其实也给我们对农村空心村演变的内涵，有了一个更加综合性的全面了解。其中，刘彦随提出的"空心村的问题，根源是由于城乡二元结构造成的不平衡，在我国城市化、工业化大发展的历史前提下，促使大量农村人口用脚投票，大量从农村向城市转移，农村房屋闲置、农作荒废、基础设施停滞，村容拥挤破败、治安堪忧，是为空心村"，此类关于空心村定义具有一定的代表性。

表8-4　国内关于"空心村"问题的一些典型性描述汇总

作者	年份	研究出发点	典型论点简述
张昭	1998	宅基地利用	村庄无规划、摊大饼，农村新建住宅躲在村外交通便利的大路旁，村庄内部多是废而不弃的旧住宅，宅基地浪费严重
程连生	2001	村落空心化	多是中部东部平原地区的农村，在城市化进程下进城打工，经济收入增加，回乡建设新宅的欲望增大，这些人多为在村落周边迁建新宅，新宅成片扩展，原有村落聚合度下降，人口密度大降，与新宅片形成强烈的对比，原有村落空心化
薛力	2001	城市化大背景	由于我国改革开放以后，城乡经济发展的不平衡，城市化进程大发展，农民向非农化发展，但是村庄的建设和规划远远落后这种非农化的需求变化，农民不断向村落外乃至城市转移，原有村庄破败衰落逐渐空心化
雷振东	2002	村落空废化	村落空废化，主要从农村聚落的各种原生的空间环境不断演变的一种总和，指出村落空废是城市化发展的必然结果和趋势，村落空废，包含了宅基地荒废、村落整体迁移发生的荒废、农业生产设施空废等等各方面的丰富内涵
张逸风	2008	人口流动	"空心村"就是指城乡发展不平衡，城市吸收了大量农村的人口、经济等资源，农村基建、社会服务功能荒废，人口流失，村治萧条，村庄内部出现的一种"空心"的状态
刘彦随	2009	社会经济结构	空心村的问题，根源是由于城乡二元结构造成的不平衡，在我国城市化、工业化转型大发展的历史前提下，促使大量农村人口用脚投票，大量从农村向城市转移，农村房屋闲置、农作荒废、基础设施停滞，村容拥挤破败、治安堪忧，同时，新建住宅逐渐向外扩展，村庄用地摊大饼无规划，呈现了"外扩内空"的不良演化过程，总的来说，"空心村"的本质是农村地域农村经济社会等各方面功能的全面退化

国外的众多发达国家，其城市化、工业化进程也多发展到一个很高的程度和水平，国外农村其实也存在和中国一样"空心化"特征，无论是美国，还是欧洲的德国和法国以及亚洲的日本都如此，另外亚洲的印度等发展中国家，其乡村也出现一定的空心

化现象，这些国家依据自身实际进行了空心村治理方面的有益尝试并取得明显效果。例如，20世纪80年代，作为二次世界大战以后的世界资本主义头号强国的美国，城市化、工业化发展也同样存着发展不平衡现象，例如在美国的一些农村地区，就出现了人口稀少及负增长，劳力缺乏等"空心村"特征，为此，美国政府提出了"都市化村庄"治理方案，也就是通过将农村社会经济的发展纳入城市化发展的大环境中来这一途径，建立了诸如"乡村中心"等一系列政府资助的农村社会公益组织，政府部门对农业的大力推进和保护措施起到了良好效果也符合实际，同时也有效避免农村走向破败萧条。德国的汽车、化工、生物医药及工业设备制造等产业发达，是欧洲当之无愧的第一经济强国，但德国的工业能量不是体现在高楼林立、车水马龙的城市建设规模上，而是成片的村镇环绕着城市，城中有村、村挨着城，和而不同、和谐共进、相伴相生。德国曾被一位自己的高级政府官员描述为是一个九成以上领土笼罩着乡村气息的发达国家，这不是吹牛而是有根据的，数据显示，德国的乡村居住着超过4 300万人，而全德国人口不到一个亿，比率占到了一半以上。这种现象的形成，源自德国的"乡镇城市"的先进理念，德国高度的工业化大发展并没有割裂城市和农村的大发展，而是让乡镇和农村一起共生发展进步，在德国人字眼里，没有乡下的乡镇这种概念，而是城里的乡镇这种概念。也就是说，德国的城市提供的是各项充足的医疗、教育、娱乐等城乡共享的各类资源，但是乡镇却为城市提供充足的土地、环保休闲资源、远低于城市成本的房租、创业成本。但是并不是说德国没有出现一点点"农村空心化"问题，德国在一些地方，特别是前东德地区，因为历史等方面的原因，这些地区的经济发展状况虽然在两德统一后取得了极大进步，但是也有不平衡，一些农村地区也出现了诸如人口增长率低、劳动力缺乏、基础设施落后、村庄规模萧条破败等"空心村"特征。德国当局的一份报告指出，这些地方村治存在着不良循环：乡村人口萎缩——基建效益降低——乡村基建停摆——乡村就业机会流失——乡村农民购买力降低——地方财税收入降低。加上人口老龄化共同作用，这些地区空心村问题不断增大。此种形势下，为了应对这些地区空心化蔓延的不利影响，促进这些地区发展，在欧盟农业政策框架支持之下，德国当局计划在2020之前投入总计超过175亿欧元，其中，欧盟支持94亿多欧元，德各级政府提供81亿多欧元，来支持乡村发展。具体措施上，一方面大力支持自身造血能力，尽快农业现代化、产业化发展；同时重视当地的农业基建推进，和改善社会环境，增强这些乡村对各种人、物、财等资源的吸引力。

参考文献

[1] 刘彦随，龙楼花，陈玉福. 中国乡村发展研究报告 [M]. 北京：科学出版社，2009.

[2] 张昭. 关于河北省空心村治理的理论探讨 [J]. 河北师范大学学报（自然科学版），1998，(4)：573-576.

[3] 程连生，冯文勇. 太原盆地东南部农村聚落空心化机理分析 [J]. 地理学报，2001.(4)：437-446.

[4] 薛力. 城市化背景下的"空心村"现象及其对策探讨—以江苏省为例 [J]. 城市规划，2001 (6)：7-16.

［5］雷振东. 乡村聚落空废化概念及量化分析模型［J］. 西北大学学报（自然科学版），2002，24（1）：421-424.

［6］张逸凤. 河南省空心村治理研究［D］. 武汉：华中师范大学，2008.

［7］刘彦随，刘玉，翟荣新. 中国农村空心化的地理学研究与整治实践［J］. 地理学报，2009，64（10）：1193-1202.

二、教学手册

（一）课前准备

1. 准备多张大白纸（或者白板）、粗号笔（白板笔），胶带若干，用于书写讨论意见，并便于课堂展示。

2. 按照相关利益主体分配角色，一部分扮演当地政府、一部分扮演村民。

3. 提前认真阅读《农村规划乱象：只见新房 不见新村》案例，准备案例后的思考题。

4. 准备邢台县西黄村镇地图一份，使学生在课堂中充分了解事件发生的行政区划及地理特点。

（二）适用对象

本案例可以用于公共管理、农村发展、社会管理、行政管理等相关课程的教学活动。适用对象包括公共管理学术型研究生、农村发展专业研究生、MPA 学生以及从事相关管理工作的人员。本案例还可适用于具备一定公共管理基本知识并对公共危机管理、公共政策有兴趣的非专业人士、学生和实际操作者学习使用。

（三）教学目标

通过教学，本案例有以下几个目标：

第一个目标是使学生了解农村为什么会存在空心村现象。案例通过对邢台县 A 村"只见新房，不见新村"事件的描述，使学生了解，农村规划乱象发生的主要原因是宅基地管理存在问题。本案例通过描述 A 村"麦子圈地"成为各家宅基地的原因、经过与村民的想法，从中找到这一现象形成的主要原因。老村宅基地利用率低，留守老人独守老村。空心村现象越来越明显，村外新房林立，耕地越来越少，但并没有形成新村。通过了解上述问题，是学生能够认识到空心村出现的原因。

第二个目标是使学生了解如何进行村镇规划与宅基地管理。规划是龙头，是搞好农村宅基地管理的基础。发挥各村特色，结合各村情况，因地制宜制定村镇管理政策；以乡村治理有效为基础，创新规划编制与管理方式是进行村镇规划的重要方法。适应并优化现行宅基地管理政策，促进"两规"融合，实现审批协调；完善乡村规划编制和管理两个全覆盖；加强农村规划理论研究，提高规划的科学性和操作性；增强农民参与规划的意识，提高规划实施主体积极性是解决宅基地管理难的重要方法。

（四）要点分析

1. 村镇人员应该在村民占用宅基地的过程中发挥什么样的作用？
2. 为什么当地政府没有采取措施解决村镇规划混乱的问题？
3. 政府应该如何有效解决宅基地问题，促进宅基地流转？

（五）课堂安排

1. 10 分钟案例介绍。教师可以请学生简单谈谈自己对农村宅基地的所见所闻所想，时间大约 5 分钟。通过这种方式，学生可以分享看待农村宅基地管理的不同角度。然后介绍该案例的整个过程。

2. 20 分钟课堂讨论。针对案例的思考题，通过交流发言、课堂讨论，积极思考，集思广益。

3. 15 分钟角色扮演。根据课前准备分配的角色，进入角色扮演模拟教学环节。让大家对邢台县 A 村出现"只见新房，不见新村"的原因进行讨论。通过讨论，学生表达自己的态度以及提出自己的建议。

（六）其他教学支持

展示 A 村空心村的图片，在村外修建新房的图片以及耕地减少的数据情况更加直观的补充案例。

案例九 | 农村养老问题（一）
——现状模式与政策建议

一、案例主体

摘要：农村养老是我国养老服务体系建设的重要组成部分，也是养老服务均等化发展的短板。目前我国人口老龄化问题突出，解决农村养老问题更是存在较大难度。解决农村养老问题，应梳理农村养老的现有模式，综合利用农村社区自身的存量条件并强化增量管理，学习借鉴优秀农村养老案例，复制推进农村养老的典型模式，并完善农村养老的政策配套。

关键词：农村养老；养老模式；政策配套

（一）引言

《国务院关于加快发展养老服务业的若干意见》（国发〔2013〕35号）明确提出，要加大对基层和农村养老服务的投入，统筹城市和农村养老资源，促进基本养老服务均衡发展；通过健全服务网络、拓宽资金渠道、建立协作机制等多种措施，切实加强农村养老服务。农村养老是整个养老服务体系建设的重要组成部分，也是养老服务均等化发展的短板。

截至2018年1季度末，高龄老年人津贴制度已实现省级全覆盖，养老服务补贴覆盖30个省份，护理补贴制度覆盖29个省份。贯彻落实《社会救助暂行办法》，不断提高救助供养水平，扩大保障范围，给予救助对象必要的生活照顾和物质帮助。早在2017年，民政部联合公安部等9个部门印发了《关于加强农村留守老年人关爱服务工作的意见》（民发〔2017〕193号），推动各地建立健全家庭尽责、基层主导、社会协同、全民行动、政府支持保障的农村留守老年人关爱服务机制。目前，各省份均制定了加强农村留守、空巢老年人关爱服务体系的专项政策文件或实施细则，全国统一的农村留守老年人信息管理系统有望上线运行。

（二）我国面临人口老龄化

人口老龄化是 21 世纪我国经济建设中面临的一大难题。相关数据表明，我国处于 60 周岁及以上的老年人和 65 周岁及以上的老年人数量呈现不断增加的趋势，据科学预测，到 21 世纪中叶我国老年人口占总人口的比重将超过 30%。与城市相比，农村的老龄化问题更为严重，农村的生活环境较为恶劣，老年人以体力劳动为主、身体状况差、收入较低，因此"未富先老"将成为农村地区的突出现象。农民养老具有互助合作的需求，农村也有互助合作的基础，只有农村基层党组织才有能力把农民组织起来。把解决农民养老问题作为农村党支部的一项重要工作，创造性地解决好农民的养老问题，才能提高农民养老生活的质量。

近年，老年人在我国人口所占比例逐年上升，我国许多城市也已提前步入老龄化社会，随之而来的老年问题也是越来越突出。由于敬老、养老观念的冷淡，一些子女经济上不愿赡养、生活上不愿照料、精神上不愿慰藉老年人，"啃老""弃老""空巢"问题日趋严重。根据《中共中央关于制定国民经济和社会发展第十二个五年规划的建议》预测，从 2011 年到 2015 年，全国 60 岁以上老年人将由 1.78 亿增加到 2.21 亿，平均每年增加老年人 860 万；老年人口比重将由 13.3% 增加到 16%。未来二十年，我国人口老龄化日益加重，到 2030 年全国老年人口规模将会翻一番，老龄事业发展任重道远。

如图 9-1 所示，截至 2019 年年末，全国 0~15 岁人口为 24 977 万人，占总人口的 17.8%；16~59 岁人口为 89 640 万人，占 64.0%；60 岁及以上人口为 25 388 万人，占 18.1%。其中，65 岁及以上人口为 17 603 万人，占 12.6%。与 2018 年年末相比，16~59 岁劳动年龄人口减少 89 万人，比重下降 0.28 个百分点；老年人口比重持续上升，其中，60 岁及以上人口增加 439 万人，比重上升 0.25 个百分点；65 岁及以上人口增加 945 万人，比重上升 0.64 个百分点。

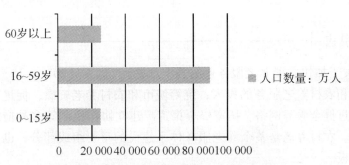

图 9-1　2019 年中国各年龄段人口构成情况

数据来源：国家统计局。

我国正处于人口发展的关键转折期，人口老龄化问题日益严重，为促进经济社会协调发展，准确把握人口变化的趋势性特征，对于完善人口发展战略和政策体系，促进人口均衡发展，积极应对人口老龄化，促进人口和社会经济持续协调健康发展至关重要。

根据图 9-2 可知，我国 60 周岁以上人口数量自 2014 年到 2019 年逐年上升。2019 年 11 月下旬，中共中央、国务院正式印发《国家积极应对人口老龄化中长期规划》

（以下简称《规划》），将应对老龄化上升为国家战略。《规划》明确了应对人口老龄化的重要意义和目标任务，而且给出了翔实具体的应对措施，近期至 2022 年、中期至 2035 年、远期展望至 2050 年，以此指导未来三十年应对人口老龄化的各项政策。

图 9-2　2014—2019 年中国 60 周岁及以上人口数量增长情况

数据来源：国家统计局。

（三）农村养老面临的困境

养老的重点和核心都在农村地区，农村养老问题的解决是中国养老问题解决的突破口。然而，中国农村养老制度相对落后、养老服务设施配备不足、保障标准较低，经济养老现象依然较为突出。另外，农村养老服务设施在资金投入、场地、人员等方面都存在较大困难，空巢老人、留守老人等老年人群体的养老问题也存在较大的解决难度。基于此，中国养老问题的解决重心应放在农村地区。

1. 老年农民经济基础薄弱

在我国城镇化进程中，农民土地被征用，年轻劳动力流向城市，虽然农村区域的居民财产收入有所增加，但是因为需要承担房屋、医疗、教育的支出，同时受到通货膨胀的影响，农村居民收入明增实降，导致农民经济基础薄弱。

2. 家庭养老模式不稳固

家庭养老在我国养老模式中依旧占据重要地位，但家庭养老结构发生变化、青年人流向城市、老年人疾病负担加重、家庭思想观念变化和生活成本增加使家庭养老模式不稳固。

3. 社会养老保障制度不健全

新型农村社会养老保险的实施在一定程度上解决了农村养老困境，但是其依旧存在一定的问题。第一，激励作用不够。就农民养老金的发放标准而言，政府是根据老年人口数进行补贴的，这影响了农民缴纳保险金的热情，导致参保比重较低。第二，政府给予农民集体的补贴较少。获得补贴的农民群体主要包括入城农民工、留乡农民，其集体补贴资金无法保证基本生活，降低了参保率。

4. 区域农村养老发展的不平衡不充分

我国经济比较发达的东部省份农村地区，农民生活条件比较好，除了养老保险制度，省、县、乡等各级地方财政还拨付资金对农村的养老进行一定程度的补贴。但是经济落后的中西部省份农村地区，居民由于收入水平低，每年所获的收入只能用于解决基本的生活保障，地方财政补贴有限，对于养老保险只能选择较低档次标准。地区之间的养老金无论在基础养老金，还是个人账户养老金方面，都有不同程度的差距，最终导致各地参保人领取的养老金存在差异。造成这种现象的主要原因是区域发展不平衡，经济发达地区无论是基础养老金还是个人账户储蓄都高于经济欠发达地区，若长此以往地区间的养老问题差异将会越拉越大。

5. 农村养老法律的缺位

赡养老人，这是一个涉及体制的问题，更是一个涉及人心的问题。到目前为止，我国还没有一部专门针对城乡居民养老保险制度的法律法规，只有一些中央和地方的政策规定。从实施情况来看，这些规定只是停留在政府政策层面，还没有完全达到法律法规的约束高度，缺乏必要的法律依据和保证。

（四）当前我国农村的养老模式

1. 家庭养老

家庭养老，是指主要以家庭为单位，在父母进入养老状态时期，由子女向自己的父母提供包括经济物质支持、日常生活照顾以及精神慰藉的养老模式。在广大的农村地区，大部分地区的农民仍然延续着几千年来的生活方式，家庭养老也保持着相当程度的延续性，家庭养老无论是对老年人或是社会文化来说，都具有其不可替代的价值。老年人本身具有比子女更为传统的特性，因而希望子女能以传统的方式对其进行照顾。因此，目前家庭养老仍是中国农村养老的最主要模式。

但是，当前家庭养老也遇到了一些前所未有的挑战。随着城市化进程的加快，农村劳动力的大量转移和人们传统价值观念的变化，也为家庭养老造成了一定的冲击。但这并不意味着家庭养老将会被取代。家庭养老模式是中国的传统文化在漫长的历史岁月长河中积淀的结果，蕴涵着整个社会的生命之源，仍将在中国农村养老保障中发挥重要的作用。

2. 自我养老

自我养老，是指依靠老年人自己以往的生活积累来维持自己晚年的基本生活所需，也包括老人在老年期继续参与社会经济生活，以获取维持生存和改善生活的资源。自我养老在经济上主要通过个人以往的积蓄和继续参与社会活动为支撑，在健康方面要求老年人有较为强健的体魄能够自我照料生活，思想意识方面要能够独立自主，自我精神慰藉。

依靠自我养老的老人不管是经济供养、生活照料，还是精神慰藉都是以依靠自己为主。目前，农村老年人仍然是活到老，劳作到老。老人自我养老的经济收益也主要还是从土地中获取。这种自我养老模式在一定程度上也是老年人老有所乐的一部分。随着中国老龄化程度的不断加剧，仅仅依靠家庭和社会的养老资源供给必将会造成养老资源紧缺，这种模式应该在不断规范中得到发展。

3. 社区养老

社区养老是以家庭养老为主，社区机构养老为辅，在为居家老人照料服务方面，又以上门服务为主、托老所服务为辅地整合社会各方力量的养老模式。这种模式的特点在于：让老人住在自己家里，在继续得到家人照顾的同时，由社区的有关服务机构和人士为老人提供上门服务或托老服务。吸收了家庭养老和社会养老方式的优点和可操作性。社区养老服务具有专业、便利和成本低廉的独特优势。在中国，这仍是一个正在探索中的新生养老模式。

中国社区养老的推行对于解决中国养老问题具有重要的现实意义。社区养老有效地解决了一部分子女的后顾之忧。同时，社区养老能够有效地利用社会资源。再者，社区养老有助于推动社区建设。加强社区养老，有针对性地开展老人服务项目，真正使社区资源和设施得到充分利用，在满足老人需求的同时，也影响社区居民对社区建设的观点，调动居民的积极性，有助于社区建设的发展。

中国大部分地区的社区养老服务体系的构建处于初级阶段，社区养老存在许多的问题。特别是在中国广大的农村地区，社区养老模式并没有真正意义地展开，有些地区社区养老甚至是空白，与城市相比农村老年人在享受社会保障资源方面存在明显的差距，这些都是亟待解决的问题。

4. 农村社会保险养老

目前，随着中国城市化进程的不断加快和农村人口老龄化的加剧，农村传统养老保障方式功能逐步弱化，在中国农村的广大地区，养老保险制度作为一种新型保障制度逐步兴起和发展。

农村养老保险，是国家对亿万农民发出国家将为他们建立由财政全额支付的最低标准基础养老金的一个信号，使他们老有所养。从整个国家的经济社会发展来看，农村养老保险制度，实现了城乡居民在社会养老方面的制度平等。随着经济发展、国力增强，城乡居民在这方面的差距正逐步缩小、乃至最终消失，这对于改变城乡结构、逐步实现基本公共服务均等化，无疑是一项重要的基础性工程。农村社会保险模式将是中国农村养老模式的一个发展方向。

从农村当前的新情况来看，建立农村养老保险制度，有利于化解农村社会中的各种矛盾。首先，农村养老保险极大地提高了农村老年人的经济自立能力；其次，它减轻了子女的经济负担，在相当程度上避免了因经济利益引发的家庭矛盾；最后，它将有效化解一些农村集体组织无钱办事的困境，使它们能够集中有限的财力更好地为老年人提供服务，有利于扎实推进社会主义新农村建设中国农村养老保障的建设。

5. 土地养老

根据央视报道，我国宁夏回族自治区平罗县自 2013 年开始探索"以地养老"，具体做法是：从老年农民手中按市价收购承包地经营权和宅基地使用权，宅基地及其房屋一般作价 9 万元，承包地每亩 9 千元，农民用所得资金进驻养老院。"以地养老"可以探索，但要完善农村土地退出机制。"以地养老"试图解决目前困扰我国农村的两大难题：一是农村近亿人的养老困局，尤其是 5 000 多万留守老人的养老难题；二是如何打破农村一直沉睡的土地资源"坚冰"，让农村的土地财产给农民带来收益。"以地养老"可以作为农村养老的一种补充，但要真正解决我国农村老年人的养老问题，还需要依靠传统的家庭养老以及建立普惠制的养老金制度，让农村老年人能够有一个幸福的晚年。

（五）我国养老模式创新的典型案例

在我国广阔的土地上，各地根据不同的情况衍生出了千差万别的养老形式，参考别人优秀的养老模式，可以为本地区养老方式的改进提供灵感。2021 年 3 月 16 日，民政部办公厅、财政部办公厅发布通知公布居家和社区养老服务改革试点工作优秀案例名单，51 个优秀案例汇集了全国各地居家养老先进经验。

1. 北京市丰台区：聚焦失能失智老年人刚需发展"喘息服务"

2018 年，作为首批国家级居家和社区养老服务改革试点地区，丰台区在全市率先试点开展了给失能、失智老年人的看护者"放个假"的"喘息服务"。"喘息服务"不仅将老人的亲属"解放"出来，得以喘息缓解，同时通过专业机构传帮带，让家属也成为照护能手。通过"喘息服务"，老年人和家属对养老机构服务内容也有了新的认识，提升了丰台区养老机构的入住率，推动形成"政府购服务、老人享服务、家庭得实惠、企业促发展"的失能、失智老年人居家照护服务新格局。2021 年，丰台区民政局助力家庭养老，结合"喘息服务"试点工作经验推进家庭照护床位建设，出台《丰台区养老家庭照护床位建设管理实施细则（试行）》，建设养老家庭照护床位 503 张，为服务对象提供生活照料、康复护理、健康管理、辅具支持、心理服务、居家安全协助等服务，并为家庭照护者提供护理技能提升培训等，更好地满足了老年人的实际需求。作为北京市重要民生实事任务，2022 年丰台区将再完成 300 张养老家庭照护床位建设。

2. 上海市长宁区：聚焦"五个率先"健全老年认知障碍分级照护体系

截至 2020 年年底，长宁区户籍老年人口 22.42 万人，其中 80 岁以上高龄老年人口占区总人口比重为 6.9%，居上海市首位。以第二批全国居家和社区养老服务改革等试点为契机，长宁区创新探索老年认知障碍友好社区建设，聚焦"五个率先"，率先开展最大规模社区筛查；率先实现友好社区建设全覆盖；率先制定"两标准一指南"；率先完善配套政策扶持；率先建立友好社区建设共建联盟。2020 年，长宁区在全市率先实现老年认知障碍友好社区在街镇全覆盖，并于 2021 年启动老年认知障碍友好城区建设。长宁在全市首创发布"两标准、一指南"，建立认知障碍领域的标准体系。2021 年 9 月，在"两标准一指南"的基础上，长宁还发布了《老年认知障碍友好城区建设导则》，旨在围绕基本建设、公共设施及住房建设、支持网络建设、服务体系建设、文化环境建设、保障与发展建设 6 个方面，打造老年认知障碍友好城区"工作样板"。2018 年以来，通过新建或存量改建的方式，长宁区 10 家养老机构或长者照护之家设立了认知症专区，并建设认知症床位 315 张；依托社区综合为老服务中心、老年活动室等载体，在每个街镇建有 1 家"记忆苑""记忆家"等社区老年认知障碍家庭支持中心，为认知障碍老人提供政策咨询、记忆训练、康复治疗等服务。

3. 江苏省南京市：把养老院"搬回家"

据江苏广电融媒体新闻中心报道，早在 2016 年，南京在部分养老机构开展家庭养老床位试点。为化解城区养老"床位荒"，南京坚持创新推行家庭养老床位建设，把养老院"搬"进家。从硬件着手，南京把养老院护理型床位"搬"到老年人家里，对老年人家庭进行适老化改造，配备相应的老年人的辅具、安装相关信息监测等设施设备，让老年人的家居环境更加适合养老，同时也适合养老机构远程监测和服务老年人在家里养老。目前已建成家庭养老床位超 5 700 张，并探索"五化"运营模式，即对家庭实行"适老化"改造、与养老服务机构床位实行"一体化管理"、开展机构式"专业化"服务、提供"规范化"服务流程、实施与机构"同等化"政策扶持，让老人"原居享老"。

4. 江苏省南通市：创新"链式养老"服务模式

南通是著名的长寿之乡。2021年，南通常住人口老龄化率已达30.01%，60岁以上常住老人有231.86万人。全国149个进入深度老龄化社会的地级市中，南通位居第一。以机构养老为支撑、社区养老为依托、居家养老为基础的"链式养老"服务模式，通过充分发挥养老机构专业人员、专业设施、专业技术的优势，承接运营养老机构周边的社区日间照料中心和居家养老服务站，为居家老年人提供日间照料、助餐助医、康复护理等专业养老服务。"链式养老"服务模式打破了居家、社区和机构养老的边界，破解养老痛点，让越来越多的老人实现在家门口幸福养老。2021年，南通已有27家养老机构承接运营了43家街道（乡镇）居家养老服务中心，为706个社区提供专业化、精细化的养老服务，受益家庭超过23万户。

5. 广东省深圳市：创新人才培养机制破解人才培养"瓶颈"

据广东民政官方微信公众号，深圳市按照"政校行企四方联动、产学研用立体推进"的双元制人才培养模式，通过"学历教育+社会培训"，逐步走出了一条"慈善助力、校企合作、行业共建、以赛促教"的产学研一体化人才培养道路。一方面，建立养老服务人才培养和激励机制。2018年，深圳成立了全国首家由地方民政部门与地方高校合作创建、以养老服务人才培养为核心业务的独立法人新型事业单位——深圳健康养老学院，依托学院加强养老服务人才培养。2020年12月，深圳在全省率先发布养老服务行业工资指导价位，促进养老服务机构规范工资收入分配，建立有效的激励机制。另一方面，开展家庭护老者能力提升项目，构建社区居家养老服务人才网络。深圳将"家庭护老者能力提升与关爱计划"列为2020年、2021年深圳市政府民生实事项目，每年为1万名家庭护老者提供能力提升与精神支持培训。截至2020年年底，全市10个区74个街道开展培训77场，累计培训家庭护老者1.7万人次。

他山之石，可以攻玉。养老政策的不同，养老环境的区别，生活方式的差异，让各个地区的养老思路千差万别，但是正是这些区别，能让我们更加集思广益，寻找更适合中国老人的养老方式。

（六）农村养老的政策建议

1. 加大财政支持和投融资扶持力度

"十三五"以来，发展改革委组织实施了社会服务兜底工程，累计安排中央投资69亿元，重点支持老年养护院、医养结合的养老设施等。中央财政每年均安排彩票公益金，支持城镇社区福利机构、社区养老服务设施、农村五保供养设施、光荣院等设施设备更新改造，2016—2018年共安排彩票公益金41.1亿元。2016年以来，民政部会同财政部开展中央财政支持的居家和社区养老服务改革试点工作，每年投入10亿元用于推进包括农村居家养老服务在内的居家社区养老服务试点。积极推动形成以家庭赡养为基础、养老机构和农村幸福院为依托、农村老年协会参与、乡镇敬老院托底的农村养老服务设施供给格局。

2. 逐步提高农村养老保险待遇水平

人力资源社会保障部贯彻落实《关于建立统一的城乡居民基本养老保险制度的意见》（国发〔2014〕8号）相关要求，在全国范围内推动建立制度名称、政策标准、管理服务、信息系统"四统一"的城乡居民养老保险制度，以保障和改善城乡老年居民的基本生活、提高农村老年人的经济自立能力，保证农村老年人的养老条件。

3. 创新和加强农村养老机构监督管理

推行全国统一的养老机构服务质量等级评价制度，完善安全、服务、管理、设施等标准，加强养老机构服务质量监管。深入推进养老院服务质量建设专项行动，将特困人员供养服务机构（敬老院）改造提升作为重点予以推进，统筹抓好农村养老服务工作。加快推进敬老院法人登记和管理工作，加强管理服务队伍建设，推动将敬老院运转经费纳入财政预算，不断提升托底保障能力和服务质量。推进敬老院在满足特困人员集中供养需求基础上进行社会化改革，向社会开放床位，相关收益主要用于支持兜底保障对象的养老服务。

4. 逐步加大农村养老医疗保险待遇保障力度

加大对各地提高基层养老金标准的指导，进一步健全参保缴费激励机制，积极引导参保居民选择更高档次缴费，推动各地按照国家规定将个人账户基金委托投资运营，增加个人账户积累，逐步提高城乡居民养老保险保障水平。督促指导各地落实《政府工作报告》要求，用好居民医保和大病保险新增筹资，确保资金、待遇、政策落实到位，提高医疗保险待遇保障水平。督促指导地方稳步扩大跨省定点医院覆盖范围，加快推动异地就医结算。2013—2020 国务院出台的关于我国养老制度文件见表 9-1。

表 9-1　2013—2020 国务院出台关于我国养老制度文件

时间	政策文件名称	发文单位
2013-9-13	《国务院关于加快发展养老服务业的若干意见》	国务院
2015-8-23	《国务院关于印发基本养老保险基金投资管理办法的通知》	国务院
2017-7-4	《国务院办公厅关于加快发展商业养老保险的若干意见》	国务院
2019-4-16	《国务院办公厅关于推进养老服务发展的意见》	国务院
2019-8-5	《国务院办公厅关于同意建立养老服务部际联席会议制度的函》	国务院
2020-12-21	《国务院办公厅关于建立健全养老服务综合监管制度促进养老服务高质量发展的意见》	国务院
2020-12-31	《国务院办公厅关于促进养老托育服务健康发展的意见》	国务院

5. 健全农民社会养老保险法律体系

第一，通过立法规定养老保险制度的实施程序和方式，对于相关执行人员、机构和部门不合乎法律规定的行为给予处罚，以法律为准绳让不法分子悬崖勒马。第二，法律对于居民养老保险和其他形式养老保险之间的转接条件及程序应做出明确规定，避免养老资金的多次配置。第三，需要将养老保险可能发生的纠纷的适用调解与适用简易程序以法律条文形式进行规定，在保证公平正义的同时更高效地解决问题。

6. 政府加大对农民养老的补贴力度

政府需要扩大农民养老补贴范围，并对每个补贴层次增加补贴金额，既能减轻个人缴费压力，又可以激励农民积极缴费，并降低政府征收养老金的难度。

提升养老资金保值增值能力。提升养老资金保值增值能力是需要在保障国家养老金资金安全性之上获取更高的收益。第一，国家养老金流动性强，其资金的累积作用弱，国家养老保险资金管理部门可以买入短期债券或者存入银行，赚取短期利润。第二，养老金缴费期限长，时间跨度大，应将资金交由专业的投资机构进行投资，多渠道运营养老金资金，分散风险，提高收益。

7. 构建科学的管理与监督系统

建立专门的养老资金管理和监督机构，健全多层级农民养老保险经办机构，提高农民养老保险服务水平，以此来保证农民社会养老保险制度顺利实施。

8. 孝道观念助力农民养老

通过宣传标语、田间广播和座谈会，开展评选"优秀儿女""模范家庭"等活动，加强孝道观念宣传教育，深化孝道观念，对于满足农村老年人经济需求和慰藉老年人精神作用重大。

9. 创新农村养老模式，因地制宜地推广农村养老典型

思考题

1. 农村人口老龄化背景下面临的养老问题？
2. 农村养老典型案例的启示。
3. 如果你是政府官员，将会如何处理基层养老制度缺失问题？

附录

【材料一】

当前我国养老保障制度路径

创建于新中国成立初期的中国养老保障制度，立足于中国国情，主动适应中国经济社会发展的变革，稳步推进，最终实现了养老保障政策的变迁，在保障人民基本生活、深化企业改革、维护社会公平以及促进社会良性运行等方面起到了重要的作用，改革创新成就显著。如今，我国养老保障制度在内容体系、结构体系及服务体系等方面的改革日趋完善，形成了一个稳定的理论框架，逐步形成了具有中国特色的基本养老保障制度体系。

（一）整体推进：养老保障制度的内容体系不断丰富

中国养老保障制度建设始于20世纪80年代，到90年代中后期，养老保障制度的整体框架基本建立，全国范围内实行了统一的养老保障制度。到了21世纪，我国已确立社会统筹与个人账户相结合的基本养老保险制度。在养老保障制度整体推进的过程中，养老保障制度的内容体系不断丰富。

第一，基本养老保障的覆盖范围日益扩大。

目前，我国基本养老保障的覆盖范围日益扩大，参保人员实现了突进式增长。如表2所示，自2010年以来，随着新农保和城镇居民养老保障制度的试点，养老保障的覆盖面得到进一步扩展，到2018年年末，全国参加基本养老保险的人数为94 293万人，参加城镇职工基本养老保险人数为41 902万人，比上年年末增加1 609万人，占

44.43%；参加城乡居民养老保险的人数为 52 391 万人，比上年年末增加 1 136 万人，占 55.57%。

表 9-2　2015—2019 年我国基本养老保险参保情况　　　单位：万人

年份	参加基本养老保险人数	城镇职工养老保险人数	城乡居民养老保险人数
2015	85 833.4	35 361.2	50 472.2
2016	88 776.8	37 929.7	50 847.1
2017	91 548	40 293	51 255
2018	94 293	41 901	52 392
2019	96 748	43 482	53 266

资料来源：2015—2017 年数据来源于《中国统计年鉴》；2018、2019 年数据来源于中国人力资源和社会保障部。

另外，还有一些新兴阶层群体，如农民工群体和灵活就业者也纳入了养老保险制度体系。如表 3 所示，农民工群体的参保率不断上升，参保的绝对人数由 2008 年的 2 416 万人增长到 2017 年的 6 202 万人，参保率从 2008 年的 10.72% 上升为 2017 年的 21.64%，增速较快。

表 9-3　我国农民工养老保险参保情况　　　单位：万人

年份	农民工人数	外出农民工人数	参保人数	参保率
2013	26 894	16 610	4 895	18.20%
2014	27 395	16 821	5 472	19.97%
2015	27 747	16 884	5 585	20.13%
2016	28 171	16 934	5 940	21.10%
2017	28 652	17 185	6 202	21.64%

注：参保率为参加城镇职工基本养老保险制度的农民工人数与全国农民工人数之比。资料来源：中国人力资源和社会保障部《人力资源和社会保障事业发展统计公报》（2013—2017）。

第二，养老保障的待遇水平不断提升。

随着基本养老保障覆盖面进一步扩大和缴费标准逐步规范及统一，我国基本养老保险基金收支规模逐年递增，基金累计结余额也越来越大。具体见表 3。以 2018 年为例，我国养老保险基金收入为 55 005.0 亿元，同期支出为 47 550.0 亿元，当期净结余为 7 455.0 亿元，养老保险基金"收大于支"，且结余率高达 13.55%，这说明目前我国养老保障制度的财务状况良好，在不受"历史欠债"的影响下，相当一段时期内能维持制度本身的"收支相对平衡"，为养老保障的待遇给付奠定了坚实的物质基础，也为应对老龄化的挑战、促进改革发展、分享经济红利、维护社会稳定发挥了重要作用。

第三，养老保障管理体制进一步完善。

一是明确了政府主体的管理责任，主要体现在顶层设计、执行及监督、兜底责任等三个方面；二是探索了政府、市场以及社会之间的良好合作方式与科学管理机制。为了应对人口老龄化趋势和顺应市场经济发展，政府进一步探索了与市场、社会之间的良性合作关系，特别是在"部分积累性"养老保险基金的筹资管理、投资运营等方面，引入市场机制，强化审查程序、监督市场主体，在管理上日趋严格。总之，在养老保障制度改革过程中，政府的主导和引导始终贯穿于制度运行的各个环节，影响着其他参与主体的行为，并开始探索建立养老保障制度管理中"事权与责权"相统一的责任划分机制，不断推进养老保障管理体制的进一步完善。

（二）制度整合：养老保障制度的结构体系日臻完善

我国基本养老保障制度的结构体系日臻完善。主要表现在城乡居民基本养老保险制度的建立和机关事业养老保险制度的并轨，这是中国养老保险改革历史上两项重大改革，亦是缩小城乡差距、改变城乡二元结构、推进基本公共服务均等化的重要性工程，进一步提升了养老保障制度的公平和效率，促进了资源的高效利用和合理配置，有利于推动经济社会的发展。

国际经验表明，一个好的养老保障制度的"并轨"方案应具备两个基本条件：一是有完整的制度框架，整合原有的"碎片化"养老制度，以便增加制度透明度，降低管理成本，促进劳动要素在不同部门之间自由流动；二是"并轨"后的制度应在一定时期内能缓解政府财政负担，确保养老资金来源多样化，分散养老基金风险，同时又要尽可能降低由社会福利的重新分配而造成的改革阻力。城乡居民基本养老保险制度和城乡一体化的养老保障制度的建立，正是切合了这两点。可以说，这是两项重塑公平价值观的重要制度改革，有效地整合了"碎片化"的养老保障制度，推进了我国养老保障资源的进一步优化。目前，我国基本养老保障制度模式基本定型。

（三）多元参与：社会养老服务体系初步形成

完善的社会养老服务体系能够扩大养老保障覆盖面，降低管理成本，增强基金积累力度，可以缩短养老金与受众之间的时间，从而增强人民群众对养老保障制度的满意度。近年来，在社会养老服务产业的推进过程中，政府积极地进行政策引导，吸纳社会各方力量主动参与，目前，我国初步形成了"政策引导、政府扶持、社会兴办、市场推动"的社会养老服务模式。由此，我国养老服务发展取得了突破性的进展。截止到2018年底，全国31个省份已建立高龄津贴制度，30个省份建立服务补贴制度，29个省份建立护理补贴制度，29个省份建立农村留守老年人关爱服务制度，各类津补贴共惠及3 000多万老年人。全国养老服务机构近3万个，养老服务床位746.4万张，其中养老机构床位数392.8万张，社区养老床位数353.6万张。2018年，全国高龄津贴、服务补贴、护理补贴等三项政策全面推进，让经济发展的成果惠及更多的老年人。可以说，通过积极推动养老服务体系的建设，我国已基本形成了以居家养老为基础、社区养老为依托、机构养老为补充、医养相结合的多层次养老服务体系，完成了从封闭型向开放型、救济型向福利型、单纯供养型向康复型的转变。因此，社会养老服务体系的发展，很大程度上实现了投资主体多元化、服务层次多样化、服务提供社会化、服务队伍专业化、服务标准规范化，促进了养老服务的集约化、专业化和人性化。

【材料二】

《国务院办公厅关于促进养老托育服务健康发展的意见》
国办发〔2020〕52号

新华社北京12月31日电 国务院办公厅日前印发《关于促进养老托育服务健康发展的意见》（以下简称《意见》）。

《意见》指出，促进养老托育服务健康发展，有利于改善民生福祉，有利于促进家庭和谐，有利于培育经济发展新动能。为贯彻落实党中央、国务院决策部署，更好发挥各级政府作用，更充分激发社会力量活力，更好实现社会效益和经济效益相统一，持续提高人民群众的获得感、幸福感、安全感，《意见》就促进养老托育服务健康发展提出四个方面23项举措。

一是健全老有所养、幼有所育的政策体系。分层次加强科学规划布局，省级人民政府要将养老托育纳入国民经济和社会发展规划统筹推进，并制定"十四五"养老托育专项规划或实施方案。统筹推进城乡养老托育发展，强化政府保基本兜底线职能。积极支持普惠性服务发展，强化用地保障和存量资源利用，推动财税支持政策落地，提高人才要素供给能力。

二是扩大多方参与、多种方式的服务供给。增强家庭照护能力，帮助家庭成员提高照护能力。优化居家社区服务，发展集中管理运营的社区养老和托育服务网络。提升公办机构服务水平，加强公办和公建民营养老机构建设。推动培训疗养资源转型发展养老服务，鼓励培训疗养资源丰富、养老需求较大的中东部地区先行突破，重点推进。拓宽普惠性服务供给渠道，引导金融机构提升服务质效。

三是打造创新融合、包容开放的发展环境。促进康养融合发展，深化医养有机结合，发展养老服务联合体，支持根据老年人健康状况在居家、社区、机构间接续养老。强化产品研发和创新设计，促进用品制造提质升级，培育智慧养老托育新业态。加强宜居环境建设，推动形成一批具有示范意义的活力发展城市和社区。

四是完善依法从严、便利高效的监管服务。完善养老托育服务综合监管体系，切实防范各类风险，加强突发事件应对。优化政务服务环境，改进提升政务服务质量。积极发挥多方合力，发挥行业协会商会等社会组织积极性，开展机构服务能力综合评价，引领行业规范发展。强化数据资源支撑，探索构建托育服务统计指标体系。

《意见》强调，地方各级政府要建立健全"一老一小"工作推进机制，结合实际落实本意见要求，促进养老托育健康发展，定期向同级人民代表大会常务委员会报告服务能力提升成效。国务院各部门要根据职责分工，制定具体落实举措，推动各项任务落地。

参考文献

[1] 任婷瑛. 乡村振兴背景下农村养老问题与对策探究 [J]. 农村. 农业. 农民（B版），2021（1），15-16.

[2] 陈乔. 城镇化背景下农民养老保障问题研究 [J]. 乡村科技，2020，11（34），11-12，15.

[3] 张芳. 农村养老存在的问题及对策分析 [J]. 农业教育研究，2019（4），45-48.

[4] 周爱民. 当前我国养老保障制度改革的现状、面临的挑战及其对策探讨 [J]. 湖南社会科学，2019，（6）：133-140.

二、教学手册

（一）课前准备

1. 准备多张大白纸（或者白板）、粗号笔（白板笔），胶带若干，用于书写讨论意见，并便于课堂展示。

2. 按照相关利益主体分配角色，一人扮演付达信、一人扮演被抢劫者、一部分扮演警察、一部分扮演养老院成员、一部分扮演政府工作人员。

3. 提前认真阅读《老人入狱养老》案例，准备案例后的思考题。

4. 准备各个人物的背景资料，使学生在课堂中充分了解每个人的特点，事件发生的脉络。

（二）适用对象

本案例可以用于公共管理、公共政策分析、公共危机管理等相关课程的教学活动。适用对象包括公共管理学术型研究生、MPA 学生以及从事相关管理工作的人员。本案例还可适用于具备一定公共管理基本知识并对公共危机管理、公共政策有兴趣的非专业人士、学生和实际操作者学习使用。

（三）教学目标

通过教学，本案例有以下几个目标：

第一个目标是：使学生明白面对农村基层社会保障制度缺失，农村养老问题突发事件发生时，政府应急处置的主要目标、涉及的主要方面，及公众对其效果的评价。案例通过对老人入狱养老事件的描述，使学生了解，农村基层社会保障制度是为了解决农村社会基层问题。在本案例中，事件发生后，政府采取了一定的措施。

第二个目标是：要学生了解，在人口老龄化问题日益突出的中国，农村养老问题亟待解决。我国农村老年人占了很大比例，家庭养老作为我国农村地区重要的养老模式之一，应该加以重视，同时加强自我养老和社区养老的保护，健全农村社会保险养老，还需要各地政府的积极响应。

第三个目标是：让学生深入思考如何建立相对完善的农村养老保障机制和监管机制。对于农村养老，家庭和社区的力量有限，政府需要加大财政支持和投融资扶持力度；逐步提高农村养老保险待遇水平；健全农民社会养老保险法律体系；构建科学的管理与监督系统；加强孝道观念提升农村养老意识。如何在有限的财政能力范围内，有效地运用现有资源和技术，合理制定农村基层社会公共政策。这些问题考验着当代地方政府的智慧和能力。

（四）要点分析

本案例反映了很多值得深思和探讨的问题，但是不可能在有限的课堂里讨论所有的问题，教师选择的讲授重点取决于教师的教学目标和学生的学习目标。本案例只能讨论的问题要点有：

1. 面对农村基层社会保障不完善，政府部门应该如何应对？

启发学生思考：政府对于基层社会保障问题的处理方式，是否存在一些值得反思的问题。

2. 人口老龄化日益严重，我国农村养老保障制度一直都存在缺失，为什么在造成严重的社会影响前没有引起足够的重视？

（五）课堂安排

对于本案例，教师可以请学生简单地谈谈自己的所见所闻所想，时间大约 5~8 分钟。通过这种方式，学生可以分享看待此事件的不同角度。接下来教师重点对课前布置的问题展开课堂讨论。主要是针对政府采取的一系列政策处置措施的效果进行讨论，对地方政府的一系列行动进行分析。讨论中鼓励学生表达自己的观点，老师在黑板上罗列出这些观点，不做评价更不要批评。如果学生在讨论中观点范围比较狭窄，可以通过提一些简单的问题让学生回答来启发思维和增加观点。例如，你作为养老院居住者，对养老院的管理态度如何？是否满意政府的养老保障机制？这样的讨论时间大约 10~15 分钟。教师引导学生思考此次事件爆发的根源在哪里？要防止此类事件的产生，政府应该做什么？就本次事件中各单位，各级政府的表现和作为进行描述和相互评价。在讨论中充分熟悉事件过程及政府处置方案之后，教师开始带领学生进入到角色扮演模拟教学环节。此环节约 35~40 分钟。除了事先安排的角色，也鼓励学生选择更细的角色扮演。请他们从各自扮演的角色角度出发，对农村地区基层养老保障制度未来的发展提出各自的意见。通过这样的角色扮演，学生了解针对某一具体的农村基层社会保障问题，大家会有不同的意见，而且由于所处的立场不一，大家的观点和利益存在很大的差异性，需要相互协商和妥协。公共政策的制定过程也是一个多方利益整合协调的结果。

（六）其他教学支持

具备多媒体设备的教室播放尊老爱幼宣传片。

案例十

农村养老问题（二）
——家庭养老模式

一、案例主体

摘要： 家庭养老是以孝文化为传统的赡养方式，"养儿防老"成为我国传统养老方式的基本特征。家庭养老促进代际交流，给予老年人精神归属，降低社会成本，是中国传统道德强大内在力的必然结果。但现实中，家庭养老面临"未富先老，人口老龄化与社会经济发展水平不相适应""子女数量下降，家庭养老负担重""传统养老观念受到各种不良价值观冲击"等问题。案例以家庭养老床位建设的"南京经验"为素材，尝试创新传统的家庭养老，完善农村家庭养老保障。

关键词： 家庭床位养老；农村家庭养老；养老保障制度

（一）引言

我国人口老龄化日趋严重，截至 2018 年年底，我国 60 周岁及以上老年人口约 2.49 亿人，占总人口的 17.9%。其中，农村老年人口占全国老年人口近 60%。据统计，2019 年，我国 60 周岁及以上人口 25 388 万人，占总人口的 18.1%，其中 65 周岁及以上人口 17 603 万人，占总人口的 12.6%。我国老龄化现象不断加重，国家在经济发展过程中需要积极面对老龄化带来的问题，特别是农村城镇化发展与养老的问题，保障老年人生活是我国必须认真对待和妥善解决的问题。

（二）家庭养老床位建设的"南京经验"

"养老不离身边人""服务距离一碗汤"，这是老年人普遍的养老需求。近年来，不少城市相继开展家庭养老床位试点。2021 年 7 月 14 日，民政部居家和社区养老服务工作座谈会暨《家庭养老床位建设和服务规范》征求意见座谈会在南京召开，为全国家庭养老床位建设提供"南京经验"。

1. 把护理型床位、适老化改造搬回家

截至 2021 年年底，江苏 60 周岁以上老年人口总数为 1 850.53 万人，老龄化比例达到 21.84%，位居全国第六。针对 90% 的老人养老不愿离家的特点，早在 2016 年，南京市即在部分养老机构开展家庭养老床位试点。截至 2021 年年底，江苏省先后在南京、无锡、徐州、苏州、南通、淮安、镇江、泰州 8 个市开展了家庭养老床位的建设，占全省设区市比例的 65%，共建成并运营床位 1.4 万余张。

2016 年，南京在部分养老机构开展家庭养老床位试点，积累了大量典型经验。为化解城区养老"床位荒"，南京坚持创新推行家庭养老床位建设，把养老院"搬"进家，目前已建成家庭养老床位超 5 700 张，并探索"五化"运营模式，即对家庭实行"适老化"改造、与养老服务机构床位实行"一体化管理"、开展机构式"专业化"服务、提供"规范化"服务流程、实施与机构"同等化"政策扶持。

从硬件着手，南京把养老院护理型床位"搬"到老年人家里，对老年人家庭进行适老化改造，配备相应的老年人的辅具、安装相关信息监测等设施设备，让老年人的家居环境更加适合养老，同时也适合养老机构远程监测和服务老年人在家里养老。床上有心率检测器，可以垫在老人心跳的位置，呼吸有异常会发出警报。床头安有紧急呼叫器……在鼓楼区瀚瑞老年人服务中心，现代快报记者见到了一张"智能床"，可以监测老年人体征。

2. 把专业化的照料服务送到家

除了专业化的设备，南京还把专业化的照料服务送到家。家庭养老床位解决了我生活中许多难题，诸如帮忙买菜、做饭、洗衣、打扫，医生护士、养老护理员定期上门量血压、做康复、洗澡等。每个月只需花 1 000 元左右。与入住养老机构相比，节省了不少钱，并且在家里就可以享受机构养老的专业服务。

江苏各地在探索家庭养老床位发展实践中，结合当地养老服务发展特点以及老年人个性化需求，创新了形式多样、内容丰富的服务模式。南京"嵌入式"家庭养老床位主要针对居家的失能半失能老人，以专业化养老机构为依托，将适老化设备及"机构式"照护服务"嵌入"老人家中，让老人在不脱离家庭生活环境的前提下享受专业化的养老服务；无锡市新吴区民政卫健局充分发挥大部制优势，将家庭养老床位纳入全区家庭病床统一管理，为老年人提供包括上门巡诊、康复治疗、卧床护理等医护服务，并衔接长期护理保险制度；苏州市聚焦老年人极易发生疾病和意外的夜晚时段，为有需求的老年人安排专业照护人员上门提供起居照料、饮食照料、个人卫生、临床护理、应急处置等服务，有效弥补了高龄、独居老人夜间照护领域的服务空白。

3. 草拟制定建设和服务规范，提供"南京经验"

"十四五"期间，民政部门将加大家庭养老床位的发展力度，扩大试点范围和覆盖面，进一步总结经验，完善政策措施，让更多的老年人在家里就能享受家庭养老床位，让家庭养老床位成为居家养老服务的一种重要形式，同时加强家庭养老床位的监管，将家庭养老床位纳入养老服务综合监管，出台相关的标准和规范，让更多老年人享受家庭养老床位。南京市正在根据民政部要求，草拟制定《家庭养老床位建设和服务规范》。这也意味着"南京经验"有望在全国推广。

编制家庭养老床位标准，形成统一规范，有助于从制度层面推广家庭养老床位建设，有助于推动家庭养老床位健康、可持续发展。下一步，我们将按照民政部统一要

求，认真领会这次会议精神，充分吸纳与会领导、专家意见建议，进行广泛调研论证，开展模拟试用，持续优化文本，确保交出一部高质量的行业标准，为全国养老服务高质量发展贡献一份力量。

（三）当前我国农村家庭养老面临的问题

从 2011 年到 2015 年，全国 60 岁以上老年人由 1.78 亿增加到 2.21 亿，平均每年增加老年人 860 万；老年人口比重由 13.3%增加到 16%，平均每年递增 0.54 个百分点。到 2017 年年末，我国 60 周岁及以上人口达到 24 090 万人，占总人口的 17.3%，其中 65 岁及以上的人口为 15 831 万人，占总人口的 11.4%。

近年来，我国城镇化率持续增长，推动农村人口涌向城市，农村居住人口和农业从业人员将大幅下降。2019 年我国城镇常住人口 84 843 万人，比上年末增加 1 706 万人；乡村常住人口 55 162 万人，减少 1 239 万人。见图 10-1、图 10-2。

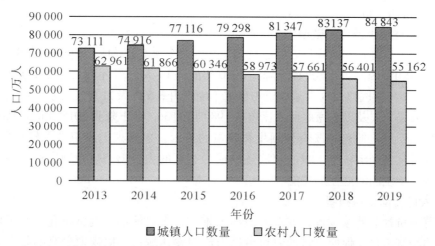

图 10-1　2013—2019 年中国城镇和乡村常住人口数量

数据来源：中国产业信息网。

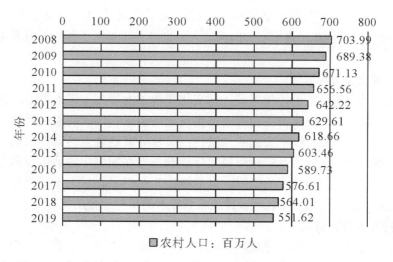

图 10-2　2008—2019 年中国农村人口情况

数据来源：中国产业信息网。

乡村常住人口不断减少，作为尚处于发展中的国家，在居民人均收入水平还不够高的情况下，我国已经迈入老龄化社会。老龄化进程与家庭小型化、空巢化相伴随，与经济社会转型期的矛盾相交织，社会养老保障和养老服务的需求将急剧增加。因为农村公共养老服务体系发展并不健全，家庭养老模式仍是农村养老模式的主流，随着城市化建设和市场经济发展，大量农村劳动力进入城市，子女作为最主要的养老保障力量都脱离了农村，大量农村家庭的老人得不到照料。家庭养老模式不断弱化，给老人生活费成了大多数家庭单一供给模式，家庭养老模式，已经无法同农村城镇化协同发展了。

相对于城镇，我国农村老龄化问题更为严重，农村养老问题也更为严峻和紧迫。原因在于，一方面，在快速工业化、城镇化尤其是人口城镇化的进程中，更多的年轻人由农村移民到城市，加剧了农村的人口老龄化；另一方面，相对于城镇，我国农村无论是整体的社会保障水平，还是单一的社会养老水平，明显更为滞后，农村老人的养老问题矛盾更加突出。

1. 家庭逐渐小型化、微型化

据中国人口普查和抽样调查数据可知，平均每个家庭户均人口由 1980 年的 4.43 人下降到 2000 年的 3.37 人，进而下降到 2010 年的 3.10 人，30 年间户均减少了 1.33 人，与之相应，2 人家庭以及 3 人家庭所占比重不断上升；5 人及以上人口家庭户比例不断下降，尤其是 6 人及以上家庭所占比重从 1980 年的 36.9% 下降到 2015 年的 6.93%。这种小型化、微型化的趋势既有计划生育政策的原因，也有人们思想观念转变的原因，最根本的是社会经济转型，核心家庭逐渐成为家庭的主要形态。微型家庭、小型家庭逐渐瓦解了传统的家庭互助功能。

2. 人口流动日益频繁

随着经济社会持续发展，改革开放深入推进，人口流动成为常态化。我国城乡二元分割的经济格局，促使大量的农村劳动力流向发达城市，以谋取更高的收入来源和更好的生活条件。据统计，近三年流动人口数均稳定在 2.4 亿人以上，占总人口的18% 左右，即每 6 个人中至少有 1 人是流动人口，且大部分来自农村。人口流动日益频繁，打破了传统完整的农村家庭结构，农村出现了普遍性的"空巢老人""留守儿童"，隔代家庭广泛存在。规模宏大的流动人口也进一步瓦解了传统家庭养老的日常照料功能。

3. 传统孝文化日渐式微

孝敬父母是中华民族的传统美德。孝文化要求子女要尊重老人并且敬重老人。但是，随着社会化进程的快速发展和西方思想观念的引进，传统的家庭道德观念受到极大的影响和冲击，导致传统孝文化观念淡化。父母等家庭老人的族群权威受到极大挑战并逐渐瓦解，这种代际关系的转变使父母逐渐失去在家庭中的话语权和参与权。老人们得不到来自子女们精神上的安慰，也不能让儿女们尽心尽力地照顾自己的晚年生活，孝文化观念的淡化进一步瓦解着传统家庭养老的精神慰藉功能。

4. 家庭养老功能弱化

家庭互助功能弱化，传统家庭养老赡养负担沉重。由于子女数量减少，大家庭瓦解，小型家庭、微型家庭等成为家庭的主要形式，原本由多个孩子共同赡养父母的模式演变成两个甚至一个子女赡养父母的模式。家庭互助功能弱化，这无疑加重了子女的经济负担。

相对于城镇养老,传统农村养老的优势主要体现在生活照料上。在封闭的经济形态下,农村子女有更多的时间和精力照看老人。但随着经济社会的发展和改革开放的深入推进,人员流动日益频繁,为了获得更多的经济收益,农村青壮年劳动力外出异地务工或进城务工成为常态,"空巢老人"和"留守家庭"极为普遍。与城镇丰富的业余生活和休闲方式相比,农村精神生活极为贫乏。因此,农村老年人精神普遍缺乏慰藉,这也是传统农村家庭养老功能弱化的重要体现。

(四)城乡居民养老保险制度运行现状

为了解城乡居民基本养老保险制度的运行现状,华南农业大学公共管理学院本科生和研究生在经过系统培训的基础上,于 2018 年在全国进行了一次广泛调查。调查涉及全国东部、中部、西部共 8 个省份,每个省份选取三个地区作为调查点,每个地区平均发放问卷 60 份左右,本次调查共回收有效问卷 1 371 份(见表 10-1)。

表 10-1　样本的基本特征

变量	选项	有效样本数/个	比例/%	变量	选项	有效样本数/个	比例/%
参保行为	参保	869	63.6	户口类型	农业户口	929	68.2
	未参保	498	36.4		未农业户口	434	31.8
性别	男	596	43.5	文化程度	未上过学	89	6.5
	女	775	56.5		小学	288	21.0
婚姻状况	有配偶	1 057	77.3		初中	483	35.2
	无配偶	311	22.7		高中	191	13.9
健康状况	完全健康	334	24.7		职高或中专	94	6.9
	基本健康	931	68.8		大专	93	6.8
	不太健康	86	6.4		本科	128	9.3
	很不健康	2	0.1		研究生	5	0.4

注:调查地区涉及东部广东、广西、山东三省份,中部黑龙江、内蒙古、湖南三省份,西部贵州、四川两省份,本次调查采用经验分层和非严格随机抽样相结合的方法。

从表 10-1 可以看出,被调查对象中,养老保险的参保比例为 63.6%,尚有 36.4%的被调查对象没有参保,制度覆盖率有待继续提高。性别结构来看,男性占比略低,为 43.5%;婚姻状况中,有配偶的被调查对象占比较高,为 77.3%,无配偶占比 22.7%,健康状况来看,完全健康占比 24.7%,基本健康占比 68.8%,不太健康占比 6.4%,很不健康占比 0.1%。户口类型来看,农业户口占比较高,为 68.2%;文化程度中,初中和高中占比略高,分别为 35.2% 和 13.9%;从调查样本的信度和效度结果来看,调查数据具有较好的代表性。

以代际家庭为单位完善养老保险、医疗保险制度,提高家际经济支持力,减轻子代经济负担。目前我国的养老保险、医疗保险都是以个体为单位的,虽然增强了个体应对风险的能力,但是并未减轻个体的经济负担。目前,我国代际家庭具有消耗性特征，即年轻夫妇劳动所得一部分用来维持家庭经济的再生产，另一部分用来维持家庭福利的一系列开支，使得一对夫妇的家庭生计负担超出了传统家庭。这就需要以代际家庭为单位完善养老保险、医疗保险制度，减轻子代经济负担，打造智慧养老系统，借助互联网技术，实现多重资源的整合。

（五）为什么农村多数人选择家庭养老？

家庭养老是我国养老服务的主体方式，90%以上的老年人在家庭中度过晚年生活。养儿防老是我国家庭的传统观念，在原来传统的生产方式下，家庭自然承担着赡养老人的功能，包括老年人靠自己的劳动所得或积累自给自足、靠子女供养、配偶供养以及非直系亲属其他来源养老等。这种养老方式能够更好地表达亲情关系，使老年人得到更加充分的照顾。

伴随着工业化、现代化和城市化的进程，家庭规模会呈现小型化的趋势。特别是我国自实行计划生育政策以来，家庭规模小型化的趋势尤为明显，户均人口规模由1982年的4.41人减少到1990年的3.96人、2000年的3.44人、2005年的3.13人。

从目前来看，居于家庭类型首位的是核心家庭类型，其次就是典型的"三代五口"主干家庭，主干家庭在1982年、1990年和2000年的人口普查中，比例分别为18.8%、18.3%和19%。随着经济的飞速发展，家庭结构不断发生变化，日益趋向"4-2-1"格局，代与代之间的独立性增强，农村逐渐成为"4-2-1"的家庭结构，家庭横向构造趋向小型化、中心化，农村的养儿防老的思想传统也在逐渐变化。

农村家庭养老是一种环环相扣的反馈模式。在经济供养上，农村家庭养老是代际间的经济转移，以家庭为载体，自然实现保障功能，自然完成保障过程。父母养育儿女，儿女赡养父母，这种下一代对上一代予以反馈的模式在每两代之间是互惠均衡的，在家庭单位内形成一个天然的养老基金的缴纳、积累、增值过程。

1. 传统养老观念的影响

受传统观念影响，农村老人更喜欢在自己习惯的家庭养老，享受儿孙满堂的天伦之乐，农村家庭养老促进代际交流，给予农村老年人精神归属感。农村家庭养老是中国传统道德强大内在力的必然结果，中国人提倡尊老爱幼，在全社会形成养老尊老的风气，自古以来被认为是子女一种理所当然、责无旁贷的义务。家庭与老年人的关系是非常密切的，对于农村老年人，尤其如此。家庭是老年人毕生精力和努力的结晶，保留了老年人整个生命历程的印记，使老年人感到安全和对亲情需求的满足，满足老年人"叶落归根"的心理，而选择到社会养老机构生活的老人不到百分之二十。

2. 经济发展水平的制约

养老需求日益凸显，政府公办养老机构已远远不能满足需求。民办养老机构主要以盈利为目的，收费较高，对农村大多老人来说难以承担，农村家庭养老模式可以降低社会成本。与社会养老相比，家庭养老是把这个社会的养老负担转化为子女的负担，一旦政府的社会保障职能不能兑现，可以规避社会养老在基金管理方面的风险，同时也不存在服务和交易费用支出问题。

3. 与地方政府及基层组织的关注度有关

养老问题就是最根本的民生问题，政府既要积极投资进行硬件建设，更要完善后续管理运营措施，否则养老设施便成了面子工程、形象工程。农村家庭养老就是农村老年人物质生活的需要、日常生活的照料和精神生活的慰藉，完全依靠家庭来满足。农村老年人离开家庭进入社会集中供养场所，必须有足够的财力支持，这将大大加重国家或赡养人的经济负担。这种做法在目前就任何一个国家来说，都是少数。我国是发展中国家，近年来虽然经济发展较快，但综合国力和人均收入水平仍不高，能够用于老年人社会保障方面的财力有限，国家不可能全部承担起老年人供养需求。

与其他养老方式和养老主体相比，家庭在养老服务提供过程中具有不可比拟的独特优势。主要体现在：

第一，家庭养老资源是养老资源的重要组成部分，在人口老龄化快速行进的过程中，应该充分挖掘、利用家庭养老资源，更好地满足老年人的养老服务需求。家庭养老资源与其他养老资源不是相互替代的关系，而是相互补充、相互促进的。

第二，家庭养老是老年人养老的首选方式，家庭养老是养老的第一道防线，养老服务的发展应该充分尊重和考虑老年人的需求与意愿，绝大多数老年人愿意在家庭中度过晚年，依赖于家庭成员的支持。家庭更加了解老年人的身心特点与需求，有利于更加精准地提供养老服务。

第三，家庭在养老服务提供过程中具有天然的情感与精神慰藉优势。老年人的需求和家庭养老的内容是多方面的，包括经济支持、精神慰藉等方面。成员之间相互信任、相互了解，在长期的家庭生活中形成了密切的关系，家庭成员（子女）成为老年人重要的精神寄托。随着经济发展水平的提高、城乡居民收入的增长和养老保险制度的完善，老年人的经济需求不像以前那么迫切，而精神需求的问题日益凸显。在完善养老服务体系的过程中，需要发挥家庭成员的生活照料、情感支持作用和精神慰藉优势。从以上几个方面来看，未来需要巩固家庭在养老服务中的地位，为老年人提供及时、有效、全方位、多样化的养老服务。

（六）如何夯实农村家庭养老力量？

夯实居家养老的外部支持力量，形成良性互动体系。发展专业化的医疗、康复、护理、心理疏导等服务组织，规范养老服务市场，制定行业服务标准，由社会第三方进行动态的资质与社会信用等级评定，其结果作为申报国家招标项目的重要考核指标，在基本养老服务资源供给方面，国家可进行不同程度的购买，由社会组织根据不同经济条件的老年人及子代家庭提供低偿或无偿的服务，替代传统家庭照顾功能；可整合养老服务机构力量，实现市场为老服务资源下沉社区。

这一方面有助于节省建设成本，另一方面有助于实现居家养老与机构养老的良性互动。养老机构有专业的服务团队和成型的服务流程，社区有场地、有服务需求，在政府的引导与扶持下能够实现优势互补，为老年人提供便利、专业、安全的服务。同时，居家成本高的失能老人可转入养老机构，并在前期的服务过程中彼此了解，建立信任，有助于后期在院养老关系和谐；完善社区医疗服务体系建设，为老年人提供基本的流行病、慢性病与常见病的防治与康复服务；设置社区老年服务网格员，负责掌握辖区内老年人基本情况。

1. 建立物质激励体系，增大农村家庭养老效用

居家养老模式的构建和完善，应该从家庭、社区或行政村、社会和政府等主体出发，整合多方资源，发挥各自优势，形成合力，构建一套与现阶段农村实际和经济社会发展现实相适应的农村养老模式。发挥传统家庭养老功能在居家养老中的关键和基础性作用，虽然传统家庭养老功能在不断弱化，但这种弱化是由于外在因素的变化而导致的，就农村养老自身需求而言，家庭的意义依然不可替代。因此，居家养老模式依然首先要发挥家庭在农村养老中的意义或作用，尤其是在精神慰藉、生活照料和经济支持方面。政府应当进一步倡导孝道文化，通过法律、法规、政策宣传等形式，鼓励、支持家庭成员在农村养老中发挥作用。

政府应对有老人的家庭实施倾斜政策，对承担养老责任的家庭给予经济补贴。政府可以考虑根据农村老人的数目和年龄，在经济上提供一定的养老物质资助，尤其要注意那些有高龄老人的贫困家庭。如补助粮食、盐、油等日常生活必需品。此外，对要赡养年迈父母的家庭，可给予优先使用社会服务设施的特权，如对其中低收入家庭，从经济上给予一定补贴，对其中高收入的家庭，可减免一定的税收。凡与老人合住的家庭，住房面积可适当放宽，对家庭住房紧张的要优先优惠划拨住宅基地。

2. 健全养老法制，规范养老行为

道德是一种"自律"行为，法律则是国家强制执行的"他律"准则，如果没有法律强有力的保障，道德的自律作用会大大降低。因此，农村家庭养老必须纳入法制的轨道，使之由道德的软约束转换为法制的强制监督。要根据农村养老的地域特殊性，制定和完善符合农村各地实际情况的地方性老人法规，减少农村家庭养老的纠纷发生，确保老年人的合法权益不受侵犯。同时，可以把家庭养老纳入乡规民俗，利用子女婚嫁或父母进入老年期的时候，签订"赡养老人协议书"，落实具体的权利、责任和义务。比如黑龙江省佳木斯市为确保农村老人老有所养，联合有关部门以积极维护老年人合法权益作为工作的重点，以桦川县十多个村屯为试点，开展了"准新人婚前自愿签订赡养老人协议书"活动，并且定期对赡养协议落实情况进行调查，赢得了良好的社会声誉。

3. 加强传统道德教育和家庭美德教育，营造辐射效应

道德调控作为人类社会所特有的软性约束机制，是借助社会舆论来发挥作用的，它能够使人们为自己符合道德的行为而自豪，为自己不道德的行为感到羞耻，并及时纠正。家庭道德作为处理家庭成员之间关系的行为规范，提供了分辨家庭问题是非的客观标准，个人如果将其内化，它就成了支撑行为的内在需要。因此，首先要加强舆论宣传，教育青年农民弘扬中华民族敬老、尊老、爱老、养老的传统美德，广泛开展多种丰富多彩的道德建设活动，如评选"孝顺子女""文明家庭"等活动，树立先进典型，从而创造一个孝敬老人的和谐舆论氛围。要强化赡养老人是每个公民的责任的意识，在广大农村形成家庭养老的良好氛围。如广东省通过实施"美德在农家"活动，投入专项资金建起全国级"美德在农家"示范点和省级示范点、市级示范点、县级示范点，鼓励家家签订"美德在农家责任书"，将道德规范融入村民日常行为，使农村的风气和面貌有了新的改观。其次，相对城市而言，农村中人们活动空间同域，时间同步，彼此之间的归属感和认同感都很强。这就决定了社会舆论在村民中有举足轻重的地位，因此，可以利用大众传媒传播尊老养老的观念和行为，同时对侵害老人合法权益的行为进行曝光和严厉谴责，从精神上和道义上支持尊老敬老行为。

4. 医养结合发展

推进农村老年人互助照料活动中心和村卫生室标准化建设结合进行，能有效解决像马某母亲那样丧失生活自理能力的照料难题。例如，老年人互助照料活动中心在中心户、农资服务中心、电信服务网点等原有服务项目上建社并运营，村卫生室就近建设；村卫生室在村委会已建成或正在建的，可从村委会调剂办公用房建设老年人互助照料活动中心；村卫生室和老年人互助照料活动中心都需要兴建的，必须统一规划，选择在人口集中、交通便利的位置联合兴建，并且需建有老年人室外活动场地。

村卫生室设有独立的诊断室、治疗室、观察室、公共卫生室、药房；农村老年人互助照料活动中心设置"四室一厨"，即日间休息室、休闲娱乐室、图书学习室、健身康复室和厨房。大力推动标准化建设的同时，尽量增加公用面积，提升房屋、场地利用率。

以湖北随州为例，探索"两室联建"，走出"医养结合"新路子。为了保障"两室联建"的资金到位，投入上实现了多元化。一方面，落实地方财政投入为主。地方政府是责任主体，将"两室联建"的建设资金纳入财政预算，加大财政资金的投入。另一方面，积极探索市场化运作筹资的新路子。通过"土地资产置换、企业垫资、单位自筹、爱心资助"等方式多元筹资，解决资金难题。有条件的地方可鼓励村办或个人办农村"两室"，通过实施驻村工作队帮扶、慈善捐助、企业冠名等方法，使"两室"的建设和运营经费得到妥善解决；同时，对建设资金严格监管，防止重复性、开发性及举债性建设。整合资源，解决"用好"的问题。"两室联建"是一种有病治病、无病疗养、医养结合的新型养老模式，是政府提供医疗、养老等公共服务的延伸和补充。随州大洪山试点经验表明，"两室联建"能够整合养老和医疗两方面的资源，最大限度发挥农村公共服务力量的作用，提供持续性的服务，实现"1+1>2"的效应。

（1）"两室联建"使资源更加集约。

推进"两室联建"，极大提高了基层公共服务资源的使用效益。一方面，大大降低了土地、设备等方面的投入，节约了公共资源，降低了建设成本，实现了成本、债务的双重最小化；另一方面，大大提升了设备、场地的使用效率，减少了资源浪费，实现了资产使用、资源利用的双重最大化。以长岗镇为例，据统计，"两室"在建设中节约土地1/4以上，平均每个村节约建设资金5万元以上。

（2）医养联用，使功能更加完备。

与单独建设相比，"两室联建"突出重点关照功能，开展"两室联建"后，能够更好地为慢性病、易复发病以及大病恢复期老人等重点对象提供养老和医疗服务方面的重点关照。对于因病行动不便的留守老人，由其子女出资委托村医代为照料；"两室联建"也突出了互帮互助功能，入住"两室"的老年人，日常以自我管理、互助照顾为主，按照"低龄老人照顾高龄老人、健康老人照顾行动不便老人、农村散养五保老人参与照顾"的方式，开展互帮互助服务；"两室联建"还突出了公益服务功能，"两室"为老年人提供生活照料、文体娱乐、医疗保健、亲情沟通、精神慰藉等多方面的服务，村医定期为老年人做身体检查，并开展健康养生知识宣传。

思考题

1. 农村家庭养老模式流行的原因？
2. 如何夯实农村家庭养老的力量？

附录

【材料一】

关于农村养老政府举措

为了缓解和解决农村养老问题，国务院早在 1995 年 10 月 19 日转发民政部《关于进一步做好农村社会养老保险工作的意见》，决定在农村推行建立"农村社会养老保险制度"。随着我国经济社会的持续发展，国力不断增强，为了更好地响应农村居民养老需求，改善农村养老问题，2009 年 9 月 1 日，国务院发布《关于开展新型农村养老保险试点的指导意见》（国发〔2 009〕32 号），决定在全国试点新型农村社会养老保险制度（后文称"新农保"）。"新农保"是我国政府为解决农村养老问题、建立覆盖城乡的社会养老保险体系的重要举措。2014 年，为消除城乡二元结构以及为将来建立统一的国民基本养老保险制度打下基础，国务院决定在已经基本实现新型农村社会养老保险、城镇居民社会养老保险（简称"城居保"）的基础上，依法将这两项制度合并实施，在全国范围内建立统一的城乡居民基本养老保险制度，在制度模式、筹资方式、待遇支付等方面进行统一。

【材料二】

《国务院办公厅关于建立健全养老服务综合监管制度
促进养老服务高质量发展的意见》
国办发〔2020〕48 号

各省、自治区、直辖市人民政府，国务院各部委、各直属机构：

党中央、国务院高度重视发展养老服务，着力构建居家社区机构相协调、医养康养相结合的养老服务体系，取得明显成效。为深入贯彻落实党的十九大和十九届二中、三中、四中、五中全会精神，深化"放管服"改革，加快形成高效规范、公平竞争的养老服务统一市场，建立健全养老服务综合监管制度，坚持公正监管、规范执法，不断优化营商环境，引导和激励养老服务机构诚信守法经营、积极转型升级、持续优化服务，更好适应养老服务高质量发展要求，更好满足人民群众日益增长的养老服务需求，经国务院同意，现提出以下意见。

一、明确监管重点

（一）加强质量安全监管。按照"谁审批谁监管、谁主管谁监管"原则，引导养老服务机构（包括养老机构、居家社区养老服务机构。居家社区养老服务机构的认定办法由民政部另行制定）立足长期安全运营，落实安全责任，主动防范消除本机构在建筑、消防、食品、医疗卫生等方面的安全风险和隐患。民政部门会同住房城乡建设部门加强养老服务机构建筑使用安全检查，及时发现安全隐患，督促养老服务机构采取修缮、更换等措施整改消除。民政部门会同消防救援机构、住房城乡建设等有关部门抓好养老服务机构消防安全整治，摸清消防安全状况，建立隐患、整改、责任"三个清单"，对重大火灾隐患要提请政府挂牌督办、推动整改。督促指导养老服务机构落实食品安全责任，加强食品安全日常监督管理，开展养老服务机构食品安全风险监测。加强对养老机构内设医疗机构依法执业医疗，服务质量安全，采购和使用药品、耗材、医疗器械等相关产品的监督管理。

（二）加强从业人员监管。引导从业人员（包括养老服务机构的法定代表人、主要负责人、管理人员以及养老护理员等相关人员）自觉养成良好品行、掌握专业技能，提升服务质量和水平。养老服务机构应当制定员工守则，定期组织从业人员进行职业道德教育培训，提升从业人员职业道德水平。养老服务机构中从事医疗护理、康复治疗、消防管理等服务的专业技术人员，应当具备相关资格。加强养老护理员岗前职业技能培训及岗位职业技能提升培训，积极开展养老护理员职业技能等级认定工作。加强院校内老年服务与管理人才培养，实施职业技能水平评价。严格末端监督执法，依法依规加强对有关培训评价组织和职业技能等级证书的监管，防止出现乱培训、滥发证现象。依法依规从严惩处养老服务机构欺老、虐老等侵害老年人合法权益的行为，对相关责任人实施行业禁入措施。

（三）加强涉及资金监管。引导养老服务机构以合法合规方式筹集和使用养老服务涉及资金。加强对养老服务机构申领使用政府提供的建设运营补贴资金的监督管理，定期对养老服务机构申领使用补贴资金信息的真实性、准确性进行抽查、核查，依法打击以虚报冒领等方式骗取补贴资金的行为。加大对涉及使用财政资金的养老服务重点建设项目实施过程的真实性、合法性、效益性跟踪审计问效力度。加强对政府购买养老服务的监督管理，依法查处弄虚作假、挤占挪用等违法违规行为。加大对养老机构医保基金使用情况的监督管理力度，保障医保基金安全。加强对养老服务机构预收服务费用的规范管理。加强对金融机构开展养老服务领域金融产品、服务方式创新的监管。加大对以养老服务为名非法集资的风险排查力度，做好政策宣传和风险提示，依法打击养老服务机构以养老服务为名的非法集资活动。

（四）加强运营秩序监管。引导养老服务机构不断优化内部管理、规范服务行为，合理规避风险、妥善处置纠纷。养老机构应当在各出入口、接待大厅、值班室、楼道、食堂等公共场所和部位安装视频监控。养老机构应当建立健全内部管理档案，妥善保管异常事件报告、紧急呼叫记录、值班记录、交接班记录、门卫记录、视频监控记录等原始资料。严禁利用养老服务机构设施和场地开展与养老服务无关的活动，依法查处向老年人欺诈销售各类产品和服务的违法行为。依法查处养老服务设施用地单位未经批准改变规划确定的土地用途，以及非营利性养老服务机构擅自转让、出租、抵押划拨土地使用权的行为。指导养老机构按照国家有关规定和当事方协议约定提供服务，建立纠纷协商调解机制，引导老年人及其代理人依法维权。完善养老服务市场主体退出机制，指导退出的养老服务机构妥善做好老年人的服务协议解除、安置等工作，切实保障老年人合法权益。加强对民办非营利性养老服务机构退出财产处置的监管，防止因关联关系、利益输送、内部人控制等造成财产流失或者转移。依法打击无证无照从事养老服务的行为，对未依法取得营业执照以市场主体名义从事养老服务经营活动的，按照《无证无照经营查处办法》的有关规定查处；未经登记擅自以社会服务机构名义开展养老服务活动的，由民政部门依法查处；未经登记管理机关核准登记，擅自以事业单位法人名义开展养老服务活动的，由事业单位登记管理机关依法采取措施予以制止，并给予行政处罚。

（五）加强突发事件应对。引导养老服务机构增强风险防范意识和应对处置能力，尽可能减少突发事件造成的损失。建立完善养老服务机构突发事件的预防与应急准备、监测与预警、应急处置与救援、事后恢复与重建等工作机制。养老服务机构要依法制定自然灾害、事故灾难、公共卫生事件等突发事件应急预案，在场所内配备报警装置和必要的应急救援设备、设施，开展有关突发事件应急知识的宣传普及活动和必要的应急演练。养老服务机构要全面落实传染病疫情防控要求，坚持预防为主，指导老年人做好个人防护。养老服务机构发生或者可能发生传染病暴发或者流行、不明原因的群体性疾病、重大食物中毒事件的，应当依照《中华人民共和国突发事件应对法》《中华人民共和国传染病防治法》《突发公共卫生事件应急条例》等相关要求，向所在地县级卫生健康主管部门、疾病预防控制机构和民政部门报告，并在有关部门和机构指导下采取卫生处理、隔离等预防控制措施。养老服务机构发生生产安全事故的，应当依照生产安全事故报告和调查处理相关要求，向事故发生地县级以上应急管理部门和民政部门报告。

二、落实监管责任

（六）强化政府主导责任。优化政府职责体系，深化养老服务领域"放管服"改革，充分发挥政府在制度建设、行业规划、行政执法等方面的主导作用。深化行政执法体制改革，最大限度减少不必要的行政执法事项。各相关部门要按照职责分工依法履行业务指导和监管职责，实行清单式监管，明确监管事项、监管措施、监管依据、监管流程，监管结果要及时、准确、规范向社会公开。

（七）压实机构主体责任。养老服务机构要坚持党的领导、加强党的建设，符合条件的要按照应建尽建原则及时建立党组织，充分发挥基层党组织战斗堡垒作用和党员先锋模范作用。养老服务机构对依法登记、备案承诺、履约服务、质量安全、应急管理、消防安全等承担主体责任，其主要负责人是第一责任人。养老服务机构应当不断提高养老服务、安全管理、风险防控、纠纷解决的能力和水平。

（八）发挥行业自律和社会监督作用。养老服务领域行业组织要积极推行行业信用承诺制度，健全行业自律规约，规范会员生产和经营行为，加强会员信用管理，推动行业自律体系建设；制定行业职业道德准则，规范从业人员职业行为，积极协调解决养老服务纠纷。加大养老服务领域信息公开力度，建立养老服务质量信息公开清单制度，督促养老服务机构通过书面告知、在机构显要位置设置公示栏等方式，主动公开其基本信息、规章制度、服务项目、收费标准等事项，畅通群众监督渠道。优化养老服务投诉举报受理流程，实现"民政牵头、归口负责"。坚持正面宣传和舆论监督相结合，宣传报道应实事求是、表述严谨，对捏造事实、制造谣言、造成严重社会影响的，依法追究有关人员责任。

三、创新监管方式

（九）加强协同监管。健全各部门协调配合机制，实现违法线索互联、监管标准互通、处理结果互认，避免多头多层重复执法，切实减轻养老服务机构和从业人员负担。民政部门在监督检查中发现养老服务机构存在建筑、消防、食品、医疗卫生、环境保护、特种设备等方面安全隐患，应当立即督促养老服务机构采取措施消除隐患，并书面告知相关部门；对安全隐患突出或者情况紧急需要立即处置的，应当依法责令养老服务机构停业整顿或者采取紧急措施处置，并通知相关部门到场处理；对应当采取行政强制措施或者行政强制执行的，应当通知具备相应执法权限的部门或者申请人民法院依法处理。探索乡镇综合执法有效形式，将养老服务综合监管纳入由省级政府统一制定的赋权清单，建立健全乡镇政府与县级执法部门的协作机制。建立以"双随机、一公开"监管为基本手段、以重点监管为补充、以信用监管为基础的新型监管机制。省级相关部门要制定养老服务随机抽查事项清单，结合监管特点和需要，制定完善抽查工作细则，就抽查比例和频次、抽查方式、检查内容、检查流程等事项作出规定；统筹建立检查对象名录库和执法检查人员名录库，必要时可以吸纳检测机构、科研院所等参与。

（十）加强信用监管。依法依规实施守信联合激励和失信联合惩戒，引导养老服务机构诚信守法经营。以加强信用监管为着力点，创新监管理念、监管制度和监管方式，建立健全贯穿养老服务机构全生命周期，衔接事前、事中、事后全监管环节的新型监管机制。建立养老机构备案信用承诺制度，推动形成标准公开、规则公平、预期明确、各负其责的治理模式。备案申请人应当就养老机构按照建筑、消防、食品、医疗卫生等法律法规和国家有关标准开展服务活动提交书面承诺并向社会公开，将书面承诺履约情况记入信用记录；对违反承诺的，依法依规实施惩戒。全面建立养老服务市场主体信用记录，以统一社会信用代码为标识，整合形成完整的市场主体信用记录，并通过"信用中国"网站、国家企业信用信息公示系统或中国政府网及相关部门门户网站等渠道依法依规向社会公开，实现对违法失信行为信息的在线披露和信息共享。探索开展养老服务机构公共信用综合评价，相关部门要将"双随机、一公开"监管与评价结果相结合，根据养老服务机构信用等级高低采取差异化监管措施。

（十一）加强信息共享。大力推行"互联网+监管"，充分运用大数据等新技术手段，实现监管规范化、精准化、智能化，减少人为因素，实现公正监管，减少对监管对象的扰动。统筹运用养老服务领域政务数据资源和社会数据资源，推进数据统一和开放共享。民政部门要依托"金民工程"，及时采集养老服务机构基本信息、服务质量、运营情况、安全管理、补贴发放，以及养老护理员等从业人员职业技能等级、从业经历、职业信用等数据信息，形成养老服务机构组织信息基本数据集和养老从业人员基本数据集。卫生健康部门要依托基本公共卫生服务老年人健康管理项目，及时采集老年人健康管理信息，形成健康档案基本数据集。各部门要将涉及老年人相关信息向国家人口基础信息库汇聚，公安部门要依托国家人口基础信息库，形成老年人基本信息数据集。人力资源社会保障部门要依托社会保障卡应用推广工作，实现老年人社会保障信息在养老服务领域共享复用。加强养老服务机构信息联动机制，有关部门要将养老服务机构登记、备案、抽查检查结果、行政处罚、奖惩情况等信息，按照经营性质分别在中国社会组织公共服务平台、国家企业信用信息公示系统、事业单位在线网进行公示，形成养老服务主体登记和行政监管基本数据集。依托全国一体化政务服务平台和国家"互联网+监管"系统推进有关基本数据集共享，推动技术对接、数据汇聚和多场景使用，实现跨地区互通互认、信息一站式查询和综合监管"一张网"。

（十二）发挥标准规范引领作用。建立健全养老服务标准和评价体系，实施养老机构服务质量、安全基本规范等标准，引领养老服务高质量发展。养老服务设施应严格执行国家工程建设技术标准规范。养老机构内设医疗机构的，应当遵守《养老机构医务室基本标准（试行）》等相关要求。加快完善居家上门服务规范，提高社区养老设施设备配置和服务标准化水平。健全养老服务标准化组织体系，推进民政部门组建养老服务标准化技术委员会，加快研究制定养老服务质量、安全基本规范等方面地方标准。推动建立政府主导制定的标准与市场主体制定的标准协同发展、协调配套的新型标准体系，鼓励行业组织等社会团体制定发布养老服务和产品的团体标准，鼓励养老服务机构制定具有竞争力的企业标准，向高品质、多样化升级，助力培育养老服务新业态。

四、加强保障和落实

（十三）加强组织领导。坚持党对养老服务工作的全面领导，把党的领导贯穿到养老服务综合监管全过程。各地区、各相关部门要认真落实党中央、国务院相关决策部署，按照本意见提出的各项措施和要求，制定配套措施，科学配置监管资源、统筹部署抓好落实。依托养老服务部际联席会议制度加强部门统筹协调，民政部要会同有关部门跟踪了解、督促检查本意见落实情况，确保各项措施落地见效。

（十四）提升执法水平。全面推行行政执法三项制度，强化对行政执法权力的制约和监督。加强行政执法人员业务培训，规范执法检查、立案、调查、审查、决定等程序和行为，提高行政执法人员的业务能力和执法水平。推动人财物等监管资源向基层下沉，加强依法履职所需的技术、设备、经费等方面的保障，推进执法装备标准化建设，提高现代科技手段在执法办案中的应用水平。

（十五）加大宣传力度。按照"谁执法谁普法"普法责任制要求，积极开展养老服务法治宣传教育。加强舆论引导，把推动养老服务综合监管工作与保障老年人合法权益和实现养老服务高质量发展相结合，积极营造敬老、爱老、助老社会氛围。各地区各部门要通过多种途径、采取多种形式宣传监管职责、措施、工作进展情况和成效，鼓励和引导全社会参与，推动形成关心、支持养老服务综合监管、促进养老服务高质量发展的良好氛围。

附件：养老服务综合监管相关部门职责分工

国务院办公厅
2020 年 11 月 26 日

参考文献

[1] 杨岩花. 农村老年人生活质量问题与对策研究 [J]. 山西农经，2021（2）：61-62.

[2] 杨文敬，李亚楠，许艳艳. 促进农村家庭养老发展的建议 [J]. 广东蚕业，

2020（9）：131-132.

　　[3] 陈书伟，王智新.农村居家养老创新发展研究：基于传统家庭养老功能弱化的背景 [J].石家庄学院学报，2021（1）：87-91.

　　[4] 李德雯，吴杨伟.农村养老问题及对策分析 [J].农业与技术，2020（7）：165-167.

　　[5] 徐强，周杨.脆弱性视角下家庭养老与社会养老的互动：基于全国 8 个省份 1371 份调查数据 [J].江西财经大学学报，2019（5）：70-80.

二、教学手册

（一）课前准备

　　1. 准备多张大白纸（或者白板）、粗号笔（白板笔），胶带若干，用于书写讨论意见，并便于课堂展示。

　　2. 按照相关利益主体分配角色，一人扮演马某宽、一人扮演马某母亲、一人扮马某妻子、一部分人员扮演警察、一部分人员扮演政府工作人员。

　　3. 提前认真阅读《埋母案的痛与思》案例，准备案例后的思考题。

　　4. 准备各个人物的背景资料，使学生在课堂中充分了解每个人的特点，事件发生的脉络。

（二）适用对象

　　本案例可以用于公共管理、公共政策分析、公共危机管理等相关课程的教学活动。适用对象包括公共管理学术型研究生、MPA 学生以及从事相关管理工作的人员。本案例还可适用于具备一定公共管理基本知识并对公共危机管理、公共政策有兴趣的非专业人士、学生和实际操作者学习使用。

（三）教学目标

　　通过教学，本案例有以下几个目标：第一个目标是：使学生了解农村基层养老保障不完善，农村养老突发事件发生时，政府应急处置的主要目标、涉及的主要方面，及公众对其效果的评价。案例通过对埋母案事件的描述，使学生明白，解决农村养老保障制度是为了解决农村社会基层问题。了解在本案例中，事件发生后，政府采取的措施。

　　第二个目标是要学生了解，在老龄化日益加剧的中国，如何解决农村家庭养老问题。我国农村老年人占了很大比例，家庭养老作为我国农村地区重要的养老模式之一，应该加以重视，同时加强自我养老和社区养老的保护，健全农村社会保险养老，还需要各地政府的积极响应。

　　第三个目标是让学生深入思考如何建立农村家庭养老新模式。这些问题考验着当代地方政府的智慧和能力。

（四）要点分析

本案例反映了很多值得深思和探讨的问题，但是不可能在有限的课堂里讨论所有的问题，教师选择的讲授重点取决于教师的教学目标和学生的学习目标。本案例只能讨论的问题要点有：

1. 政府对于农村家庭养老问题的处理方式，是否存在一些值得反思的问题？

2. 人口老龄化日益严重，我国农村养老保障制度一直都存在缺失，为什么在造成严重的社会影响前没有引起足够的重视？该如何改进？

（五）课堂安排

对于本案例，教师可以请学生简单地谈谈自己对比事件的所思所想，时间大约5~8分钟。通过这种方式，学生可以分享在不同的角度是怎样看待此事件的。接下来教师重点引导学生对课前布置的问题展开课堂讨论。主要是针对政府采取的一系列政策处置措施的效果进行讨论，以及对地方政府的一系列行动进行分析。讨论中鼓励学生表达自己的观点，老师在黑板上罗列出这些观点，不做评价更不要批评。如果学生在讨论中观点范围比较狭窄，可以通过提一些简单的问题让学生回答来启发思维和增加观点。例如，你作为马某宽，对农村家庭养老保障制度的态度如何？是否满意政府的养老保障机制？这样的讨论时间大约10~15分钟。教师引导学生思考此次事件爆发的根源在哪里？要防止此类事件的产生，政府应该做什么？就本次事件中各单位，各级政府的表现和作为进行描述和相互评价。在讨论中充分熟悉事件过程及政府处置方案之后，教师开始带领学生进入到角色扮演模拟教学环节。此环节大约35~40分钟。除了事先安排的角色，也鼓励学生选择更细的角色扮演。请他们从各自扮演的角色角度出发，对农村家庭养老保障制度未来的发展提出各自的意见。通过这样的角色扮演，让学生了解针对某一具体的农村基层问题，大家会有不同的意见，而且由于所处的立场不一，大家的观点和利益存在很大的差异性，需要相互协商和妥协。公共政策的制定过程也是一个多方利益整合协调的结果。

（六）其他教学支持

具备多媒体设备的案例教室播放尊老爱幼宣传片。

案例十一

"一网四化" 构筑
农村留守儿童关爱体系
——福建省莆田市的做法引发的思考

一、案例主体

摘要： 本案例讲述了福建省莆田市大量劳动力外出经商，留下的留守儿童大多数由年长一辈抚养，造成留守儿童亲情的缺失，以及生活抚育和教育监护等问题。2018年，莆田市、县全部建立由政府主导、民政牵头的部门联席会议制度，将农村留守（困境）儿童关爱保护工作纳入经济社会发展总体规划。本案例通过对莆田市"一网四化"留守儿童关爱体系的介绍，反映出当前我国留守儿童健康、教育、生活等方面的困境，分析当前我国留守儿童的身体及心理问题，提出相关对策建议，构筑完善农村留守儿童关爱体系。

关键词： 农村留守儿童；"一网四化"；关爱体系

（一）引言

福建省莆田市作为全国有名的侨乡，大量的莆田市农村劳动力外流，许多留守儿童由爷爷奶奶辈抚养，有的更甚是由太爷爷太奶奶抚养，这严重影响了留守儿童的身心健康发展。农村留守儿童是城市化背景下产生的特殊社会群体，正处于成长发育期的他们无法获得父母的亲情呵护和教育引导，已经严重影响到农村的教育发展与社会和谐。

为了进一步提升莆田市农村留守儿童和困境儿童关爱服务水平，近年来，莆田市积极探索"网格+留守儿童关爱保护工作机制"，采取规范化、精准化、多样化、社会化等多种方式，开展关爱保护留守儿童工作，形成了"党委领导、政府主导、部门联动、家庭尽责、社会参与"的工作格局，构建了"政府、社会、家庭"三位一体的关爱救助保护体系，打通了关爱留守儿童的"最后一公里"。

在关爱留守儿童的生理与心理健康问题上，福建省莆田市政府主动出击，所取得的成效，给全国各地提供了可靠的模版……

（二）莆田市如何实施"一网四化"留守儿童关爱体系？

1. 立足健全机制促进关爱服务规范化

一是加强组织领导健全联席会议制度。2018 年，莆田市、县（区、管委会）全部建立由政府主导、民政牵头的部门联席会议制度，按照"属地管理、分级负责"原则，将农村留守（困境）儿童关爱保护工作纳入经济社会发展总体规划，纳入精神文明建设重要内容，定期召开联席会议研究解决、统筹协调重大问题。同时，莆田出台《莆田市人民政府关于加强农村留守儿童关爱保护工作的实施意见》《关于建立"网格+留守（困境）儿童关爱保护"工作机制的通知》等文件，形成既分工又合作的纵向贯穿市、县（区）、乡镇（街道）、村（居），横向连接民政、教育、公安等多部门的留守儿童关爱格局。

二是强化经费保障配齐配强队伍。2018 年起，莆田市将每名留守儿童不少于 50 元/年的工作经费列入财政预算，由市、县两级财政分担经费。以每人每年不低于 2.4 万元标准，按人口比例增加配备全市乡镇（街道）133 名民政协管员。提高村级民政协管员岗位待遇，每人每年补助由 1 200 元提高到 2 400 元。全市配齐乡镇督导员 58 名，村（居）儿童主任 939 名，实现基层儿童工作人员全覆盖。

三是创新"五个一"机制实行常态管理。完善"一人一档案"，每个留守儿童均建立翔实的电子和纸质档案，确保父母、监护人、村居联络人等信息完整、无误。持续"一季一更新"，县区（乡镇、街道）每季度动态信息更新一次，确保不遗不漏，数据真实有效。推进"一类一对策"，针对不同类型的留守（困境）儿童，主动对接公安、教育、卫健、妇联、共青团等部门开展针对性帮扶。夯实"一人一报告"，实行强制报告制度，要求学校、幼儿园、医疗机构、村（局）委员会、社会工作服务机构、救助管理机构、福利机构及其工作人员履行报告责任，在工作中发现特殊情况第一时间向公安机关报告。落实"一人一协议"，突出家庭主体责任，乡镇（街道）加强对留守儿童父母的法制教育，依法督促其履行监护职责和抚养义务，指导其选择具备较强监护能力和有监护意向的亲属、朋友等担任受委托监护人，受委托监护人 100% 签订《农村留守儿童委托监护责任确认书》。

2. 借力网格平台促进关爱服务精准化

针对留守（困境）儿童信息掌握不全、情况发现不及时、排查不到位等难题，莆田市在全省率先建立推开"网格+留守（困境）儿童关爱保护"工作机制，建立了及时摸排、精准救助、动态管理，覆盖所有城乡留守儿童的关爱服务体系。到 2019 年 12 月底，莆田通过网格化入户走访巡查，共采集上报留守（困境）儿童 8 200 余例，其中 70% 以上为农村留守儿童。

一是全面摸排查明底数。充分发挥网格精细化管理与精准化服务的优势，将走访摸排留守儿童动态信息纳入网格员和村（居）儿童主任的工作内容，依托网格平台对全市范围内留守儿童、困境儿童、事实无人抚养儿童信息进行全面摸底排查、建档造册，建立信息库，做到留守儿童信息底数清、情况明。

二是及时更新动态管理。莆田市在明底数的基础上，要求网格员和村儿童主任每季度走访留守儿童不少于一次，及时更新完善儿童信息并上传网格平台。各级留守儿童关爱保护机构通过网格平台，及时掌握留守儿童的家庭、监护、就学等情况变动，通过信息分析、研判、甄别，并分类处置移交有关部门，解决户籍、学籍、生活困难等问题，实现基本生活、教育、医疗等兜底保障、精准帮扶。如对遭受不法侵害的留守儿童，发现后立即采取积极主动的保护性救助措施，防止其因监护缺失等原因再次受到侵害，公安机关按照有关规定对侵害留守儿童行为调查取证，协助就医、鉴定伤情，对触犯法律的行为从严从重坚决打击，对留守儿童发生的突发性困难，按照临时救助政策，在第一时间进行救助。

三是部门合力立体帮扶。莆田市坚持政府领导、民政牵头、部门配合、各方参与，贯彻落实留守儿童"五个一"机制，依托网格平台，加强部门间联动，充分发挥民政、公安、教育、妇联、法院、网格办等部门职能，开展适合留守儿童特点和需求的关爱、帮扶、维权等服务。2017年开始，全市已经解决了115名留守无户籍儿童办理户籍和13名失学辍学留守儿童的返校就学问题。

3. 区分需求定策促进关爱服务多样化

结合不同情况的留守儿童集中区需求，莆田市充分整合资源，灵活运用政策，打造特色化、多样化的关爱服务平台和关爱服务项目，实现留守儿童"监护有人、学业有教、生活有助、健康有保、安全有护、活动有家"。

一是整合资源打造综合性关爱保护基地。聚合民政、教育、妇联、共青团等部门资源，大力推进城乡社区"儿童之家"建设，筑牢保护服务儿童的社区平台。目前，全市共建立包含教育、娱乐、心理健康辅导等设施在内的市、县"未成年人（留守儿童）关爱保护中心"4个、"儿童之家"386个。其中，2019年创建2个儿童关爱"样板示范点"、10个"特色示范点"、90个"基础示范点"，做到了有场地、有设施、有活动，使其成为留守儿童吐露心声、释放心理压力、化解烦恼的驿站，成为留守儿童组织文体活动、施展才华的俱乐部。以北岸经济开发区为例，作为莆田重要的劳务输出地，北岸有4万多名农村劳动力常年外出务工，留守儿童近300人，留守儿童之家6所，全都配备了电脑室、亲情电话、活动室等硬件设施。

二是因地制宜建设地方特色关爱品牌。以留守儿童需求为基本出发点和落脚点，针对不同性质的留守儿童对象，根据地区特点、家庭状况等进行客观分析，分类开展，打造多样化的本土特色关受体系。

三是专项服务为儿童送温暖开眼界。莆田市分别开展接"送流浪孩子回家""流浪孩子回校园""合力监护相伴成长""争做时代好队员——小小追梦人"等夏冬令营活动，每年寒暑期组织百名留守儿童参加本市或跨市活动，丰富了留守儿童课外文化，让留守儿童在集体的温暖中快乐成长。

4. 鼓励社会参与促进关爱服务社会化

近年来，莆田市不断通过政策引导，强化全社会保护儿童权利意识，全民关爱的责任意识，营造全社会共同关心儿童健康成长的浓厚氛围，为儿童健康成长撑起一片天空。

一是实现社工全覆盖。莆田市、县（区）全部通过政府购买服务方式，共同参与留守儿童关爱保护工作，实现社工服务"全覆盖"，让专业社工通过情感交流、心理辅导、精神陪护等方式，帮助困难留守儿童融入社会大家庭。比如荔城区重点开展农村留守（困境）儿童抗逆力培养计划，将农村留守（困境）儿童中的严重不良行为、严重心理问题、失学、家庭监护缺失、家庭极其贫困等的儿童列为重点服务对象，进行重点建档，以政府购买服务方式，向社工机构购买专业社工服务，运用个案工作的专业方法对其进行心理疏导、情感支持和辅导服务等，同时联合相关部门进行监护责任的落实、跟进等，对接公安、民政、卫生部门等开辟绿色爱心通道，协助他们解决在学习生活中遇到的问题，定期对受助者进行回访等跟踪服务。

二是孵化基地全建设。莆田市、县两级共投资 300 多万元建设孵化基地，不断培育新生社会力量，全市现有儿童服务类社工机构和心理服务类社会组织 30 个，在不同领域进行不同层次的关爱服务活动。

三是实施帮扶全方位。莆田市建立政府主导与社会参与的良性互动机制，引导社会组织、爱心企业、爱心人士、志愿者和各类慈善组织针对留守（困境）儿童基本生活、教育、医疗照料、康复等需求，捐赠资金物资、实施慈善项目、提供专业服务。通过一对一帮扶、慈善捐赠、实施公益项目等多种方式为困境儿童及其家庭提供更多帮助。2019 年全市开展活动近百场，投入帮扶物质和资金 500 余万元，直接受益留守儿童超过 1 500 人次。

（三）当前我国留守儿童现状

1. 农村留守儿童关爱体系现状

学校、妇联、共青团等组织是实施留守儿童关爱的主体，但这些组织机构所提供的帮扶活动和关爱活动更多是从物质层面出发，很难满足留守儿童情感和心理需求。关爱服务行为缺乏。我国留守儿童关爱活动还处于起步阶段，现有的很多关爱留守儿童活动与留守儿童情感和心理需求存在一定的偏差，留守儿童关爱活动效果有限。

2. 留守儿童规模高涨

留守儿童规模急速扩大，2000—2010 年，留守儿童从 2 390 万增长至 6 100 万，10 年间增长了 1.6 倍，同期流动儿童增长了 81%（见表 11-1）。与流动儿童相比，留守儿童的规模十年来增长得更为迅速。在 6.6 亿农村常住人口中，农村留守儿童占 9%，农村儿童中平均每 10 人中就有 4 人是留守儿童。

全国妇联 2013 年 5 月发布《中国农村留守儿童、城乡流动儿童状况研究报告》。报告根据《中国 2010 年第六次人口普查资料》样本数据推算，全国有农村留守儿童 6 102.55 万，占农村儿童 37.7%，占全国儿童 21.88%。与 2005 年全国 1% 抽样调查估算数据相比，五年间全国农村留守儿童增加约 242 万。留守儿童现象古往今来并非中国独有，但是当前的中国留守儿童问题却变得空前重要。

表 11-1 我国儿童的现状

儿童类型	2010 年		2000 年	
	规模/万人	百分比/%	规模/万人	百分比/%
农村留守儿童	6 103	21.9	2 390	8.4
农村非留守儿童	9 297	33.3	17 614	61.9
城镇流动儿童	2 880	10.3	1 406	4.9
城镇儿童	9 620	34.5	7 046	24.8
合计	27 900	100.0	28 456	100.0

数据来源：依据 2000 年第五次和 2010 年第六次全国人口普查资料计算。

根据第六次人口普查数据测算，意味着全国平均每 10 个儿童中，就有两个农村留守儿童和一个城镇流动儿童，流动儿童和留守儿童超过全部儿童的三成多。将 2010 年我国的儿童结构与历年结构相比，可以看到，我国儿童结构分化的趋势十分明显，农村非留守儿童占全国儿童总量的比例从 2000 年的 62% 下降至 2010 年的 33%；与此同时，农村留守儿童占比从 2000 年的 8% 上升至 2010 年的 22%。城镇流动儿童则从 2000 年的 5% 上升至 2010 年的 10%。可以预料，留守儿童和流动儿童所占份额还将继续上升。

3. 农村留守儿童家庭结构现状

根据我们对第六次全国人口普查资料的分析（见表 11-2），在留守儿童生活的家庭中，隔代家庭最为普遍，33% 的留守儿童生活在这种家庭；29% 的留守儿童生活在单亲家庭；24% 的留守儿童生活在单亲隔代家庭；还有 14% 的儿童生活在其他类型的家庭中，父母、祖父母无一人在身边。

表 11-2　全国农村留守儿童家庭结构

家庭类型	百分比/%	规模/万人
隔代家庭	32.7	1 996
单亲家庭	28.8	1 758
单亲和祖辈家庭	24.5	1 495
其他	14.1	860
合计	100.0	6 103

数据来源：依据 2010 年第六次全国人口普查资料计算。

4. 留守儿童教育现状

通常情况下，学前教育不属于学校教育范畴。但当今国际教育发展的趋势是越来越关注学前教育。我国在最近几年的教育规划等领域也对学前教育给予越来越多的重视。为此，我们将学前教育置于学校教育之列予以讨论。

学前教育是我国教育体系的薄弱环节，学前公共教育资源面临严重不足，入园率较低，2010 年全国学前教育毛入园率仅为 56.6%，这与《教育规划纲要》提出的学前三年毛入园率达到 70% 的目标还有相当的距离。为了解决入园难、入园贵的迫切难题，中央政府在 2011 年启动"学前教育三年行动计划"，极大地推动了我国学前教育的发展，2013 年全国学前三年毛入园率达到 67.5%，比 2010 年增加 10.9 个百分点，入园水平与《教育规划纲要》提出的目标缩小至 2.5 个百分点的差距。根据国家卫生和计划生育委员会流动人口司"2013 年全国流动人口动态监测"数据的测算，城镇户籍学龄前儿童入园率已达 77.6%，超过了《教育规划纲要》提出的目标；流动儿童入园率达到 70.6%，正好达到《教育规划纲要》目标；而农村留守儿童的入园率仅 65.5%，与 2013 年的全国平均入园率相差 2 个百分点，与《教育规划纲要》的目标还相差 4.5 个百分点。可见，留守儿童学前教育的滞后影响到全国儿童学前教育发展的目标和进程，亟须加快发展。

家庭教育支持不足。很多外出务工的农民工家庭初衷是为了改善家里的经济环境，为子女教育创造有利条件，但结果却截然相反。一方面，一部分农民工家庭仍然徘徊在生存状态，农民工自身能力有限，无法将孩子带到城里就学，致使很多留守儿童长期与父母分离。另一方面，由于留守儿童父母在城市打工，工作压力大，强度高，很少能够有时间和精力关心在农村老家的留守儿童，加之很多留守儿童的父母文化素质有限，教育意识不强，对于留守儿童家庭教育支持力度不足，平时很少与孩子进行沟通和情感交流，导致家庭教育有所缺失。

学校教育支持有限，关怀对于儿童社会化至关重要，如果家庭不能满足孩子的关怀需求，那么这一需求则需要其他机构来承担，而学校正是承担这一责任的重要主体，但从当前状况来看学校对于留守儿童的教育也存在一定的不足和问题。

（四）农村留守儿童关爱体系存在哪些问题？

从总体上看，我国农村留守儿童关爱体系建设取得了丰硕成就，但由于受农村教育发展滞后，公共服务体系不健全等因素影响，农村留守儿童关爱体系建设仍面临着许多问题。

1. 关爱服务对象失衡

一是庞大的留守儿童群体与政府财政投入少、关注度偏低等形成对比。当前，我国留守儿童数量早已超过 6 000 万，而且以每年 200 万人的数目递增，但是中央和省级财政并未设立留守儿童帮扶项目，也未设立留守儿童专项基金，导致留守儿童关爱工作无法有效开展。二是留守儿童问题突出，但是对于留守儿童的帮扶行动较少。当前，农村留守儿童面临着亲情缺失、家庭教育缺乏、营养缺失、安全保障缺失等问题，这些影响了留守儿童的健康成长，但是政府部门并未针对农村留守儿童开展针对性的帮扶行动，也未建立科学完整的关爱体系。正是由于经费投入不足、帮扶行动较少，导致留守儿童的生活状况、受教育机会、成长环境等与其他儿童仍有着较大差距。

2. 关爱与服务主体缺位

在农村留守儿童关爱体系中，帮扶机构主要有学校、政府部门、妇联、共青团等，这些帮扶机构多以思想引领、心理辅导、经济资助、暑期托管等方式关爱留守儿童，帮助留守儿童解决生活和学习问题。但他们不能为留守儿童提供必要的关爱服务和帮扶活动，无法满足留守儿童的情感需求和心理需要，导致留守儿童关爱与服务主体缺位。如政府部门职责不明，不能有效开展留守儿童工作；农村社区的帮扶与关爱活动经费短缺；教师和志愿者很少顾及留守儿童的情感需求；企业以利润最大化为追求目标，不愿参与公益性的关爱留守儿童活动。

3. 关爱服务行为缺乏

当前，我国的留守儿童关爱活动缺乏规范指导和统一领导，许多关爱活动无法满足留守儿童的实际需求，活动效果往往不尽人意。比如，寄宿制学校、留守儿童之家等常面临着经费短缺和设施缺乏问题，缺乏专业人员驻点开展关爱与服务活动。已建的社区服务站、留守儿童之家等面临着制度不规范、活动程序不合理等问题。志愿者帮扶活动、企业捐助活动等献爱心活动缺乏稳定性，无法形成爱心帮扶长效服务机制。

（五）农村留守儿童关爱体系缺失的原因

1. 社会关爱体系缺失

当前，许多农村基层组织弱化，村组织形同虚设，基层组织没有精力关注农村留守儿童问题，也无力解决留守儿童管理中的种种问题。在农村传统社会中，亲戚、邻居、家庭成员等共同承担着监护儿童教育的责任，但随着市场经济的发展，由家庭成员、邻里、亲朋好友等共同构成的儿童监护体系逐步消失，留守儿童校外教育几乎成为一片空白，这些给留守儿童教育带来许多问题。此外，在广大农村地区，文化建设发展滞后，庸俗文化、赌博文化、封建迷信等肆意蔓延，网吧、游戏厅等成了儿童的娱乐场所，这些使留守儿童染上许多不良习惯，变成了"问题儿童"。

2. 学校关爱体系缺失

学校是留守儿童接受教育的重要阵地，也是留守儿童改变人生命运的重要场所。但是许多学校并不能为留守儿童提供良好的教育环境，不能建立完善的留守儿童关爱体系。比如，许多学校的住宿与饮食条件较差，生活教师配置较少，不能很好地帮扶和关爱留守儿童。再如，许多农村学校重智育轻德育、重过程轻结果，片面追求考试成绩和升学率，忽视了留守儿童的健康成长。许多教师只关注留守儿童的学习成绩、课堂表现等，很少关注留守儿童的心理健康、道德养成、情感需要等，不能与留守儿童进行思想交流与情感沟通。

3. 政府关爱政策缺失

当前，留守儿童问题已成为影响农村教育发展的重要问题，但是政府对留守儿童问题的关注不够，并未出台解决留守儿童问题的政策法规。究其原因，主要有以下几方面：一是农村留守儿童问题有着较强的隐蔽性，留守儿童的心理、教育、安全、道德等问题难以及时发现，难以在社会上引起强烈反响。二是留守儿童缺乏话语权，留守儿童问题也缺乏代言人，这导致留守儿童问题难以被提上政府议事日程。三是相关政策操作性不强。当前，许多地方都出台了农村留守儿童管理政策，但是这些政策多停留于宏观层面，缺乏针对性和可操作性，不能为留守儿童问题的解决提供有效政策支持。

4. 家庭亲情关爱缺失

在留守儿童生活中，留守儿童的父母长期在外打工，这使留守儿童成了缺少父爱或母爱的"孤儿"，他们很难感受到来自父母的关爱与亲情。同时，许多留守儿童家长也认为，父母的职责就是保证孩子的衣食住行，供孩子上学读书，至于孩子学习情况则是学校和老师的责任，与自己的关系不大。家长的这种思维与认识直接影响了留守儿童的健康成长，也使留守儿童产生了道德缺失、习惯不良、性格偏激等问题。

（六）如何构建和完善农村留守儿童关爱体系实践路径？

农村留守儿童健康成长是党和政府高度重视的教育问题，也是社会主义和谐建设的重要内容。2010 年发布的《国家中长期教育改革和发展规划纲要》明确提出，全面实施素质教育，建构覆盖城乡的公共教育服务体系，健全留守儿童关爱服务体系。党的十八届三中全会也提出，要健全农村留守儿童关爱体系，促进农村留守儿童健康成长。因而，应从留守儿童教育所面临的问题出发，建立完善的农村留守儿童关爱体系。

1. 形成留守儿童关爱的社会共识

一是在农村留守儿童关爱体系建构中，可以组织"爱心妈妈"、志愿者等爱心群体参与留守儿童帮扶活动，定期对留守儿童进行生活帮助、心理辅导、亲情关爱等。也可以组织成立"留守儿童之家"，聘请学校教师、大学生村官、青年志愿者等担任留守儿童的辅导员，对留守儿童进行道德教育和心理健康教育。

二是要动员全社会参与到留守儿童成长之中，建立留守儿童社会关爱体系。比如，街道、社区、村委会等要做好留守儿童工作，明确留守儿童的监护与教育责任，为农民工提供各种与子女联系的渠道。妇联、工会、共青团等单位可以成立"关心留守儿童办公室"，专门负责留守儿童关爱与服务工作。同时，还可以由政府部门牵头整合各种社会力量，积极开展关爱留守儿童活动，为"留守儿童之家""爱心妈妈"等筹集更多资金。

三是政府要从政策、资金、宣传等方面为留守儿童的成长创造良好环境。比如，要将学校安全纳入社会安全管理体系之中，严厉打击校园周边的黑网吧、游戏厅等，净化农村寄宿制学校的周边环境。要整合公安、教育、民政、妇联等部门的力量，建立留守儿童监护和关爱体系，对留守儿童进行教育引导。

2. 建构完善的学校关爱服务体系

要加强寄宿制学校建设。近年来，国家实施了"中小学改造工程""农村寄宿制学校建设工程"等，为留守儿童创造了良好的学习与生活环境。但是许多寄宿制学校的软件设施不达标，师资力量较差，无法为留守儿童提供良好的教育环境。因而，应加强农村寄宿制学校建设，提高寄宿制学校的师资力量，解决学校的教育经费短缺问题，为留守儿童提供良好的学习环境。

发挥教师的育人职能。在留守儿童教育中，教师要关心学生的家庭背景、人际关系、道德品质、生活习惯等，对留守儿童进行针对性的教育，给儿童情感上的关爱和鼓励。教师要及时干预学生的反常行为，对留守儿童进行心理辅导，给留守儿童心灵和精神上的关怀。对于留守儿童所暴露出的问题，教师要耐心教育、悉心沟通，引导学生认识到自己的错误和不足，引导儿童健康成长。

开设心理健康课程。为了提高留守儿童的心理健康程度，学校可以聘请心理教师对留守儿童进行心理疏导，针对性地解决留守儿童的心理问题；也可以在校园内设立心理咨询室，开设心理辅导课程，引导留守儿童心理健康成长。

3. 加强政府部门的政策引导功能

加快新农村建设和小城镇建设，为农民工就近就业创造条件，既可以吸引外出的农民工回到家乡就业、创业，又可以鼓励有条件的农民工举家进城，让更多的留守儿童回到父母身边。完善落实相关政策和法律，切实保障农民工的权益。政府宜维护农民工的应有权利，制定并落实农民工带薪休假等制度，切实保障他们能够更好地履行监护责任。农村留守儿童问题宜纳入劳务输出集中地区政府的重要议事日程，将留守儿童关爱服务工作纳入经济社会发展总体规划和社会管理创新总体部署之中，建立有效的领导协调机制和督察考核机制，开展农村留守儿童关爱服务体系建设。

以城镇化为契机，通过就地就业和子女随迁从根本上减少留守儿童。父母的陪伴才是解决留守儿童问题的根本出路。应降低随迁子女入学门槛，简化入学手续，让有条件的留守儿童进城和父母一起生活、学习。

政府的鼓励政策，促使城市的资金、技术和管理要素向农村地区流动，与农村地区的劳动力、土地要素相结合，迅速推动农村的城镇化。在这种模式中，政府的鼓励性优惠政策和配套服务是关键因素，否则，城市的生产要素就会缺少向农村流动的积极性。通过就地城镇化，一方面，限制了原有的大城市过度扩张；另一方面，使得农村地区的劳动力无须大量向城市迁移，可以有效缓解农村留守儿童问题。在就地城镇化模式下，广大农民在当地就业，就地实现了农民向市民的转变，他们无须外迁，因而，从根本上解决了农村留守儿童的问题。同时，由于农民拥有土地报酬，且生活成本远低于大城市，所以，生活水平会得到真正的提升。这样，农村儿童不但能够得到父母的照料，其家庭经济状况的改善也能促进农村儿童的成长。随着农村经济的就地城镇化发展，当地政府财力提升，能够增加对当地教育和医疗的投入，这也进一步能从宏观层面改善儿童的教育水平、身体健康和成长状况。

4. 强化家庭教育的关爱能力

在留守儿童问题上，要提高留守儿童家长的家庭教育意识和家庭教育能力，让家长能够真正承担起教育和引导子女的重任。为此，可以通过公益广告、电视、广播、宣传队等方式宣传家庭教育知识，提高留守儿童家长的家庭教育意识；也可以在农民工集中的地区开展家庭知识培训，引导家长与留守儿童进行情感交流，拉近留守儿童与父母之间的情感距离。留守儿童问题是工业化和城市化进程的必然结果，也是农村义务教育不得不面对的重要问题。在解决留守儿童问题中，要积极整合学校、家庭、社会、政府等资源，建立健全农村留守儿童关爱体系，以更好地解决农村留守儿童问题。

让家庭承担更多责任家庭、学校、社会共同组成了儿童成长的环境。在留守儿童家庭中，父母不仅不应该因为不在孩子身边而推诿责任、放弃行动，而且还应该积极采取更多的行动来弥补家庭拆分给子女带来的伤害。因此，政府和社会各界应该加强宣传和引导，指导流动父母用实际行动支持和帮助留守子女。

加强亲子互动与情感交流。家人是留守儿童获得情感支撑的重要载体，亲子关系的质量直接影响着儿童的社会化。总之，家庭教育作为儿童启蒙式教育，留守儿童的父母及临时监护人应努力提高自身认知水平，与孩子加强亲子互动，填补留守儿童情感空缺，确保孩子的健康发展。

思考题

1. 莆田市有大量的农村留守儿童，政府采取了哪些措施来帮助留守儿童？

2. 莆田市"一网四化"构筑关爱农村留守儿童体系取得了比较好的成效，你觉得这个案例有普遍推广性吗？为什么？

附录

【材料一】

关于留守儿童问题的相关政策

留守儿童问题得到国家的高度关注，国家针对留守儿童教育出台了一系列的政策法规，并采取了积极的措施为农村留守儿童营造一个良好的教育环境。2010 年国家出台了《国家中长期教育改革和发展规划纲要（2010—2020年）》，文件中明确提出构建以政府为主导，社会力量共同参与的留守儿童关爱教育格局，加大对留守儿童动态监测力度，完善留守儿童关爱服务体系建设，建以政府为主导，社会力量共同参与的留守儿童关爱教育格局，加大对留守儿童动态监测力度，完善留守儿童关爱服务体系建设，加强农村寄宿制学校改革。特别是基层政府要对本地留守儿童的教育问题给予一定的关注，并采取有效措施，确保留守儿童不因家庭、学习等因素而失学。但目前而言，政策落实受到一些阻碍，留守儿童获得的家庭教育和学校教育仍存在一定的限度。

从教育领域看，自20世纪90年代中后期提出流动儿童义务教育"两为主"方针以来，这一方针一以贯之地得到强调；党的十八大把流动儿童平等接受"义务教育"的政策进一步推进到平等接受教育的更高面；2014年刚刚出台的《国家新型城镇化规划（2014—2020年）》在重申流动儿童义务教育"两为主"方针的同时，要求"对未能在公办学校就学的，采取政府购买服务等方式，保障农民工随迁子在普惠性民办学校接受义务教育的权利"，这是保障流动儿童平等接受教育方面的重要举措。所有这些，都凸显了国家对于解决流动儿童问题的高度重视。

【材料二】

《国务院关于加强农村留守儿童关爱保护工作的意见》
国发〔2016〕13号

各省、自治区、直辖市人民政府，国务院各部委、各直属机构：

近年来，随着我国经济社会发展和工业化、城镇化进程推进，一些地方农村劳动力为改善家庭经济状况、寻求更好发展，走出家乡务工、创业，但受工作不稳定和居住、教育、照料等客观条件限制，有的选择将未成年子女留在家乡交由他人监护照料，导致大量农村留守儿童出现。农村劳动力外出务工为我国经济建设作出了积极贡献，对改善自身家庭经济状况起到了重要作用，客观上为子女的教育和成长创造了一定的物质基础和条件，但也导致部分儿童与父母长期分离，缺乏亲情关爱和有效监护，出现心理健康问题甚至极端行为，遭受意外伤害甚至不法侵害。这些问题严重影响儿童健康成长，影响社会和谐稳定，各方高度关注，社会反响强烈。进一步加强农村留守儿童关爱保护工作，为广大农村留守儿童健康成长创造更好的环境，是一项重要而紧迫的任务。现提出以下意见：

一、充分认识做好农村留守儿童关爱保护工作的重要意义

留守儿童是指父母双方外出务工或一方外出务工另一方无监护能力、不满十六周岁的未成年人。农村留守儿童问题是我国经济社会发展中的阶段性问题，是我国城乡发展不均衡、公共服务不均等、社会保障不完善等问题的深刻反映。近年来，各地区、各有关部门积极开展农村留守儿童关爱保护工作，对促进广大农村留守儿童健康成长起到了积极作用，但工作中还存在一些薄弱环节，突出表现在家庭监护缺乏监督指导、关爱服务体系不完善、救助保护机制不健全等方面，农村留守儿童关爱保护工作制度化、规范化、机制化建设亟待加强。

农村留守儿童和其他儿童一样是祖国的未来和希望，需要全社会的共同关心。做

好农村留守儿童关爱保护工作，关系到未成年人健康成长，关系到家庭幸福与社会和谐，关系到全面建成小康社会大局。党中央、国务院对做好农村留守儿童关爱保护工作高度重视。加强农村留守儿童关爱保护工作、维护未成年人合法权益，是各级政府的重要职责，也是家庭和全社会的共同责任。各地区、各有关部门要充分认识加强农村留守儿童关爱保护工作的重要性和紧迫性，增强责任感和使命感，加大工作力度，采取有效措施，确保农村留守儿童得到妥善监护照料和更好关爱保护。

二、总体要求

（一）指导思想。全面落实党的十八大和十八届二中、三中、四中、五中全会精神，深入贯彻习近平总书记系列重要讲话精神，按照国务院决策部署，以促进未成年人健康成长为出发点和落脚点，坚持依法保护，不断健全法律法规和制度机制，坚持问题导向，强化家庭监护主体责任，加大关爱保护力度，逐步减少儿童留守现象，确保农村留守儿童安全、健康、受教育等权益得到有效保障。

（二）基本原则。

坚持家庭尽责。落实家庭监护主体责任，监护人要依法尽责，在家庭发展中首先考虑儿童利益；加强对家庭监护和委托监护的督促指导，确保农村留守儿童得到妥善监护照料、亲情关爱和家庭温暖。

坚持政府主导。把农村留守儿童关爱保护工作作为各级政府重要工作内容，落实县、乡镇人民政府属地责任，强化民政等有关部门的监督指导责任，健全农村留守儿童关爱服务体系和救助保护机制，切实保障农村留守儿童合法权益。

坚持全民关爱。充分发挥村（居）民委员会、群团组织、社会组织、专业社会工作者、志愿者等各方面积极作用，着力解决农村留守儿童在生活、监护、成长过程中遇到的困难和问题，形成全社会关爱农村留守儿童的良好氛围。

坚持标本兼治。既立足当前，完善政策措施，健全工作机制，着力解决农村留守儿童监护缺失等突出问题，又着眼长远，统筹城乡发展，从根本上解决儿童留守问题。

（三）总体目标。家庭、政府、学校尽职尽责，社会力量积极参与的农村留守儿童关爱保护工作体系全面建立，强制报告、应急处置、评估帮扶、监护干预等农村留守儿童救助保护机制有效运行，侵害农村留守儿童权益的事件得到有效遏制。到2020年，未成年人保护法律法规和制度体系更加健全，全社会关爱保护儿童的意识普遍增强，儿童成长环境更为改善、安全更有保障，儿童留守现象明显减少。

三、完善农村留守儿童关爱服务体

（一）强化家庭监护主体责任。父母要依法履行对未成年子女的监护职责和抚养义务。外出务工人员要尽量携带未成年子女共同生活或父母一方留家照料，暂不具备条件的应当委托有监护能力的亲属或其他成年人代为监护，不得让不满十六周岁的儿童脱离监护单独居住生活。外出务工人员要与留守未成年子女常联系、多见面，及时了解掌握他们的生活、学习和心理状况，给予更多亲情关爱。父母或受委托监护人不履行监护职责的，村（居）民委员会、公安机关和有关部门要及时予以劝诫、制止；情节严重或造成严重后果的，公安等有关机关要依法追究其责任

（二）落实县、乡镇人民政府和村（居）民委员会职责。县级人民政府要切实加强统筹协调和督促检查，结合本地实际制定切实可行的农村留守儿童关爱保护政策措施，认真组织开展关爱保护行动，确保关爱保护工作覆盖本行政区域内所有农村留守

儿童。乡镇人民政府（街道办事处）和村（居）民委员会要加强对监护人的法治宣传、监护监督和指导，督促其履行监护责任，提高监护能力。村（居）民委员会要定期走访、全面排查，及时掌握农村留守儿童的家庭情况、监护情况、就学情况等基本信息，并向乡镇人民政府（街道办事处）报告；要为农村留守儿童通过电话、视频等方式与父母联系提供便利。乡镇人民政府（街道办事处）要建立翔实完备的农村留守儿童信息台账，一人一档案，实行动态管理、精准施策，为有关部门和社会力量参与农村留守儿童关爱保护工作提供支持；通过党员干部上门家访、驻村干部探访、专业社会工作者随访等方式，对重点对象进行核查，确保农村留守儿童得到妥善照料。县级民政部门及救助管理机构要对乡镇人民政府（街道办事处）、村（居）民委员会开展的监护监督等工作提供政策指导和技术支持。

（三）加大教育部门和学校关爱保护力度。县级人民政府要完善控辍保学部门协调机制，督促监护人送适龄儿童、少年入学并完成义务教育。教育行政部门要落实免费义务教育和教育资助政策，确保农村留守儿童不因贫困而失学；支持和指导中小学校加强心理健康教育，促进学生心理、人格积极健康发展，及早发现并纠正心理问题和不良行为；加强对农村留守儿童相对集中学校教职工的专题培训，着重提高班主任和宿舍管理人员关爱照料农村留守儿童的能力；会同公安机关指导和协助中小学校完善人防、物防、技防措施，加强校园安全管理，做好法治宣传和安全教育，帮助儿童增强防范不法侵害的意识、掌握预防意外伤害的安全常识。中小学校要对农村留守儿童受教育情况实施全程管理，利用电话、家访、家长会等方式加强与家长、受委托监护人的沟通交流，了解农村留守儿童生活情况和思想动态，帮助监护人掌握农村留守儿童学习情况，提升监护人责任意识和教育管理能力；及时了解无故旷课农村留守儿童情况，落实辍学学生登记、劝返复学和书面报告制度，劝返无效的，应书面报告县级教育行政部门和乡镇人民政府，依法采取措施劝返复学；帮助农村留守儿童通过电话、视频等方式加强与父母的情感联系和亲情交流。寄宿制学校要完善教职工值班制度，落实学生宿舍安全管理责任，丰富校园文化生活，引导寄宿学生积极参与体育、艺术、社会实践等活动，增强学校教育吸引力。

（四）发挥群团组织关爱服务优势。各级工会、共青团、妇联、残联、关工委等群团组织要发挥自身优势，积极为农村留守儿童提供假期日间照料、课后辅导、心理疏导等关爱服务。工会、共青团要广泛动员广大职工、团员青年、少先队员等开展多种形式的农村留守儿童关爱服务和互助活动。妇联要依托妇女之家、儿童之家等活动场所，为农村留守儿童和其他儿童提供关爱服务，加强对农村留守儿童父母、受委托监护人的家庭教育指导，引导他们及时关注农村留守儿童身心健康状况，加强亲情关爱。残联要组织开展农村留守残疾儿童康复等工作。关工委要组织动员广大老干部、老战士、老专家、老教师、老模范等离退休老同志，协同做好农村留守儿童的关爱与服务工作。

（五）推动社会力量积极参与。加快孵化培育社会工作专业服务机构、公益慈善类社会组织、志愿服务组织，民政等部门要通过政府购买服务等方式支持其深入城乡社区、学校和家庭，开展农村留守儿童监护指导、心理疏导、行为矫治、社会融入和家庭关系调适等专业服务。充分发挥市场机制作用，支持社会组织、爱心企业依托学校、社区综合服务设施举办农村留守儿童托管服务机构，财税部门要依法落实税费减免优惠政策。

四、建立健全农村留守儿童救助保护机制

（一）建立强制报告机制。学校、幼儿园、医疗机构、村（居）民委员会、社会工作服务机构、救助管理机构、福利机构及其工作人员，在工作中发现农村留守儿童脱离监护单独居住生活或失踪、监护人丧失监护能力或不履行监护责任、疑似遭受家庭暴力、疑似遭受意外伤害或不法侵害等情况的，应当在第一时间向公安机关报告。负有强制报告责任的单位和人员未履行报告义务的，其上级机关和有关部门要严肃追责。其他公民、社会组织积极向公安机关报告的，应及时给予表扬和奖励。

（二）完善应急处置机制。公安机关要及时受理有关报告，第一时间出警调查，有针对性地采取应急处置措施，强制报告责任人要协助公安机关做好调查和应急处置工作。属于农村留守儿童单独居住生活的，要责令其父母立即返回或确定受委托监护人，并对父母进行训诫；属于监护人丧失监护能力或不履行监护责任的，要联系农村留守儿童父母立即返回或委托其他亲属监护照料；上述两种情形联系不上农村留守儿童父母的，要就近护送至其他近亲属、村（居）民委员会或救助管理机构、福利机构临时监护照料，并协助通知农村留守儿童父母立即返回或重新确定受委托监护人。属于失踪的，要按照儿童失踪快速查找机制及时开展调查。属于遭受家庭暴力的，要依法制止，必要时通知并协助民政部门将其安置到临时庇护场所、救助管理机构或者福利机构实施保护；属于遭受其他不法侵害、意外伤害的，要依法制止侵害行为、实施保护；对于上述两种情形，要按照有关规定调查取证，协助其就医、鉴定伤情，为进一步采取干预措施、依法追究相关法律责任打下基础。公安机关要将相关情况及时通报乡镇人民政府（街道办事处）。

（三）健全评估帮扶机制。乡镇人民政府（街道办事处）接到公安机关通报后，要会同民政部门、公安机关在村（居）民委员会、中小学校、医疗机构以及亲属、社会工作专业服务机构的协助下，对农村留守儿童的安全处境、监护情况、身心健康状况等进行调查评估，有针对性地安排监护指导、医疗救治、心理疏导、行为矫治、法律服务、法律援助等专业服务。对于监护人家庭经济困难且符合有关社会救助、社会福利政策的，民政及其他社会救助部门要及时纳入保障范围。

（四）强化监护干预机制。对实施家庭暴力、虐待或遗弃农村留守儿童的父母或受委托监护人，公安机关应当给予批评教育，必要时予以治安管理处罚，情节恶劣构成犯罪的，依法立案侦查。对于监护人将农村留守儿童置于无人监管和照看状态导致其面临危险且经教育不改的，或者拒不履行监护职责六个月以上导致农村留守儿童生活无着的，或者实施家庭暴力、虐待或遗弃农村留守儿童导致其身心健康严重受损的，其近亲属、村（居）民委员会、县级民政部门等有关人员或者单位要依法向人民法院申请撤销监护人资格，另行指定监护人。

五、从源头上逐步减少儿童留守现象

（一）为农民工家庭提供更多帮扶支持。各地要大力推进农民工市民化，为其监护照料未成年子女创造更好条件。符合落户条件的要有序推进其本人及家属落户。符合住房保障条件的要纳入保障范围，通过实物配租公共租赁住房或发放租赁补贴等方式，满足其家庭的基本居住需求。不符合上述条件的，要在生活居住、日间照料、义务教育、医疗卫生等方面提供帮助。倡导用工单位、社会组织和专业社会工作者、志愿者队伍等社会力量，为其照料未成年子女提供便利条件和更多帮助。公办义务教育学校要普遍对农民工未成年子女开放，要通过政府购买服务等方式支持农民工未成年子女接受义务教育；完善和落实符合条件的农民工子女在输入地参加中考、高考政策。

（二）引导扶持农民工返乡创业就业。各地要大力发展县域经济，落实国务院关于支持农民工返乡创业就业的一系列政策措施。中西部地区要充分发挥比较优势，积极承接东部地区产业转移，加快发展地方优势特色产业，加强基本公共服务，制定和落实财政、金融等优惠扶持政策，落实定向减税和普遍性降费政策，为农民工返乡创业就业提供便利条件。人力资源社会保障等有关部门要广泛宣传农民工返乡创业就业政策，加强农村劳动力的就业创业技能培训，对有意愿就业创业的，要有针对性地推荐用工岗位信息或创业项目信息。

六、强化农村留守儿童关爱保护工作保障措施

（一）加强组织领导。各地要将农村留守儿童关爱保护工作纳入重要议事日程，建立健全政府领导，民政部门牵头，教育、公安、司法行政、卫生计生等部门和妇联、共青团等群团组织参加的农村留守儿童关爱保护工作领导机制，及时研究解决工作中的重大问题。民政部要牵头建立农村留守儿童关爱保护工作部际联席会议制度，会同有关部门在 2016 年上半年开展一次全面的农村留守儿童摸底排查，依托现有信息系统完善农村留守儿童信息管理功能，健全信息报送机制。各级妇儿工委和农民工工作领导小组要将农村留守儿童关爱保护作为重要工作内容，统筹推进相关工作。各地民政、公安、教育等部门要强化责任意识，督促有关方面落实相关责任。要加快推动完善未成年人保护相关法律法规，进一步明确权利义务和各方职责，特别要强化家庭监护主体责任，为农村留守儿童关爱保护工作提供有力法律保障。

（二）加强能力建设。统筹各方资源，充分发挥政府、市场、社会的作用，逐步完善救助管理机构、福利机构场所设施，满足临时监护照料农村留守儿童的需要。加强农村寄宿制学校建设，促进寄宿制学校合理分布，满足农村留守儿童入学需求。利用现有公共服务设施开辟儿童活动场所，提供必要托管服务。各级财政部门要优化和调整支出结构，多渠道筹措资金，支持做好农村留守儿童关爱保护工作。各地要积极引导社会资金投入，为农村留守儿童关爱保护工作提供更加有力的支撑。各地区、各有关部门要加强农村留守儿童关爱保护工作队伍建设，配齐配强工作人员，确保事有人干、责有人负。

（三）强化激励问责。各地要建立和完善工作考核和责任追究机制，对认真履责、工作落实到位、成效明显的，要按照国家有关规定予以表扬和奖励；对工作不力、措施不实、造成严重后果的，要追究有关领导和人员责任。对贡献突出的社会组织和个人，要适当给予奖励。

（四）做好宣传引导。加强未成年人保护法律法规和政策措施宣传工作，开展形式多样的宣传教育活动，强化政府主导、全民关爱的责任意识和家庭自觉履行监护责任的法律意识。建立健全舆情监测预警和应对机制，理性引导社会舆论，及时回应社会关切，宣传报道先进典型，营造良好社会氛围。

各省（区、市）要结合本地实际，制定具体实施方案。对本意见的执行情况，国务院将适时组织专项督查。

国务院

2016 年 2 月 4 日

（此件公开发布）

参考文献

[1] 杨明.农村留守儿童关爱体系的建构与实践 [J].产业与科技论坛,2018(8):11-12.

[2] 刘先华.乡村振兴背景下留守儿童教育与关爱体系的完善与创新 [J].农业经济,2020(12):105-107.

[3] 段成荣,吕利丹,王宗萍.城市化背景下农村留守儿童的家庭教育与学校教育 [J].北京大学教育评论,2014(7):13-29.

[4] 成荣,吕利丹,王宗萍.城市化背景下农村留守儿童的家庭教育与学校教育 [J].北京大学教育评论,2014(7):13-29.

[5] 黄晓莉.建立留守儿童关爱服务体系 [J].瞭望,2014(5):93-93.

[6] 杨柳,吴小康.完善留守儿童关爱服务体系 [J].瞭望,2015(43):38-39.

[7] 吕文慧,侯为民.农村留守儿童现象及难题破解 [J],宁夏党校学报,2021(1):107-113.

[8] 吕慧燕.城市化背景下城镇留守儿童家庭教育的困境与对策 [J].新课程(上),2018(10):47.

二、教学手册

（一）课前准备

1. 准备多张大白纸（或者白板）、粗号笔（白板笔），胶带若干，用于书写讨论意见，并便于课堂展示。

2. 提前认真阅读《莆田市"一网四化"构筑留守儿童关爱体系》案例，准备案例后的思考题。

3. 准备莆田市留守儿童相关资料，使学生在课堂中充分了解农村留守儿童的特点、问题，"一网四化"政策体系的构建、实施过程。

（二）适用对象

本案例可以用于公共管理、公共政策分析、公共危机管理等相关课程的教学活动。适用对象包括公共管理学术型研究生、MPA 学生以及从事相关管理工作的人员。本案例还可适用于具备一定公共管理基本知识并对公共危机管理、公共政策有兴趣的非专业人士、学生和实际操作者学习使用。

（三）教学目标

通过教学，本案例有以下几个目标：

第一个目标，使学生明白当前我国留守儿童健康、教育、生活等方面的困境，特别是在农村地区，面对数量庞大的留守儿童，政府有关政策的实施。案例通过对莆田市农村留守儿童"一网四化"关爱体系的描述，使学生明白如何完善基层社会保障制度。

第二个目标，要学生分析当前我国留守儿童的身体及心理问题，提出相关对策建议，构筑完善农村留守儿童关爱体系。在留守儿童心理健康以及教育问题突出的农村地区，加强政府引导，构筑完善关爱服务体系显得格外重要。

第三个目标，让学生深入思考如何建立相对完善的农村留守儿童关爱体系。在农村地区，父母外出务工，家庭和社区力量有限的情况下，如何形成留守儿童关爱的社会共识，建构完善的学校关爱服务体系，这些问题考验着当代地方政府的智慧和能力。

（四）要点分析

本案例反映了很多值得深思和探讨的问题，但是不可能在有限的课堂里讨论所有的问题，教师选择的讲授重点取决于教师的教学目标和学生的学习目标。本案例只能讨论的问题要点有：

1. 在莆田市"一网四化"构筑农村留守儿童关爱体系中，面对莆田市大量留守儿童的健康、教育、生活方面的困境，政府部门是如何应对的？

启发学生思考：莆田市政府面对农村基层社会保障问题的处理方式，是否值得其他更多的地方借鉴。

2. 从案例中了解，我国农村大量留守儿童，农村留守儿童关爱体系一直都存在缺失，为什么在许多地方没有引起足够的重视？

（五）课堂安排

对于本案例，教师可以请学生简单谈谈自己所见到的农村留守儿童，以及当地政府的处理方式，时间大约5~8分钟。通过这种方式，学生可以分享看待此事件的不同角度。接下来教师重点要对课前布置的问题展开课堂讨论。主要是针对莆田市政府采取的一系列政策处置措施的效果进行讨论；主要对地方政府处置此事件的一系列行动进行分析。讨论中鼓励学生表达自己的观点，老师在黑板上罗列出这些观点，不做评价更不要批评。如果学生在讨论中观点范围比较狭窄，可以通过提一些简单的问题让学生回答来启发思维和增加观点。例如，你作为莆田市的留守儿童，对莆田市"一网四化"农村留守儿童关爱体系反响如何？是否满意政府的制度安排？这样的讨论时间大约10~15分钟。

（六）其他教学支持

具备多媒体设备的教室播放儿童教育宣传片。

案例十二

农村基层公共政策执行

一、案例主体

摘要： 本案例以陕西省安康市旬阳县××村为例，叙述了发生在 2003 年 7 月的退耕还林中频繁发生的矛盾冲突，描述了整个事件发生、扩大、控制、善后的全过程。重点阐述了相关政府部门在面对这一事件时的处置措施。并在此基础上，挖掘事件背后隐藏的更深层次的问题：在基层公共政策的执行上，会遇到哪些挑战？如何调整政策执行方式，防止问题进一步扩大？农村基层的公共政策执行者应具备哪些素质？在农村复杂的环境下，如何有效落实基层公共政策？

关键词： 基层公共政策；退耕还林

（一）引言

鉴于森林等自然生态系统出现的危机，1999 年，我国启动了退耕还林工程。该工程以财政投入为主，要求参与该工程的农户把坡耕地转化为林地，在规定时期内，政府给予农户补助。退耕还林工程为国际上投资规模最大、涉及农村人口最多的生态恢复项目。截至 2018 年年底，工程累计完成投资 3 120.50 亿元，涉及 1.24 亿农民，累计完成造林 2 855.28 万平方百米，占全国集体有林地面积的 15.50%。

退耕还林是我国重要的生态政策，意在通过降低耕地面积提高林地面积，借此改善当地基础生态环境，为生态环境的提升提供一些帮助。然而，耕地面积的降低必然影响农户生产资料的掌握，人均耕地数量比较富裕的地区，这种影响不会太明显，而人均耕地数量本身比较少的地区，退耕还林带来的影响则会非常明显。

2003 年 7 月，位于陕西省安康市旬阳县××乡的××村，在五天之内连续发生了两起退耕还林矛盾冲突。

（二）××村退耕还林矛盾冲突剖析

1. 事件始末

2003 年 7 月 10 日上午，旬阳县××乡乡党委、乡政府安排 6 个工作组、32 名工作人员进驻该乡的××村，对该村 1999 年、2001 年两个年度的退耕还林进行清查整改试点工作。据介绍，××乡党委、乡政府之所以搞这次退耕还林清查整改试点有着这样的背景：几年来，整个旬阳县的退耕还林情况还是不错的，但也出现了虚报退耕还林面积、冒领退耕还林补助粮款、套种其他农作物等现象。考虑到最近，省、市将安排做一次调查整改，与其让上级查出问题，不如自己先找到问题加以解决。于是，××乡××村进行了这样一个试点。

从 1999 年开始，按照国家改善大西北生态环境，防止水土流失，改善农民生活的方针，××村实施了退耕还林计划。根据国家的政策，退耕还林的实施以政策引导和农民自愿相结合为原则，对于退耕还林者国家按照核定的退耕还林实际面积，向土地承包经营权人提供粮食补助、种苗造林补助费和生活补助费。目前，××村有 50%，总共 700 多亩土地进行了退耕还林。按照国家《退耕还林条例》规定，退耕还林者应当按照作业设计和合同的要求植树种草，禁止林粮间作和破坏原有林草植被的行为。2003 年 6 月，旬阳县对全县 28 个乡镇的退耕还林工作进行了全面检查。

2003 年 7 月，××乡在县里尚未出台核查整改方案的情况下，将××村定为全乡退耕还林核查整改的试点。计划派出工作组，在 7 天之内对××村进行地毯式核查，彻底解决存在的问题。同时自行制定了凡在退耕还林地块中套种农作物（含经济作物）的，收回一年国家发放的粮食补助等规定。

××村共有 6 个村民小组，1 100 多名村民，由于村民居住得非常分散，各个村民小组之间的距离也较远，因此××乡对每一个村民小组都派出了由乡干部组成的工作组，相互独立地开展工作。属于第二村民小组的李×文，家有三口人，儿子外出打工但收入很少，难以补贴家用，妻子是聋哑人，智力不太正常，无法从事正常的劳动，他的家里只有两间土房，陈设十分简陋。李×文家里的两亩四分地，都属于享受国家退耕还林政策补助的地块。从 2002 年开始在退耕还林的地里套种了红薯、黄豆等粮食作物，但他并不明白，这违反了国家退耕还林政策的初衷，因为种植粮食作物时会破坏地表，无法达到保持水土的作用。在这次××乡工作组的核查整改中，李×文被要求或立即将粮食作物拔除，或退回国家曾经给予的补助。由此引发第一次激烈的矛盾冲突。

××村的第三村民小组共有近 40 户村民，在全村的退耕还林工作中，第三组村民大都套种了经济效益较高的烤烟。由乡人大副主任薛×芳担任组长的工作组对这一组进行退耕还林的核查整改，而李×则负责配合工作组开展工作。李×是一个正值壮年、性格直爽、既受村民欢迎又与乡干部工作配合良好的村民小组长，曾带领工作组在村里向退耕还林不到位的村民收回国家发给的补贴，并且"替村民讲了几句话"。据了解，李×替村民"讲话"的原因是因为年初乡里驻村干部曾经号召村民大力发展烤烟种植，并提出可以在退耕还林的地块进行。但是正当烤烟即将成熟，农民马上要见到效益时，××乡却开始了退耕还林的核查整改工作，李×觉得无法跟农民交代，从而走极端引发该村第二次矛盾冲突。

2. 执行政策文件需不需要联系实际

许多农民告诉记者，按照相关文件，退耕还林之后，地里确实不应再套种其他农作物。但他们这里主要的退耕还林树种是桑树，如果套种一些低矮作物，更有益于桑树的成活。如果不套种作物，反而容易把地荒了，长草，桑树也不容易成活。对于这一点，李×文等人都有比较深刻的认识。××村党支部书记陈×坤告诉记者，他们也曾把这个意见向有关部门反映过，但没有得到答复。

而有的农民说，对于这一次乡上的套种清查整改，他们有一种上当的感觉。因为前两年从村上到乡上都曾开了一道允许在退耕还林地里套种烤烟的口子。

3. 沉重的思考

短短几天内，同一个村频繁发生矛盾冲突事件，经过当地媒体披露后，引起了很大震动，2003 年 7 月 24 日，旬阳县纪委作出决定，撤销××乡党委书记张×利、乡长胡×明的职务，撤销乡人大副主任薛×芳的职务并开除党籍，工作组其他四名干部分别受到了撤职、警告等行政处分。

进行退耕还林清查整改试点的初衷当然是好的，但是，既然是试点，不知试点者是否认真考虑过试点中会遇到什么样的问题？怎样才能做到既真正落实退耕还林政策，又使农民能够接受，乐于接受？干部们是否设身处地地考虑过农民的困难？是否考虑过几百元的退还款、罚款，对于贫穷的村民意味着什么？对于连农药都赊账的农民来说，交不出退还款，会怎么想、怎么做呢？

（三）我国退耕还林历程

中国退耕还林工程始于 1999 年（见表 12-1），基于对长江、松花江流域特大洪涝灾害的深刻反思后，中国政府将"封山植树、退耕还林"放在灾后重建综合措施的首位。

表 12-1　退耕还林路径探索阶段

阶段	时间	特征
探索总结阶段	1999—2003	第一，关注退耕还林工程对生态环境的改善效果 第二，关注退耕还林工程对实施地区农民利益损失及其补偿 第三，关注退耕还林工程对西部地区和试点地区的整体影响
多维研究阶段	2004—2008	第一，关注退耕还林工程的可持续发展 第二，关注退耕还林工程对土壤和植被的影响 第三，关注退耕还林工程的经济效应及其对农户收入的影响 第四，关注退耕还林工程后续产业及其政策机制
主题深化阶段	2009—2013 年	第一，关注退耕还林工程生态补偿存在的问题 第二，关注退耕还林工程实施后的土地利用率 第三，关注退耕还林工程对农户利益的影响
内涵提升阶段	2014—2018 年	第一，新一轮退耕还林工程实施必要性和可行性研究 第二，实施退耕还林工程与践行生态文明建设研究 第三，实施退耕还林工程与实现精准扶贫效应研究

2019 年是中国实施退耕还林还草工程 20 周年，20 年来，中国累计实施退耕还林还草 5.08 亿亩，累计投入 5 112 亿元。退耕还林还草工程实施取得了显著的生态、经济和社会效益。每年在保水固土、防风固沙、固碳释氧等方面产生的生态效益价值达

1.38 万亿元。据统计，全国有 4 100 万农户参与实施退耕还林还草，1.58 亿农民直接受益，增收渠道更加稳定多样。截至 2018 年，退耕农户户均累计获得国家补助资金近 9 000 元。退耕还林还草工程将贫瘠低产耕地变为绿色金山银山，助推农民脱贫致富，也为中国应对气候变化、参与全球环境治理做出了贡献。

（四）部分地区退耕还林现状

1. 家庭特征

2012 年 1~2 月有研究人员组织多名陕西籍本科生对陕南地区的商洛、安康和汉中 3 市多个乡镇的农户实地调查、访谈，调研样本的选取采取随机抽样原则。调研内容分为两部分，一是农户个人及家庭特征，具体涉及农户家庭户主的年龄、文化程度、家庭人口规模、劳动力配置情况等；二是农户家庭生产经营情况，具体包括退耕还林前后农户家庭耕地面积及利用情况、农业肥料、农药投入结构、数量及成本、农户种植、养殖状况及收入水平、家庭收入水平及来源等情况。

本次调查总共获得 291 份有效问卷，其中非退耕户 177 户，退耕户 114 户。

样本的统计特征调研结果显示，退耕户在家庭规模、户主年龄、户主受教育程度等方面与非退耕户并无明显差异，二者具有明显差异的地方在于家庭农业劳动力人数和外出务工劳动力人数。

2. 收入来源

农户家庭收入主要包括农业收入、非农就业收入、畜牧业收入、林业收入和转移性收入等。退耕地区农户收入特别是农业 、非农就业、畜牧业、林业收入的变化可以直接评价退耕还林工程对农户生计的影响。

通过进一步的统计分析表明，退耕还林后退耕户相比非退耕户的农业收入增加更为明显，通过 5% 的显著性检验；而退耕后退耕户比非退耕户的非农就业增加更为明显，也通过了 5% 的显著性检验。退耕户与非退耕户的其他各项收入并无明显差异，但两者的家庭总收入差距则通过 10% 的显著性检验。非退耕户和退耕户非农收入的明显差异，说明退耕还林工程作为刚性制度约束在一定程度上促进了农民的非农就业。退耕还林 12 年后工资性收入已经取代农业收入成为陕南地区农户最大的收入来源，其次分别是农业收入、畜牧业收入、转移性收入，而林业收入在农户总收入中的比重最低，主要原因是林产品的收获期较长，退耕户的很多林产品还未取得较高的收益。

3. 消费行为分析

退耕还林前后农户家庭消费支出情况，有助于我们观察退耕还林工程的实施对农户家庭消费结构和消费水平的影响方向，进而可以阐明退耕还林对农户生计的影响情况。但农户的消费支出数据较难通过实地调查获取。

退耕前后农户消费支出结构变化不大，但消费水平呈现不同程度的提升。退耕后前三位消费支出依次为食品、居住、转移性支出，同时在交通和通信、转移性支出、医疗保健方面支出的增长幅度较大，说明农户对社会交往状况和自身的健康关注程度显著提升。食品支出退耕前占总支出的 50.26%，退耕后为 38.46%，这说明陕南地区农户的富裕程度有所提高。值得注意的是，调研中发现农户的能源消费结构也已发生了可喜的转变，沼气、太阳能、天然气等清洁能源逐渐替代烧柴成为陕南农村主要的生活与生产能源，这种变化将有利于退耕地区农村环境的改善。

（五）我国实施退耕还林存在哪些问题？

1. 退耕还林影响农户的经济收入

大部分农作物的种植生产都依赖于耕地，耕地是农户最重要的生产资料，有了耕地才能种植，有了种植才有收获，农户才有经济收入。然而，退耕还林是将不适合耕地的耕地转为林地的政策，必然要降低农户手中掌握的耕地总量，降低农户种植量，影响农户经济收入。我国在实施退耕还林政策时，会对相关农户进行相应的补偿、补贴，由耕地转为林地的农户会在短时间内得到政府补偿、补贴，年度整体收入能够与往年持平甚至高出一些，但随着时间的流逝，失去部分耕地的农户若不能有效调整自身生产结构，必然会面临年度收入量降低的问题。

耕地转为林地后，为了保证生态效果，果林或其他经济林的面积不会很多，农户能够从林地中获取的经济收入比较少，农户的可持续生计必然会受到影响，无法使农民的收入得到充分保障。对于农民而言，土地是其开展生产活动最基本的保障，一些地区由于在开展退耕还林工程建设中忽视给予农民补贴，导致农民在失去土地后收入得不到保障。

2. 经营管理存在问题

退耕还林工程是一项政策性较强的惠民工程，涉及面广，涉及农户多，工程量大，工程管理需要一定的人力、财力和物力。项目从规划到设计、施工，政策补助兑现以及造林后的管护、抚育、经营活动等，均需要由相应的机构和人员来管理并组织实施才能确保工程顺利推进。近些年来，工程管理过程中主要存在以下问题：大量农村人口转移到城镇，部分退耕地块缺乏人员管护，林木抚育资金没有来源，因此重造林轻管护的现象比较普遍。由于近几年机构改革，大部分地方乡镇林业机构被归并，林业专职人员被调剂到其他部门，给退耕还林工程的管理造成了一定的困难。政策、理念、技术、经营措施等宣传不到位，树种变更、地块调整、作业设计变更太随意，给工程管理带来了较大困难。上述情况，是导致部分地方退耕还林成效低、质量差的主要原因。

造林只是退耕还林工程实施的第一步，更重要的是如何科学地利用森林经营手段，促进林木生长、早日成林、早见成效、效益持续。核检查过程中发现，部分地区的退耕户缺乏科学的森林经营理念，没有做到因地制宜、适地适树，受传统耕作思维模式的影响，种植模式发生变化以后，由于缺乏技术指导，对于怎样投资林地、如何才能经营好退耕地、如何发挥森林的效益却知之甚少。一些地方的退耕还林由于缺乏科学的森林经营手段，如树种没选择好、种源没把控好、经营理念落后、投资不到位、抚育管理不当等，从而导致工程质量低，效益上不去，投资收益率为负值，投资亏损。

3. 缺乏相应资金支持

退耕还林工程建成之后，需要大量资金保证后续产业政策顺利落实，然而一些地区由于经济发展水平较为落后，因而自身无法为产业发展提供充足资金，同时大量资金浪费进一步加剧了资金短缺状况。

退耕还林工程由于涉及面积大，有着非常严格的工程标准，面临的任务量非常繁重，所以在推进的过程中需要花费大量的经费。国家虽然会出一部分资金，但是其他缺口却需要地方政府来予以补上，这对于部分财政困难的地方政府而言，无疑是很难抽出更多资金用于退耕还林工作，使得基层林业部门面临着极大的资金压力。在这样一种情况下，基层林业工作人员却还需要承担任务繁重且杂乱的退耕还林工作，因此使得基层退耕还林工作自然难以取得预期的成效。

4. 林区基础设施建设没有得到应有的重视

在新一轮的退耕还林核检查过程中发现，一些地方退耕还林具备林产业发展的条件，但效益仍然较低，其主要原因还是技术措施没有到位，基础设施建设没有得到地方政府应有的重视。工程要高收益、高产出，需追加投资、提高技术水平和经营管理水平。在自然条件、社会经济条件较好的地方，适当加强灌溉系统、林区道路系统、围栏、管理房等基础设施的建设，可以起到事半功倍的效果。这也是提高林地集约化经营水平、提高退耕还林成效所必须具备的条件。

5. 基层退耕还林工作存在的问题

政策宣传不够到位，自第一轮退耕还林工程启动以来，合计投入了 4 449 亿元，合计造林 447 亿亩，累计退耕还林 139 亿亩。为进一步做好生态环境保护工作，2014 年 9 月国家正式启动了新一轮的退耕还林工作。新一轮退耕还林由于涉及面广、政策性强，再加之部分县（市）对于相关政策存在理解和把握不够到位的情况，未能认真按照要求召开群众会议及时将新一轮退耕还林相关政策传达给群众，导致大部分群众对于新一轮退耕还林缺乏认识和了解，甚至存在着疑问和误解，这无疑极大地影响了群众参与到新一轮退耕还林工程的主动性、积极性，制约了新一轮退耕还林工作的有效开展。

重造林、轻管护现象普遍存在，针对退耕还林工作基层政府虽然出台了相关管护办法，也将退耕还林工作相关内容不同程度纳入了议事日程之中，然而重造轻管问题依然普遍存在。究其原因主要还是在于大部分农户依然停留在过去那种粗放经营的理念上，或者是仅仅考虑到了短期经济效益。而基层林业工作者在退耕还林中也存在着错位和缺失，未能真正肩负起自身责任。部分乡镇由于从事林业工作的人员较少，既要忙本村工作，又要忙业务工作，不可避免会出现指导和督促不到位的情况，从而导致相关管护工作的开展未能得到真正有效的落实。

（六）实施退耕还林路径探析

1. 有效解决林农矛盾

林农矛盾在山区由来已久。同属土地资源的林地和耕地，在不同的历史时期发挥着各自的用途，为人们提供重要的生产生活资料。耕地一般 1~2 年轮做一次，收效较快。林地则在种植结构、经营模式上和耕地有所不同，林业上造林前期投入较大，而且需要长期进行管护，经营周期较长。由于山区社会经济条件相对较差，地方政府一般只会把耕作条件较差的土地用于发展林业。当林地保有量因国家生态安全的需要而进行调增时，林农矛盾就不可避免地出现了。

改革开放以来，我国的经济社会发生了翻天覆地的变化，城市化进程加快、农村人口大量涌入城市，极大地缓解了农民对耕地的依赖。退耕还林工程实施以来，大部分农民在退出耕地之后，不但得到了国家的补助，而且腾出了大量的时间外出务工，增加收入、改善生活。退耕还林是我国生态建设的重要工程，是林业重点工程之一，也是当前我国林业领域投资较大、造林面积较广、百姓受益较多的项目。在自然条件稍好的地方，造林投资小、效益可观，民众很积极；在自然环境恶劣的地区，社会经济条件较差，造林成本高、投资大，造林见效慢、收益低，退耕户无力承担经营管护的费用，因而存在复垦的现象。这是工程实施以来最为典型的林农矛盾。因此，充分考虑老百姓的长远利益，通过科学的森林经营手段，在森林经营过程中给予农户适当的政策扶持，提升退耕地块的林分质量和效益产出，积极探索增加退耕农户收益的多元化途径，有效解决林农矛盾。

2. 做好基层退耕还林管理工作

建议各级政府应高度重视退耕还林工程，及时将退耕地纳入林地进行管理，并将工程管理情况作为地方政府目标责任制考核的内容之一，根据工程质量优劣进行评分，促进退耕还林工程高质量发展。

要逐渐转变基层林业工作人员和基层群众轻视养护管理、重视工程建设的错误认识，加强退耕还林工程管护力度。一方面，将退耕还林工程管护工作纳入基层林业工作人员的考核体系之中，以此来有效激发和调动他们开展管护工作的积极性；一方面对管护主体要予以进一步的明确，严格按照谁退耕、谁造林、谁受益这一政策要求及时检查验收已经完成的退耕还林工程，并发放林权证，让每个林地的权利都有一个确定的归属。为了使广大基层群众在基层退耕还林工程中发挥更大的作用，基层政府还有必要出台切实可行的激励机制，以基层群众的获利为重点激励目标，将基层群众参与退耕还林工程管护工作的积极性有效调动起来，从而自觉自愿参与到退耕还林工程管护工作中来。同时针对部分乡镇基层林业工作人员不足的问题，建议上级部门应通过充分的调查研究并结合具体情况对退耕还林工程管护区域进行一个合理的划分，每个区域至少配备一名专业的护林人员，强化退耕还林工程的管护力度。

针对退耕还林工程重建设而轻管理的问题，相关部门应加大对于退耕还林工程管理的重视力度，一方面通过开展主题培训，全方位增进现有工作人员对于退耕还林工程的理解，帮助他们掌握退耕还林工程的先进管理理念和管理方法，促使他们对退耕还林工程进度加以科学管理，保障退耕还林工程按时完成；另一方面，应大力引进具有专业背景的高素质人才，切实提高退耕还林工程管理队伍专业水平。

在完成退耕还林工程建设后，做好林木维护工作并落实与其相配套的产业政策，才能真正使退耕还林工程对于推动经济发展和加强生态环境保护的积极作用。为此，相关部门应在退耕还林地区加强宣传工作，增进本地人民对于退耕还林工程的了解和支持力度，从而推动他们主动参与林木维护工作。相关部门应注意将林木维护的正确方法传授给农民。与此同时，相关部门应对区域地理环境进行全面了解，根据当地气候、水文、土壤状况等各项信息，制定科学合理的绿色农业经济发展政策，从而真正实现经济效益与社会效益的结合。

3. 加大退耕还林工程建设资金支持力度

我国基层政府要根据当地实际情况和农户需求微调补贴、补偿制度，尽可能降低农户因退耕还林而陷入贫困状态的可能性，尽可能淡化退耕还林政策的负面影响。要想实现退耕还林工程可持续发展，首先相关部门必须加大资金支持力度，以此使农民收入得到有效保障，将农民参与林木维护和管理的积极性充分调动起来，减轻退耕还林地区的资金压力和财政负担，提高资金利用效率，促使退耕还林工程建设后续配套产业政策而得到充分落实。

一方面，基层政府应当将退耕还林资金纳入财政预算，应形成稳定的保障机制，确保每年对基层退耕还林工作的资金投入增幅不会低于政府财政收入增幅。另一方面，基层政府应该针对基层退耕还林工作出台一系列的优惠政策，鼓励和吸引更多其他资本介入到基层退耕还林工作中来，为基层退耕还林工作的开展提供更多资金支持。比如吸引个体企业参与到基层退耕还林工作中来，由于个体企业的参与，那么退耕农户不但能够得到一定的技术指导，还能够预支部分资金用于购买树种和化肥，待获得一定经济效益后直接用部分收益来抵扣预支这部分资金。

实施长期、浮动的退耕还林补贴政策。退耕还林工程是一项长期而艰巨的任务，合理的退耕还林政策应具有长期的激励相容性和民众参与性。如果不能实施长期的补贴政策，在退耕还林补贴政策到期后农民必将"毁林返耕"或者"弃林"，形成"理性违约"。因此政府应该适时制定与市场接轨的、动态调整的长期补贴政策，例如退耕补贴水平与粮食价格挂钩，退耕补贴与其他补贴（如粮食直补、良种补贴、农资综合补贴等）保持同样的提升水平，确保退耕地区农户获得的补贴既不低于种粮收入，又不低于其他补贴，这样才能促使其不返耕或弃林。

4. 转变传统退耕还林模式

在基层退耕还林工程的开展过程中，针对林地结构较为单一的问题，建议应遵循因地制宜，适地适树的原则，响应新一轮的退耕还林政策，进行科学的规划设计，在生态恢复和水土保持的基础上增加经济林、生态经济兼用林的种植，丰富林地结构，增加林地经济效益。与此同时，可以大力发展林下经济，加大对林下资源的开发力度，推动林产加工业、林药业、林果业、畜牧业、旅游业等相关产业的发展，走发展复合林业的路子，以短养长，长短结合，形成以林下养殖、林下种植、森林旅游、采集加工为一体的林下经济发展格局，不断提高林地单位面积产出，在完成退耕还林工作目标的同时发展当地经济。

思考题

1. 上述"退耕还林"政策在执行中存在哪些问题？
2. 分析影响"退耕还林"政策执行的因素？
3. 如果你作为一个政策执行者，你将如何推行该项政策？

附录

【材料一】

陕西退耕还林试点依据

在试点工作中，工作组是这样做的：如果退耕还林不合格，将退还当初国家给予的退耕还林补偿；这种退还分两种：管护费退还和整体退还，管护费退还是指要退还每年每亩20元的管护费，整体退还则包括当初补助的粮食，按每斤7毛钱的价格予以退还，换算成现金是每年每亩 210 元或 280 元。另外，工作组还可以对不合格者处以 10% 至 50% 的罚款。

工作组这样做的依据，一是 2001 年 7 月 27 日下发的《旬阳县关于退耕还林（草）复垦行为责任追究的规定（试行）》，其中第七条规定：对已退耕还林（草）的地块，未经管理部门单位批准而进行复垦的，按照《国务院关于进一步做好退耕还林还草试点工作的若干意见》规定的国家补助标准，将全部收回国家每年每亩的投入资金（标准为 210 元至 280 元），具体由乡（镇）政府负责清收，每年年底前上缴县级财政。二是 2003 年 5 月 9 日下发的《中共旬阳县委办公室、旬阳县人民政府办公室关于认真做好退耕还林整改工作的紧急通知》，其中第五条规定：关于管护不到位、套种现象严重问题，各乡镇要立即对全县 4 年来的退耕还林进行一次全面清查整改，摸清现状，边查边改。对套种的地块当场清除到位；对造林密度不合理的采取容器苗补植；对幼林荒芜的组织扩盘抚育；对少数拒不整改的户，按照《退耕还林条例》严肃处理。

【材料二】

《国务院关于进一步完善退耕还林政策措施的若干意见》
（国发〔2002〕10 号）

各省、自治区、直辖市人民政府，国务院各部委、各直属机构：

两年多来，按照党中央、国务院的部署，长江上游、黄河上中游等地区认真开展了退耕还林的试点工作。各级党委、政府高度重视，组织得力，退耕还林试点工作进展良好，取得了一定经验。实践证明，党中央关于退耕还林的决策和"退耕还林、封山绿化、以粮代赈、个体承包"政策措施是完全正确的，深得广大干部和群众的拥护，是加强西部地区生态环境建设和保护的重要举措，也是贫困山区农民脱贫致富的有效途径。为了加强对退耕还林试点工作的指导，国务院下发了《关于进一步做好退耕还林还草工作的若干意见》（国发〔2000〕24 号），对确保退耕还林的顺利实施和健康发展起到了重要保证作用。但是，在试点期间也出现了一些需要研究和解决的问题，有些政策措施也要进一步完善。为把退耕还林工作扎实、稳妥、健康地向前推进，现就进一步完善退耕还林政策措施作出如下规定：

一、退耕还林必须遵循的原则

（一）退耕还林要坚持生态效益优先，兼顾农民吃饭、增收以及地方经济发展；坚持生态建设与生态保护并重，采取综合措施，制止边治理边破坏问题；坚持政策引导和农民自愿相结合，充分尊重农民的意愿；坚持尊重自然规律，科学选择树种；坚持因地制宜，统筹规划，突出重点，注重实效。

（二）实施退耕还林要认真落实"退耕还林、封山绿化、以粮代赈、个体承包"的政策措施，坚持个体承包的机制，实行责权利相结合。必须切实把握"林权是核心，给粮是关键，种苗要先行，干部是保证"这几个主要环节，确保退耕还林取得成功。

二、科学制定规划，加快退耕还林进度

（三）进一步明确退耕还林的范围。凡是水土流失严重和粮食产量低而不稳的坡耕地和沙化耕地，应按国家批准的规划实施退耕还林。对需要退耕还林的地方，只要条件具备，应扩大退耕还林规模，能退多少退多少。对生产条件较好，粮食产量较高，又不会造成水土流失的耕地，农民不愿退耕的，不得强迫退耕。

（四）因地制宜，科学制订规划。各省（自治区、直辖市，下同）要依据国家退耕还林工程规划编制省级退耕还林工程规划，明确工程建设的目标任务、建设重点和政策措施。

要根据不同气候水文条件和土地类型进行科学规划，做到因地制宜，乔灌草合理配置，农林牧相互结合。在干旱、半干旱地区，重点发展耐旱灌木，恢复原生植被。在雨量充沛，生物生长量高的缓坡地区，可大力发展竹林、速生丰产林。

各地在确保地表植被完整，减少水土流失的前提下，可采取林果间作、林竹间作、林药间作、林草间作、灌草间作等多种合理模式还林，立体经营，实现生态效益与经济效益的有效结合。退耕后禁止林粮间作。

（五）及时下达退耕还林任务。为了抓住造林最佳季节，保证工程建设质量，从今年起，国家将根据退耕还林总体规划在10月31日前下达下一年度计划任务。各省要根据国家下达的年度任务，对水土流失严重的坡耕地、沙化耕地优先安排退耕还林，并按照轻重缓急确定实施退耕还林的工程县（市、区、旗，下同），在接到计划一个月内将年度任务分解下达到各县。要组织编制县级退耕还林工程实施方案，特别是要做好乡镇作业设计，把工程任务落实到山头地块，落实到农户。

根据气候条件，在确保完成整地的条件下，允许国家退耕还林年度任务实行滚动安排。

（六）退耕还林要以营造生态林为主，营造的生态林比例以县为核算单位，不得低于80%。对超过规定比例多种的经济林，只给种苗和造林补助费，不补助粮食和现金。

三、认真落实林权，调动和保护农民退耕还林的积极性

（七）实施退耕还林后，必须确保退耕农户享有在退耕土地和荒山荒地上种植的林木所有权，并依法履行土地用途变更手续，由县级以上人民政府发放权属所有证明。

（八）在确定土地所有权和使用权的基础上，实行"谁退耕、谁造林、谁经营、谁受益"的政策。农民承包的耕地和宜林荒山荒地造林以后，承包期一律延长到50年，允许依法继承、转让，到期后可按有关法律和法规继续承包。

（九）采取多种形式推进退耕还林。有条件的地区可本着协商、自愿的原则，由农村造林专业户、社会团体、企事业单位等租赁、承包退耕还林，其利益分配等问题由双方协商解决。鼓励在有条件的地区实行集中连片造林，鼓励个人兴办家庭林场，实行多种经营。

四、切实抓好粮食补助兑现，确保农民口粮供应

（十）国家无偿向退耕户提供粮食、现金补助。粮食和现金补助标准为：长江流域及南方地区，每亩退耕地每年补助粮食（原粮）150公斤；黄河流域及北方地区，每亩退耕地每年补助粮食（原粮）100公斤。每亩退耕地每年补助现金20元。粮食和现金补助年限，还草补助按2年计算；还经济林补助按5年计算；还生态林补助暂按8年计算。补助粮食（原粮）的价款按每公斤1.4元折价计算。补助粮食（原粮）的价款和现金由中央财政承担。

在粮食和现金补助期间，退耕农户在完成现有耕地退耕还林后，必须继续在宜林荒山荒地造林，由县或乡镇统一组织。

（十一）国家在下达年度计划的同时，核定各省的粮食补助总量，并下达到各省。对退耕农户只能供应粮食实物，不得以任何形式将补助粮食折算成现金或者代金券发放。

（十二）退耕还林补助粮食的调运组织由省级政府负责，原则上以地方国有粮食购销企业的商品周转粮为主，必要时可动用地方储备粮或申请动用中央储备粮。粮源缺口较大时，由国家根据实际情况帮助协调解决。当地政府要统一组织粮食的供应，就近调运，组织到乡，兑现到户，减少供应环节，降低供应成本。

（十三）粮食购销企业按顺价销售、不发生新亏损的原则供应粮食。农业发展银行据实收回贷款后，应适当返还粮食企业合理费用。粮食调运等有关费用，由地方政府承担，纳入地方财政预算，不得转嫁到供应粮食的企业和退耕农户。

（十四）对退耕农户供应的粮食品种，由省级政府根据当地口粮消费习惯和种植习惯以及当地粮食库存实际情况合理确定。各地可根据退耕户需要供应成品粮。对供应给退耕还林农户的粮食必须进行认真检验，补助粮食必须达到国家规定的质量标准。凡不符合口粮标准的，不得供应给退耕农户。

（十五）按报账制办法发放补助粮食。退耕还林第一年，粮食补助可分两次兑付。第一次在完成整地并经县级人民政府指定的主管部门检查验收后，可以预先兑付部分补助粮；第二次待退耕还林成活率验收合格后再兑现补助粮余额。每次兑现补助粮的数量由地方政府确定。以后每年要及时对退耕农户的幼林抚育、管护进行验收，验收合格的要及时发放验收卡，农户凭验收卡到粮食供应点领粮。承担粮食供应任务的企业要根据县级人民政府指定的主管部门的检查验收凭证，按国家确定的补助标准，向退耕户发放粮食。有关补助费用的结算办法，由省级财政部门会同粮食部门和农业发展银行进一步修改完善。

五、必须做到种苗先行，保障种苗供给

（十六）国家向退耕户提供种苗和造林费补助。退耕还林、宜林荒山荒地造林的种苗和造林费补助款由国家提供，国家计委在年度计划中安排。种苗和造林费补助标准按退耕地和宜林荒山荒地造林每亩 50 元计算。尚未承包到户及休耕的坡耕地，不纳入退耕还林兑现钱粮补助政策的范围，但可作宜林荒山荒地造林，按每亩 50 元标准给予种苗和造林费补助。干旱、半干旱地区若遇连年干旱等特大自然灾害确需补植或重新造林的，经国家林业局核实后，国家酌情给予补助。

退耕还林种苗和造林补助费发放方式，由各省根据实际情况确定。在尊重退耕农户意愿的前提下，退耕农户与种苗供应方签订书面合同，并在造林验收后，由种苗供应单位与退耕农户结算种苗补助费。任何单位和个人不得为退耕农户指定种苗供应商。种苗和造林补助费，只能用于种苗、造林补助和封育管护等支出，不得挪作他用。

（十七）种苗的数量充足、质量优良、品种对路，是实施退耕还林的必要前提和基础条件，必须先行建设，超前准备。各地区和各有关部门都要提前做好种苗的生产培育，组织好种苗的供应。

（十八）林业主管部门负责做好种苗建设规划，切实抓好种苗和采种基地建设。种苗生产供应要从实际出发，采取多种形式，走产业化经营的路子，积极鼓励农户育苗，促进农业结构调整和农民增收。要发挥国有苗圃龙头企业作用，组织和带动农民发展苗木产业，扩大种苗生产能力。

（十九）林业主管部门要负责提供种苗调运、栽培管理方面的技术指导和技术服务，加强种苗质量和疫病检验检测工作，确保种苗供应单位和育苗专业户按规定的树种、数量、质量提供退耕还林所需的合格种苗。

（二十）有关部门要加强种苗市场、价格的规范管理和监督检查。对生产、销售的种苗必须有林业部门出具的标签、质量检验证和检疫证，凡是不具备"一签两证"的种苗，不准进入市场。坚决制止垄断经营种苗和哄抬种苗价格的行为，严厉打击种苗销售中的不法行为，维护农民合法权益。

六、落实退耕还林各项配套措施，巩固退耕还林建设成果

（二十一）关于退耕地还林的农业税征收减免政策。凡退耕地属于农业税计税土地，自退耕之年起，对补助粮达到原常年产量的，国家扣除农业税部分后再将补助粮发放给农民；补助粮食标准未达到常年产量的，相应调减农业税，合理减少扣除数量。退耕之前的常年产量，按土地退耕前五年的常年产量平均计算。补助给农民的现金不计入补助粮食标准。退耕地原来不是农业税计税土地的，无论原来产量多少，都不得从补助粮食中扣除农业税。

农业税征收机关要按照退耕的农业税计税土地常年产量和当地补助粮食标准确定退耕土地应征收的农业税税额，并通知补助粮食发放单位从补助粮食中代扣农业税。退耕地的农业税只能从补助粮食中扣除，不得向农民征收。在停止粮食补助的年度，同时停止扣除农业税。

实施退耕还林的县，其农业税收入减收部分，由中央财政以转移支付的方式给予适当补助。

（二十二）为了加强生态保护和建设，要结合退耕还林工程开展生态移民、封山绿化。对居住在生态地位重要、生态环境脆弱、已丧失基本生存条件地区的人口实行生态移民。对迁出区内的耕地全部退耕、草地全部封育，实行封山育林育草，恢复林草植被。中央对生态移民生产生活设施建设给予补助。地方政府要搞好迁入地的生产生活设施建设，对生态移民的农户给予妥善安置，解决好他们的生计问题。有条件的地方，要把生态移民与小城镇建设结合起来。

（二十三）为保护好现有林草植被，巩固生态环境建设成果，各地区要结合退耕还林及天然林资源保护工程的实施，积极开展农村能源建设，从各地实际出发，大力发展沼气、小水电、太阳能、风能以及营造薪炭林等。沼气池建设要逐步标准化、规范化，走产业化发展道路。中央对农村能源建设给予适当补助。

（二十四）退耕还林后必须实行封山禁牧、舍饲圈养。退耕还林的农户，要保证造林的成活率、保存率，管护好林地和草地不受破坏。要彻底改变牲畜饲养方式，实行舍饲圈养，严禁牲畜对林草植被的破坏。要根据当地实际情况，制定切实可行的管理办法，加大执法力度。禁止采集发菜、滥挖甘草等人为破坏林草植被行为。

（二十五）加强川地、缓坡耕地的农田基本建设，提高粮食单产，解除农民退耕后吃粮的后顾之忧，扩大陡坡耕地的退耕空间，切实做到"树上山，粮下川"。实施退耕还林的地区，要将扶贫开发、农业综合开发、水土保持、生态环境综合治理等不同渠道的资金统筹安排，综合使用。

（二十六）退耕还林的地区，要结合生态建设，大力调整农村产业结构，发展龙头企业和支柱产业，开辟新的生产门路。要制定优惠政策吸引企业及社会各界参与生态

环境建设，积极推广"公司加农户"，"工厂加基地"等做法，为农产品建立稳定的市场渠道，努力增加农民收入。

七、加强组织领导和监督检查，确保退耕还林工作顺利进行

（二十七）退耕还林是一项十分复杂的系统工程，广大干部特别是基层干部必须切实转变作风，深入基层，不折不扣地贯彻落实国家有关退耕还林的政策，组织群众做好退耕还林工作，要加强监督检查，务必注重实效，反对形式主义，及时发现和解决存在的问题。

（二十八）要进一步提高认识，统一思想。各级领导干部要进一步提高对退耕还林重大意义的认识，本着实事求是、因地制宜的原则，正确处理好生态效益与经济效益的关系，当前与长远的关系，真正把退耕还林这项"功在当代，利在千秋"的大事抓紧抓好。

（二十九）退耕还林实行"目标、任务、资金、粮食、责任"五到省，省级政府对工程负总责。各省级政府须确定一位省级领导同志具体负责，并认真组织实施好退耕还林工作。各级政府要切实把退耕还林工作列入重要议事日程，加强领导，及时研究解决实施中的重大问题。各省级政府要层层落实工程建设的目标和责任，层层签订责任状，并认真进行检查和考核。

（三十）各省西部开发办和计划、财政、林业、粮食等部门，要在本级政府的统一领导下，按照各自的职能分工，各司其职、各负其责，密切配合，充分发挥部门优势，共同做好工作。

（三十一）退耕还林工程的规划、作业设计等前期工作费用和科技支撑费用，国家给予适当补助，由国家计委根据工程建设情况在年度计划中安排。前期工作费用和科技支撑费用的有关管理办法，由国务院有关部门另行制定。

退耕还林地方所需检查验收、兑现等费用由地方承担，国家有关部门的核查经费由中央承担。

（三十二）各省级政府、各县级政府要认真组织好县级自查、省级抽查工作，县级验收结果作为补助政策兑现的直接依据。有关部门要加强对退耕还林补助资金拨付、使用情况的监督检查，特别是要充分发挥审计等监督部门的作用。退耕还林粮食、现金补助兑现情况，要纳入乡村政务公开的内容，张榜公布，接受群众监督，防止冒领，杜绝贪污。要建立退耕还林举报制度，公布举报电话、设立举报箱，接受社会监督。对违法违纪现象，一经核实，要按照有关规定对责任人做出处罚，并奖励举报有功人员。

（三十三）本意见所称退耕还林，包括退耕地还林、还草、还湖和相应的宜林荒山荒地造林。本意见由国务院西部地区开发领导小组办公室负责解释。国务院有关部门按照职能分工，在本部门主管范围内，根据实际需要进一步制定具体实施意见。

国务院

二〇〇二年四月十一日

参考文献

[1] 刘浩,刘璨.退耕还林工程对农户生产要素投入与收入的影响—基于长期连续跟踪大样本农户数据 [J].改革,2021 (1):109-124.

[2] 徐千惠.解读退耕还林对农户可持续生计的影响 [J].现代园艺,2020 (2):147-148.

[3] 陈卓,张连刚.退耕还林工程研究的演进:过程、特征与展望 [J].林业经济问题,2021 (1):91-96.

[4] 朱长宁,王树进.退耕还林、耕地约束与农户经济行为 [J].经济问题,2015 (8):86-90.

[5] 董跃芳.退耕还林工程建设现状及其可持续发展对策 [J].农村实用技术,2020 (3):155.

[6] 洪忠.退耕还林建设成效与发展对策 [J].林业建设,2020 (4):49-53.

[7] 密春梅.论如何做好基层退耕还林工作 [J].林业科技情报,2020 (4):98-99,102.

[8] 崔卓.退耕还林与林业产业结构调整的对策 [J].乡村科技,2020 (21):66-68.

二、教学手册

(一) 课前准备

1. 准备多张大白纸 (或者白板)、粗号笔 (白板笔)、胶带若干,用于书写讨论意见,并便于课堂展示。

2. 按照相关利益主体分配角色,一部分人员扮演村民、一部分人员扮演政府工作人员、一部分人员扮演警察,一部分人员扮演记者。

3. 提前认真阅读案例,准备案例后的思考题。

4. 准备各个人物的背景资料,使学生在课堂中充分了解每个人的特点,事件发生的脉络。

(二) 适用对象

本案例可以用于公共管理、公共政策分析、公共危机管理等相关课程的教学活动。适用对象包括公共管理学术型研究生、MPA 学生以及从事相关管理工作的人员。本案例还可适用于具备一定公共管理基本知识并对公共危机管理、公共政策有兴趣的非专业人士、学生和实际操作者学习使用。

(三) 教学目标

通过教学,本案例有以下几个目标。第一个目标:通过案例事件的描述,使学生明白在农村基层公共政策的执行上,会遇到哪些挑战? 由于退耕还林引起的冲突发生时，政府应急处置的主要目标、涉及的主要方面，及公众对其效果的评价。在本案例中，事件发生后，应如何调整政策执行方式？为防止问题进一步扩大政府应采取的措施是什么？

第二个目标：让学生深入思考在农村复杂的环境下，如何有效落实基层公共政策让村民了解退耕还林工程的必要性，加强建设资金支持力度，做好退耕还林宣传和管理工作，科学规划，合理进行退耕还林。

（四）要点分析

本案例反映了很多值得深思和探讨的问题，但是不可能在有限的课堂里讨论所有的问题，教师选择的讲授重点取决于教师的教学目标和学生的学习目标。本案例只能讨论的问题要点有：

1. 在陕西村民由于退耕还林产生矛盾冲突的事件里，政府部门应该如何应对？

启发学生思考：政府对于基层社会问题的处理方式，是否存在一些值得反思的问题？

2. 从案例中了解，退耕还林工程的实施，考验着当地政府的宣传力、执行力、规划力，为什么在造成严重的社会影响前没有引起足够的重视？

启发学生思考，此次陕西村民由于退耕还林引起的冲突事件是否也为完善农村基层公共政策提供了契机？

（五）课堂安排

对于本案例，教师可以请学生简单地谈谈自己对此事件的所思所想，时间大约 5~8 分钟。通过这种方式，学生可以分享看待此事件的不同角度。接下来教师重点对课前布置的问题展开课堂讨论。主要是针对政府采取的一系列政策处置措施的效果进行讨论，以及对在这次事件中地方政府所采取的一系列行动进行分析。讨论中鼓励学生表达自己的观点，老师在黑板上罗列出这些观点，不做评价更不要批评。如果学生在讨论中观点范围比较狭窄，可以通过提一些简单的问题让学生回答来启发思维和增加观点。例如，你作为村民，对政府提出的退耕还林工程态度如何？是否满意政府的退耕还林补偿机制？教师引导学生思考此次事件爆发的根源在哪里？要防止此类事件的产生，政府应该做什么。这样的讨论时间大约 10~15 分钟。就本次事件中各单位，各级政府的表现和作为进行描述和相互评价。在讨论中充分熟悉事件过程及政府处置方案之后，教师开始带领学生进入到角色扮演模拟教学环节。此环节约 35~40 分钟。除了事先安排的角色，也鼓励学生选择更细的角色扮演。请他们从各自扮演的角色角度出发，对农村地区基层公共政策未来的发展提出各自的意见。这样的角色扮演，让学生了解针对某一具体的农村基层问题，大家会有不同的意见，而且由于所处的立场不一，大家的观点和利益存在很大的差异性，需要相互协商和妥协。公共政策的制定过程也是一个多方利益整合协调的结果。

（六）其他教学支持

具备多媒体设备的教室播放退耕还林宣传片。